Michel Sapanet

En direct de la morgue

Chroniques d'un médecin légiste

PLON
www.plon.fr

© Éditions Plon, un département de Place des Éditeurs, 2020
92, avenue de France
75013 Paris
Tél. : 01 44 16 09 00
Fax : 01 44 16 09 01
www.plon.fr
www.lisez.com

Dépôt légal : janvier 2020
ISBN : 978-2-259-27914-7
Mise en pages : Nord Compo (Villeneuve-d'Ascq)

Avant-propos

Ce livre est le quatrième ouvrage grand public que j'écris. Je suis médecin légiste et rien ne me destinait à devenir auteur.

De formation scientifique et d'une curiosité sans fin, je voulais être chercheur. Mais les circonstances m'ont orienté vers d'autres perspectives : la médecine puis finalement une spécialité chirurgicale, la stomatologie chirurgie maxillo-faciale. C'est un face-à-face avec un crâne et les questionnements d'un flic sur l'identité de son propriétaire qui m'ont amené à la médecine légale. Finalement, j'ai dépassé mon rêve : je suis devenu chercheur d'indices et de vérité, mais dans les corps de mes contemporains, ce que je n'avais pas imaginé.

Mon arrivée dans l'écriture est liée à un concours de circonstances et à une rencontre avec Guy Benhamou, journaliste indépendant et écrivain. C'était lors d'un dîner très sérieux rassemblant une vingtaine de professionnels d'horizons différents. Nous devions, après deux jours de débat public, rédiger en quarante-huit heures des recommandations sur les expertises psychiatriques pénales. Tout un programme.

Le premier soir de notre conclave, j'avais cédé à la curiosité générale. « Légiste ? Vous êtes légiste ? Vous devez en voir de belles ! »

M'entendant raconter mes histoires pendant que les autres dégustaient leurs plats, Guy m'avait interrogé sur ce qui lui semblait une évidence : « Tes histoires, tu n'as jamais pensé à les écrire ? Je te trouve l'éditeur. » Six mois plus tard, Jean-Claude Gawsewitch venait me rencontrer à Poitiers, tout aussi fasciné par mes récits que les participants du conclave. C'est ainsi que commençait mon aventure littéraire.

Écrire pour le grand public n'a pas été d'emblée une évidence. Il m'a fallu un peu de temps pour trouver mon style. Les écrits d'un légiste, qu'il s'agisse de rapports ou d'ouvrages techniques, sont habituellement assez austères et pointus, bien difficiles à suivre par le profane. Alors, je me suis appuyé sur mon expérience d'orateur.

Je racontais mes histoires pour combler la curiosité des gens et les distraire, je devais donc rester simple, compréhensible, comme lors de mes dépositions aux procès d'assises. De mon expérience des conférences grand public, j'avais compris que, derrière la curiosité, il y avait également des interrogations sur mon métier, le pourquoi des autopsies, le crime, la mort. Il me fallait donc répondre à ces questions.

Finalement, j'ai choisi d'écrire mes histoires un peu comme je les raconte.

Mais le sujet est morbide. La pratique de ce métier expose à des risques personnels, ce qui nécessite de garder une certaine distance avec son objet d'étude, tout en restant respectueux de la personne.

Moi, j'ai pris mes distances grâce à l'humour, auquel j'ai souvent recours. Mon respect de la personne, c'est de tout mettre en œuvre pour trouver la vérité. C'est cette vision de mon métier que j'ai voulu retranscrire.

Ce quatrième opus est une nouvelle plongée dans les turpitudes humaines les plus tragiques. À une période où la médecine légale se définit comme la médecine des situations de violence, quelles qu'elles soient, où elle étend progressivement son champ d'action à la prise en charge thérapeutique des victimes, cet ouvrage privilégie le noyau dur de la spécialité : la mort.

Dans la lignée des trois premières chroniques, dont il reprend la construction, il donne la part belle au procès d'assises, ce moment où le travail du légiste prend tout son sens, dans la recherche de la vérité. Parcourant le temps du XVIIIe au milieu du XXIe siècle, il conduit le lecteur à rencontrer des interlocuteurs parfois inattendus.

Je remercie Guy Benhamou et les éditions Plon, qui m'ont permis de reprendre la plume.

Cruentation

Ce voyage est interminable. Un vent du sud dessèche le Poitou. Depuis une heure, nous traversons une campagne sinistrée. Les moissons ont été mauvaises, les bêtes souffrent dans les champs, l'herbe grillée ne suffit plus à les nourrir. La voiture du procureur brinquebale sur la route sinueuse qui nous mène au château, bien loin de Poitiers.

— Docteur, nous n'avons été prévenus que ce matin de cette horrible affaire.

Le « nous » est un nous de majesté, le procureur a une haute estime de son rôle et une conscience aiguë de son pouvoir.

— J'ai envoyé au plus vite la maréchaussée pour que nul ne touche le corps avant votre examen. Avez-vous pris vos instruments ?

— Vous savez que je ne m'en sépare jamais !

Je regarde la mallette de visite posée à mes pieds, offerte par mes parents le jour de ma thèse. Une journée mémorable, où ils furent fort impressionnés par le décorum. Les portraits des doyens successifs de la Faculté s'alignaient sur les murs, le buste d'Hippocrate attendait patiemment sur sa colonne que je me tourne vers lui et prononce le premier serment de ma vie. Ma mère, très croyante, fut quelque peu choquée que je prête serment « par Apollon, par Asclépios, par Hygie et Panacée, par tous les dieux et toutes les déesses », mais le doyen était attaché à cette version du texte. Mon père, lui, avait pris depuis longtemps ses distances avec les dieux ; sans doute la mort de son jeune frère, à 17 ans, d'une diphtérie foudroyante y était-elle pour quelque chose. Mais le moment le plus émouvant pour eux avait été de voir le président en robe d'étamine noire et de satin cramoisi venir accrocher l'épitoge rouge sur ma toge.

En quelques années d'exercice, ma mallette s'était enrichie des outils de mon quotidien auprès des malades mais aussi des morts. J'avais rapidement compris que ces derniers méritaient un effort, car fort peu de monde s'intéressait à eux. C'est ainsi que j'avais acquis la trousse d'autopsie qui fait ma fierté. Quant à mes ouvrages de médecine légale, ils ont trouvé une place légitime dans ma bibliothèque.

Il est rare que le procureur passe me chercher à domicile, mais il désirait de toute évidence une conversation à l'abri des oreilles indiscrètes.

— Docteur, l'affaire est sensible. Notre victime est un homme important de notre cité, un homme influent. De grande lignée.

Je sais que seul mon titre acquis après des années d'études acharnées et mon expérience auprès des cadavres me valent ces confidences. Le procureur a besoin de moi. Sinon, un simple gendarme m'aurait requis dans les formes habituelles.

— L'affaire pourrait être crapuleuse, car l'homme est riche. Mais politique également, car son influence a créé de nombreuses inimitiés. Dans ce cas, le problème est bien évidemment plus sensible. Mais…

Le procureur s'interrompt un moment, pour donner plus de poids à la suite.

— Mais il y a pire. Ce pourrait être une affaire mêlant politique et mœurs. Je compte bien évidemment sur votre totale discrétion, car les plus hauts personnages de la ville pourraient être impliqués. Ma police est très au courant.

— C'est évident, monsieur le procureur. Comme vous le savez, je suis une tombe.

— Vous ne devrez rendre de comptes qu'à moi.

— Comme à l'habitude, monsieur le procureur.

— Je préfère d'ailleurs que vous restiez dans l'ignorance de son identité. Même si je sais qu'avec vos qualités vous trouveriez aisément…

— Ce n'est pas un problème, monsieur le procureur. Il me suffit que vous me certifiiez l'avoir reconnu, point que je mentionnerai dans mon rapport où il s'appellera « monsieur Anonymous », celui dont l'identité est connue du seul procureur.

— C'est parfait. Vous comprenez vite.

— Pour un médecin, il vaut mieux, c'est une qualité que ses malades apprécient.

— Et les morts ?

— Eux aussi. Car la décomposition des corps ne permet pas de longues réflexions.

— Nous nous rendons à son rendez-vous de chasse. Ces terres sont très giboyeuses. Tous les bois et les champs que nous traversons lui appartenaient. Anonymous y tenait des chasses à courre avec ses invités de prestige.

Je comprends que j'entre dans un monde qui n'est pas le mien. Qu'il va me falloir être encore plus prudent que d'habitude.

Nous franchissons les grilles du château gardées par deux pandores. L'allée qui mène à la demeure me semble infinie tant le domaine est grand. La façade est à l'avenant, mais reste harmonieuse avec ses deux tours d'angle, ses oriels (deux petites tourelles rondes suspendues en porte-à-faux) sur la tour carrée de l'entrée. Le château est en deuil, comme en témoignent les deux tentures noires descendant des oriels, ornées des armoiries du seigneur des lieux.

La voiture s'arrête au pied d'un monumental escalier qui mène à l'entrée. Le majordome, raide comme la justice, attend sur le seuil. Toute la domesticité est alignée le long des marches, en tenue de service, entourée par une dizaine de gendarmes.

Un serviteur ouvre la porte de la voiture que nous quittons avec bonheur : la chaleur y était étouffante. Le capitaine de gendarmerie, un excellent ami, me salue d'un bref mouvement de tête, bien loin de sa cordialité habituelle, l'air préoccupé, pour ne pas dire inquiet. Son comportement avec moi en dit long sur la tension qui l'habite. Dans la chaleur torride de ce mois de juillet, cet accueil glacial me rafraîchit intérieurement...

Dans le vaste hall de l'entrée, quatre cierges géants pour l'instant éteints s'élèvent aux coins d'un plateau couvert de satin noir qui n'attend plus que la dépouille. Un majestueux escalier à vis en pierre nous conduit dans les étages. Puis une porte dérobée ouvre sur une volée de marches étroites qui nous mène aux combles. Deux plantons gardent une porte, deux autres attendent près d'un brancard.

— Docteur, je compte sur vous. Le capitaine a déjà reconnu Anonymous. Je ne vous en dirai pas plus sur les circonstances de sa découverte ni sur les événements qui se sont déroulés ici ces trois derniers jours. Le secret est votre meilleure protection.

— Bien. Que désirez-vous que je fasse, puisque aussi bien je suis à vos ordres ?

— Il me suffit de connaître les causes de la mort, sont-elles suspectes ou naturelles ? Faites votre premier examen ici puis nous descendrons le corps dans une des pièces de réception, vous aurez la place pour votre autopsie. Si toutefois j'en décide. Nous avons déjà tout installé.

Effectivement, en passant dans le hall, j'ai vu une enfilade de pièces bien lumineuses tout à fait agréables, mais peu propices à ma pratique : lambris, belle cheminée, et surtout épais tapis, un sol peu adapté aux contraintes de l'hygiène.

Je vais entrer seul. Lorsque j'ouvre la porte, j'ai un mouvement de recul : l'odeur est abominable. Je vais devoir faire mes constatations à grands coups d'apnée, seule façon de supporter la puanteur.

La pièce est dans la pénombre, grande et surchauffée. Au centre, un homme en position genu pectorale[1] offre sa croupe au regard d'autrui. Le bas de son corps est nu, exception faite d'une paire de bottes vernies. Le haut est resté habillé d'une veste noire, d'un gilet élégant et brodé, le cou est ceint d'une cravate qui, me semble-t-il, le serre plus que de raison. Les poignets sont liés, attachés à un anneau fixé au sol. À proximité, une cravache.

Je soulève avec précaution les habits ; le dos est zébré de marques rouge sombre contrastant avec la couleur verdâtre de la peau. Mon client a pris une teinte témoignant d'une

1. Position qui consiste à être à genoux, le tronc fortement incliné vers le bas, la tête au contact du sol, les fesses en l'air.

décomposition en cours, qui explique l'odeur. Les yeux sont exorbités, leurs angles internes envahis d'asticots, encore petits. Les veines se détachent en noir sur la peau plus claire. Les lèvres ont doublé de volume. Un liquide sanglant a souillé le sol, à proximité de la bouche.

Quant à l'anus, il fait un relief du volume d'une pomme. En dessous, les jumelles sont devenues énormes et cachent une minuscule trompe.

Introduisant un stylet de ma trousse dans l'orifice, je sens une résistance : Anonymous a quelque chose dans le rectum. J'ai beau tenter d'en faire le tour avec mon stylet, je ne trouve pas les limites de l'objet. J'imagine déjà l'autopsie et me demande ce que je vais trouver.

Sortant mon carnet de dessin, j'établis rapidement un croquis de la scène. Cette méthode bien pratique me permet de noter l'essentiel sans me perdre dans les détails. Je n'oublie pas de noter les nombreux accessoires suspendus au mur : martinets, chaînes, poires d'angoisse, brodequins avec des pointes à l'intérieur… Cet attirail fort instructif témoigne des fantasmes de soumission du seigneur des lieux. Quel contraste avec la puissance affichée ! Un paradoxe que j'ai déjà pu constater dans une autre affaire.

Après une dernière inspiration par la bouche, bloquant encore une fois ma respiration, je tranche la corde et libère les poignets.

Hors de la pièce, l'air redevient respirable. La main droite tenant le stylet souillé à hauteur de l'épaule, ma mallette dans la main gauche, je me dirige vers le procureur, qui recule jusqu'à avoir le dos au mur, incommodé par l'odeur dont je suis désormais imprégné. Son visage a pâli.

J'ai envie d'une petite revanche dans ces jeux de pouvoir : j'avance encore vers lui et, d'une voix douce, à peine audible, comme pour préserver le secret, je lui décris avec tous les détails l'état de putréfaction du corps, tout en agitant mon stylet à deux doigts de son visage. Il suit des yeux le mouvement, comme hypnotisé. Je connais le pouvoir de ces miasmes et des images que va libérer son imagination. Je croise le regard du capitaine, qui a un léger sourire. Il a compris et s'écarte prudemment.

Le procureur s'est tassé sur lui-même, toujours adossé au mur. Une lueur de panique dans ses yeux, comme s'il voyait la mort. Son visage est désormais vert. Brutalement, il se plie en deux et vomit son déjeuner, qui vient s'étaler sur ses souliers vernis. J'ai juste le temps de m'écarter, tout en annonçant d'une voix normale : « Il serait bon de descendre le corps, désormais. » Le procureur acquiesce silencieusement d'un mouvement de tête.

Une heure plus tard, la dépouille dépliée et allongée sur le dos arrive dans la salle de réception au terme d'un voyage de tous les dangers. La chaleur irradie par la fenêtre. J'imagine déjà le retour, sans doute avec mon ami le capitaine. Car le procureur ne voudra pas de moi dans sa voiture. Je pue trop et je ne lui serai plus utile.

— Il faut l'installer sur la table, que chacun puisse le voir correctement.

La voix a perdu de sa superbe, mais reste assurée.

— Bien sûr. Comment voulez-vous que nous procédions ? Dois-je le déshabiller ?

— Nous devons faire parler le corps. Il doit être nu. Oui, s'il vous plaît. Capitaine, faites venir les domestiques et organisez leur passage.

Le magistrat s'est radouci. Il agite doucement un mouchoir brodé sous son nez, ajoutant l'odeur d'un parfum improbable à la puanteur ambiante.

Peu après, un par un, les domestiques font le tour du corps tout en restant à distance et ressortent tous plus livides les uns que les autres. Le procureur reste concentré, le regard rivé sur le corps.

Ces passages prennent du temps et cela sent de plus en plus mauvais. Je m'aperçois alors que le corps est en plein soleil et gonfle progressivement. Il a maintenant l'abdomen dilaté. Je crains le pire.

Le majordome est le dernier à passer. Alors qu'il s'arrête devant le corps sur ordre du capitaine, il me semble déceler un mouvement de l'abdomen. Puis les choses s'accélèrent. Un liquide visqueux et sanglant, presque noir, fait lentement issue par la bouche et le nez puis s'écoule de plus en plus vite, abondant, inondant la table puis le sol jusque-là immaculé. Je reconnais une hémorragie cadavérique. Dans le même temps, je vois l'abdomen se dégonfler lentement. La coulée s'interrompt enfin, avec une sorte de râle rauque.

Le majordome est figé, blanc comme un linge, alors que le procureur a récupéré toutes ses couleurs et son dynamisme.

— Vous voyez, docteur, le corps a parlé. Il a désigné son meurtrier. Capitaine, arrêtez le majordome. Docteur, le corps est à vous, vous pouvez l'ouvrir. Je suis curieux de savoir ce qu'il contient.

Alors que je m'apprête à opérer, une voix lointaine m'interpelle.

« Michel Sapanet, nous sommes là dans l'enquête, à la recherche de la preuve et avant l'autopsie du légiste. Que penser de l'hémorragie cadavérique, au regard des connaissances scientifiques de l'époque, au XIXe siècle ? »

L'image du corps sur sa table s'évanouit brutalement. Je fais un effort désespéré pour revenir dans le monde réel.

En fait, je suis à Poitiers, à l'hôtel Fumé, dans les locaux du département d'histoire de la faculté des sciences humaines. À côté de moi sont assis des historiens, des juristes et autres universitaires de grande compétence, des pointures dans leur spécialité. Frédéric Chauvaud, directeur de recherche, m'a invité à juger la thèse d'histoire contemporaine de Sandra Menenteau[1]. Alors que j'écoutais avec passion leurs échanges, mon esprit est parti ailleurs, plusieurs siècles en arrière, à une époque où les phénomènes cadavériques, actuellement bien connus, pouvaient faire condamner des innocents.

« Monsieur le procureur, euh, pardon, monsieur le président [rires dans le jury et le public], l'hémorragie cadavérique révélait une intervention divine pour confondre le coupable. Ces signes étaient recherchés lors de la cruentation. Il s'agissait de confronter le suspect au corps de la victime. Le suspect devait scruter le cadavre, l'appeler par son nom, en faire le tour une ou plusieurs fois sans le toucher. Si le corps rendait du sang par les plaies, le nez ou tout autre orifice, alors il accusait le suspect. Il a fallu du temps pour que les juges prennent conscience du caractère

1. *Dans les coulisses de l'autopsie judiciaire. Cadres, contraintes et conditions de l'expertise cadavérique dans la France du XIXe siècle*, Université de Poitiers, 10 mars 2009.

insupportable de cette preuve miraculeuse et récusent le "jugement de Dieu" tout en rendant la justice en son nom. Il a surtout fallu que la méthode scientifique se développe et que les connaissances médico-légales progressent… »

C'est bon, mon cerveau s'est reconnecté, et je suis à nouveau au XXIe siècle.

Les temps changent

Je suis médecin légiste.

J'ai commencé à une époque où l'autopsie était au centre de l'activité des légistes. Cet exercice était solitaire. L'image du métier y était sans doute pour quelque chose – longtemps, j'ai entendu : « Comment pouvez-vous faire un métier pareil ? » ; dans le regard de mes interlocuteurs, j'avais l'impression de lire : « Il faut être bizarre pour faire cela. »

Autant le crime interrogeait, autant l'autopsie révulsait. D'autant plus que, pour le commun des mortels, cette fouille au fond du corps, « les mains dedans », ne se justifiait pas : en cas de mort violente, la cause du décès est le plus souvent évidente, alors pourquoi ajouter une violence supplémentaire ?

Puis, les choses ont changé.

D'un coup, les vocations se sont bousculées à la porte du service, sans que je comprenne pourquoi : des étudiants en médecine, bien sûr (« Déjà, toute petite, je voulais être légiste »), mais également de jeunes lycéens qui souhaitaient faire leur stage d'observation professionnelle en médecine légale. Faute d'une meilleure explication, j'y ai vu un effet des *Experts*, la série télévisée qui montre d'élégants spécialistes du crime résoudre en moins d'une heure les énigmes les plus complexes.

Avec quand même comme une erreur de casting : une sorte de confusion entre le rôle de la police scientifique et celui du légiste. Mais c'était sans importance, l'image du métier changeait. Par l'effet d'une double distanciation : la fiction et la réalité se confondaient sous l'œil de la caméra, et l'imagerie médicale, souvent fictive, dématérialisait les corps.

Par un raccourci un peu rapide, il n'y avait qu'un pas pour faire entrer dans les esprits cette idée simple : l'autopsie devenait virtuelle. C'était le triomphe annoncé de la technologie et la fin programmée de l'ouverture des corps. J'imaginais déjà les commentaires : « Mais vous faites un métier merveilleux ! Une enquête dans l'intimité du corps sans même y toucher… »

Dans le même temps, la visioconférence pénétrait dans les prétoires et ajoutait une distance supplémentaire entre le légiste qui s'y prêtait et son auditoire.

La suite est prévisible : mon avatar holographique, boosté par l'intelligence artificielle, viendra un jour décrire les indices livrés par le corps. Il rassemblera les pièces du puzzle, comme autant de fragments de vérité, pour raconter l'histoire des derniers instants d'une vie, éclairer sur les causes de la mort et surtout ses circonstances.

Le légiste n'aura plus besoin de faire appel à l'imaginaire des jurés. Ils seront plongés au cœur de la scène de crime reconstituée en trois dimensions, elle aussi holographique.

J'imagine ainsi le retour du mort parmi les vivants, un bref instant, le temps de mourir. J'imagine le choc de la famille, téléportée dans l'horreur, dans l'indicible, dans une séquence tournant en boucle, renouvelable à l'envi…

Dans ce futur, et pourtant presque déjà demain, le risque n'est-il pas qu'un jour le légiste perde son âme ? Rester humain malgré tout, voilà le défi qui lui est lancé.

Achevez-les

Lundi. Les lundis sont de mauvais jours. Ce pourrait être un lieu commun, mais à l'institut médico-légal, c'est une réalité. Je sais, en me réveillant, qu'il va falloir mettre les bouchées doubles pour traiter l'affluence du week-end. Que, malgré les efforts de mon équipe, nous n'aurons pas fini ce soir. Et que mardi ce sera pire, puisqu'il faudra écluser le retard en plus des arrivées du lundi, laissées de côté, et celles de la nuit.

Au cas où je douterais de mon scénario, un appel du secrétariat me rassure illico. « Bonjour chef, excusez-moi de vous déranger si tôt, mais Marie qui devait opérer ce matin est coincée. Son petit est malade. Vous pouvez prendre une autopsie supplémentaire ? »

Bon, il ne s'agit pas de traîner. Je sonne le branle-bas de combat dans la maison, encore encombrée de sacs et de valises abandonnés. Nous sommes rentrés du ski la veille au soir et les garçons bien fatigués ont du mal à émerger. Je prépare les céréales pour tout le monde, avale un café puis m'installe sur le siège chauffé de l'Espace, un petit luxe que je me suis payé pour les jours de grand froid. J'apprécie : aujourd'hui, il fait un froid de canard. Normal, on est en février. Et même si la météo de la Vienne est plutôt clémente, j'ai déjà connu un – 17 °C en janvier 1985 qui avait laissé quelques souvenirs cuisants dans le jardin. Alors s'imaginer attendre la police scientifique dans une voiture réfrigérante est plus supportable avec le dos et les fesses au chaud.

Et comme le lundi est un mauvais jour, ma secrétaire a triché, pour être sûre que j'accepterai un petit surcroît de travail : ce n'est pas un, mais deux cadavres qui m'attendent.

D'après ce que me rapporte le directeur d'enquête, le couple a été victime d'un déchaînement de rage. Contrairement à son habitude, le policier ne me dit quasiment rien de l'affaire et reste silencieux dans son coin. Manifestement, il est encore marqué par la découverte de la scène de crime, la veille. « Vous vous rendez compte, docteur ? Quand on est entré dans la chambre, il y avait une énorme galette de sang d'au moins deux centimètres d'épaisseur sur le sol. J'ai failli dégueuler. Je pense que je ne mangerai plus jamais de boudin. D'ailleurs, je vous ai apporté les photos. »

Il me confie la souris de son ordinateur. Je fais défiler les images, tout en pestant intérieurement : ils n'ont pas jugé utile de nous déplacer pour une affaire manifestement criminelle. Pourtant, croiser les regards de l'enquêteur et du légiste sur la scène de crime est souvent enrichissant pour nos déductions et facilite la déposition le jour du procès.

D'une image à l'autre, je parcours rapidement la maison. Un intérieur clean, meublé avec goût et simplicité. Tout est bien rangé, il n'y a aucune trace de lutte, aucun indice, comme en témoigne l'absence de ces petits plots jaunes numérotés bien connus des amateurs de séries policières.

Au décours d'un couloir, je découvre une chambre, un lit, deux corps. L'homme est en pyjama, la femme en chemise de nuit. Leurs corps sont enlacés, les épaules aux limites du matelas. Les deux têtes suspendues dans le vide sont penchées l'une vers l'autre, leurs cheveux gris entremêlés, comme s'ils avaient tenté de s'embrasser une dernière fois, en guise d'adieu.

Je clique et reçois en pleine figure une photo-choc inattendue. L'image prise au ras du sol est un camaïeu de couleurs chaudes, digne d'une scène de *Drowning by Numbers*, un film de Peter Greenaway. Un vrai cliché d'artiste. Au pied du lit, une grande flaque de sang fraîchement coagulé renvoie comme un miroir l'image de la fenêtre voisine devant laquelle se dresse une silhouette à contre-jour. Le rouge cramoisi de la flaque semble se perdre dans celui de la parure de lit, contrastant avec la couleur pastel orangé des murs en arrière-fond. La photo est si nette que j'ai soudain l'impression de sentir le fumet douçâtre et chaud caractéristique des grandes hémorragies. Mon petit déjeuner entame une remontée expresse, avant de s'arrêter net au niveau des arcades dentaires. J'en ai vu des pires, mais avec l'effet de surprise mon imaginaire est passé sans que je m'y attende en mode « hors contrôle », convoquant l'évocation mentale de l'odeur avec autant de puissance que si j'avais eu les pieds dans la mare de sang. Irrésistible.

Je ravale péniblement le contenu de mon estomac qui me laisse un goût acide très désagréable au fond de la gorge et revois en quelques flashes les images du film où un coroner, sorte de légiste à l'anglo-saxonne, couvre les meurtres de trois maris pour bénéficier des faveurs sexuelles de leurs épouses, avant de succomber, à son tour victime de ces femmes. Une petite phrase de son fils me revient en tête : « Les lundis sont des jours de mort rouge… » Ou étaient-ce les mardis ? D'ailleurs, était-ce le fils du coroner ou la jeune fille qui comptait les étoiles en sautant à la corde ? Je ne sais plus. En tout cas, je n'aime pas les lundis.

Un « Moi aussi, ça m'a perturbé… » me sort de mes réflexions.

J'ai passé plus de temps devant cette image qu'à visionner toutes les autres et cela n'a pas échappé à l'enquêteur. Mon regard quitte enfin l'écran. Je m'enquiers de l'identité des victimes. J'obtiens une réponse minimaliste. Manifestement, revoir la galette a replongé mon enquêteur dans ses tourments. Mais le nom ne m'évoque aucun dossier, ancien ou récent. Car depuis que l'on s'occupe beaucoup mieux des vivants, il arrive que l'on retrouve sur la table des patients examinés auparavant pour des violences, au sein de l'unité médico-judiciaire, parfois même à plusieurs reprises, avant qu'un drame prévisible ne les dépose sous mon scalpel. Ce n'est pas le cas pour ce couple. Rien ne laissait prévoir une telle issue. En tout cas, compte tenu de la scène, j'élimine d'emblée des violences réciproques et conjugales.

L'examen externe des corps pourrait durer toute la matinée, le temps de faire le bilan du carnage. Mais j'applique ma méthode favorite : être pragmatique et aller à l'essentiel. Plutôt qu'une longue description plaie par plaie, je prends des photographies en plan large, puis quelques plans rapprochés avec une mire. Cette méthode permet que toutes les informations soient enregistrées en quelques clichés, que je puisse les reprendre sous forme de schémas dans mon rapport et les utiliser aux assises.

Les deux victimes ont reçu de nombreux coups de couteau, manifestement portés par la même arme dans un même geste répétitif : une action piquante avec une lame de huit millimètres de large au plus. Quelques plaies sont entourées d'un halo rectangulaire de vingt millimètres par six. Cela correspond à l'empreinte du manche lorsque le coup est porté jusqu'à la garde.

Le cerveau humain est fascinant. Quand ce n'est pas l'imagination, c'est la mémoire qui travaille. Une image très ancienne remonte à la surface : une plaie aux caractéristiques exactement superposables, résultat d'un coup unique porté en plein thorax par une lame de limonadier-décapsuleur. Pas de chance, l'extrémité de la lame de cinq malheureux centimètres avait fait un petit trou dans le cœur, juste suffisant pour entraîner la mort. Une mort bête : la victime avait croisé la piste sanglante d'une bande assoiffée de violences, entre tentatives de braquages et viols en réunion.

C'était dans la région de Tours. À l'époque, la médecine légale n'était pas organisée comme maintenant et j'avais remplacé au pied levé le légiste du coin parti en vacances. C'était pour la bonne cause et, évidemment, à charge de revanche. Quant à l'auteur, barman de son état, il avait utilisé son outil de travail habituel.

Mais revenons à notre couple. La femme, 60 ans environ, a reçu une soixantaine de coups essentiellement dans le ventre. L'homme, qui, lui, semble approcher les 70 ans, présente quelques traces de défense sur les mains et les avant-bras, et soixante-dix plaies dispersées sur le corps. L'une et l'autre ont reçu autant de coups de couteau que d'années d'âge. Coïncidence ? Ou fête improvisée style « Bon anniversaire, les anciens ! » ?

Ces petites plaies ne sont rien face au plus impressionnant : les deux victimes ont eu la gorge tranchée d'une oreille à l'autre. Deux plaies béantes, nettes, sans aucune reprise qui témoignerait d'une quelconque hésitation.

J'attarde mon objectif à la recherche du meilleur angle de prise de vue. Non pour concurrencer l'artiste de la scène de crime, mais pour avoir en un seul cliché l'essentiel des informations sur ces actions tranchantes : orientation du coup avec le début et la fin de l'action, vaisseaux sectionnés, traces sur les vertèbres…

J'ai du mal à imaginer une petite lame de décapsuleur faire des plaies pareilles.

— Vous avez trouvé les armes ?

— Les armes ? Euh, oui, je vous sors le scellé.

Alors que j'en termine, l'enquêteur revient avec son scellé. À travers le plastique je reconnais immédiatement un superbe couteau japonais haut de gamme au manche en bois, vraisemblablement une variété d'acajou, et à la lame en acier de Damas. Cette technique de fabrication recouvre un noyau d'acier très dur (et cassant) par de multiples couches d'un acier plus souple. L'ensemble produit un couteau d'une dureté, d'un tranchant, d'une souplesse et d'une résistance exceptionnels, et doté d'une esthétique unique. Celui-ci est un couteau de cuisine polyvalent avec une lame de 21,5 centimètres de long. Parfait pour couper viande, poisson et légumes ou… trancher proprement un cou. Mais, tout de suite, je comprends qu'il est incapable de produire les petites plaies multiples dont sont criblés les deux corps, car sa lame est beaucoup trop large. Avant que ma prudence habituelle ne modère mes propos, je lâche :

— Et le décapsuleur ?

— Le décapsuleur ? Quel décapsuleur ?

— Je veux dire le limonadier, vous savez, les garçons de café ont souvent ça suspendu à une chaînette, pour ne pas le perdre…

— Il avait ce couteau dans les mains, il y a du sang dessus. Que voulez- vous qu'il fasse d'un décapsuleur ?

— Il ? Qui ça, il ?

— Ben, leur fils. On l'a retrouvé prostré dans le jardin. Pourquoi, le couteau, ce n'est pas le bon ?

— Si, pour la gorge. Mais pas pour le reste, la lame est trop large.

— Ah, je comprends mieux.

Pas moi. Le comportement de mon enquêteur est pour le moins bizarre.

Le smartphone de l'enquêteur interrompt notre dialogue. Il quitte la salle d'autopsie mais j'ai le temps de comprendre qu'il est en ligne directe avec le procureur. J'en profite pour sortir mes instruments de leur boîte et me prépare mentalement à la première autopsie. La galanterie m'oblige à commencer par la femme. À peine mes instruments alignés sur la table et la dame placée sur l'inox, le directeur d'enquête est de retour.

— C'est bon, docteur. On a tout ce qu'il nous faut. Vous pouvez arrêter là.

— Vous ne voulez plus d'autopsie ?

— Ordre du procureur. Il n'y aura pas de poursuite ni de procès, l'affaire est résolue et classée.

— Résolue ? Classée ? Un double homicide ? Alors qu'il y a usage de deux armes ? Et que je n'ai encore rien fait ?

— Détrompez-vous, vous nous avez apporté ce qui nous manquait, le décapsuleur.

— Il serait peut- être temps de m'en dire plus, vous ne croyez pas ?

— Excusez-moi, je ne suis pas en grande forme. Entre la galette et le schizophrène, cette affaire m'a un peu perturbé. Je me suis vu à la place des victimes.

— Houlà ! Vous ne voulez pas voir un de mes légistes-psychiatres ? Ou à défaut la psychologue ? Un bon débriefing vous ferait du bien.

— Non, non, ça va aller.

Il fait une pause, prend une longue inspiration, puis se lance :

— Je vous explique. Longtemps, à la maison, ma femme et moi avons pensé que notre fils était schizophrène. On l'a traîné de psychiatre en psychiatre, jusqu'à comprendre qu'il faisait ses crises quand il fumait son cannabis. J'ai fait doser le THC en off par votre toxicologue, c'était effarant, il se le procurait aux Pays-Bas, de la « Nederhash » avec jusqu'à 67 % de THC. De la folie. Il devenait violent, menaçant. J'avais peur pour nous, je dormais avec mon arme de service sous l'oreiller, tout en me disant que jamais je ne pourrais tirer sur mon fils. Il a fini par se désintoxiquer, cela a pris plus de dix ans, une vraie galère. Et dans notre affaire, le fils est schizo…

— D'accord, mais en dehors de l'avoir trouvé prostré avec son couteau, pourquoi pensez-vous que ce peut être lui ?

— On a ses aveux.

— Il a avoué ? Après une crise psychotique ? Et cela vous suffit ? C'est un peu léger, non ?

L'enquêteur finit par sourire.

— Non, il a appelé le Samu.

— Pardon ? Il les a tués et il a ensuite appelé le Samu ?

— Non. De ce que l'on comprend, ils vivaient encore quand il a téléphoné. Sur l'enregistrement de l'appel, le gars est très confus, le médecin essaie de comprendre ce qui se passe en lui posant des questions. Je l'ai sur mon ordi. Tenez, écoutez.

Le policier lance la lecture du fichier audio. Après de longs moments passés à obtenir l'adresse de l'appel, le permanencier transfère ce dernier au médecin.

— C'est mes parents. Ils saignent.

— Qu'est-ce qui se passe, monsieur ?

— Je sais pas. Ils saignent. Faut venir vite.

— Restez calme. Ça saigne beaucoup ?

— Oui, venez vite.

— Vous pouvez comprimer ce qui saigne ?

— Non.

— Ils respirent encore ?

— Je sais pas.

— Vous pourriez aller voir ?

Le combiné est déposé. Je distingue des bruits de pas puis un long silence. Le médecin s'inquiète

— Allô, monsieur ? Monsieur ?

— Oui, ça y est. Cette fois, c'est sûr.

— Qu'est-ce qui est sûr ?

— Ils ne respirent plus.

Il avait posé le combiné, était retourné dans la chambre, avait égorgé ses parents agonisants puis était revenu avec la réponse à la question. Reconnu irresponsable, il a été interné dans une unité psychiatrique spécialisée. Le médecin régulateur a eu du mal à s'en remettre, il a fallu lui expliquer que les multiples petites plaies étaient mortelles à elles seules et qu'il était déjà trop tard pour sauver les deux victimes. Quant au décapsuleur, nettoyé et rangé, les analyses génétiques ont montré qu'il portait de minuscules traces de sang des deux parents.

L'enquêteur et moi avons fait notre débriefing psychologique le soir même au Palais de la bière. Sans décapsuleur, devant une bière tirée.

Décidément, je n'aime pas les lundis.

Bunker tragique

Je ne suis pas abonné aux bons sentiments. C'est le métier qui veut ça. Lorsqu'on fréquente les scènes de crime et les salles d'autopsie, mieux vaut laisser l'empathie au vestiaire pendant les heures de travail. Cela permet de préserver autant que faire se peut la vie personnelle et affective. Mais la règle a aussi ses exceptions. Comme ce coup de spleen qui s'abat sur moi, un soir du printemps 2013, après une journée passée aux assises de Charente-Maritime, à Saintes.

Je suis au volant, sur l'autoroute, bercé par le flot des nouvelles qui tournent en boucle sur France Info. Je profite des rayons du soleil qui illumine les champs de tournesols. Je sais que cela ne va pas durer. Au loin se profile une énorme barre nuageuse noire d'encre, présage d'un colossal orage. Je repense à cette audience. Une de plus, sans rien de particulier. J'ai fait ma déposition, répondu aux questions. La routine.

Enfin, pas tout à fait.

La faute à cette étrange impression qui m'envahit, sur le chemin du retour. Une sorte de vague d'amertume charriant l'image de la victime dont il a été question durant l'audience. Une infirmière qui avait choisi de consacrer sa vie aux autres, avant de sombrer dans l'alcool et la clochardisation.

L'audience a brassé mes souvenirs, faisant remonter à la surface les images de la découverte du corps. Comme si je revivais la scène.

Il fait nuit noire lorsque j'arrive à La Rochelle, ce soir de mai 2011. Le policier qui m'a appelé m'a indiqué un parking, près de la gare, à deux pas de l'hôtel Mercure. Faute de coordonnées GPS précises, je galère un peu à trouver. Finalement, mon attention est attirée par un halo de lumière intense qui me mène à un fourgon de pompiers. Je me gare en souriant intérieurement : même pour les morts, on a besoin d'eux ! Aujourd'hui, c'est pour l'intendance. Leur groupe électrogène ronronne dans un coin, fournissant l'électricité à un ballon d'éclairage perché au sommet d'un mât. La scène de crime est balisée par le classique ruban jaune. La lumière crue éclaire deux techniciens en combinaison blanche affublés d'un gros « police scientifique » dans le dos. Ils sont penchés sur un sac à dos. Nul corps à l'horizon. Juste à côté d'eux, sur une vieille palette de chantier, je note la présence incongrue d'un pot d'osteospermum de toute beauté avec son feuillage vert intense et ses fleurs mêlant orange et rose fuchsia.

Je retrouve le directeur d'enquête.

— Bonsoir, on ne peut pas accéder, la scientifique d'Orléans est en train de travailler.

— D'Orléans ? Ce n'est pas un peu loin de La Rochelle ?

— Si, mais le procureur ne veut pas qu'on dise que pour des clodos on ne met pas tous les moyens. Cela dit, nos gars sont tout aussi capables…

— Je les connais, je n'en doute pas. Mais cela se passe où, exactement ? À part un pot de fleurs et un sac à dos, je ne vois rien.

— C'est dans un ancien bunker de la dernière guerre, là, dans les fourrés qui bordent le parking. C'est devenu une sorte de dépotoir, squatté par les SDF du coin. D'ailleurs, c'est un clodo qui nous a prévenus.

— Il est où ?

— Les pompiers l'ont emmené à l'hôpital. Il était sacrément secoué. Quand on est arrivés, il nous a montré le corps de la femme, dans le bunker, puis il s'est effondré, en état de choc. C'était sa copine, à ce qu'on a compris. Il a été admis en psychiatrie, le temps de se remettre. Ce n'est d'ailleurs pas son premier séjour.

— Bon, merci. Je vais attendre.

Heureusement, j'ai mon Thermos de café, accessoire indispensable pour toute levée de corps nocturne. Cela fait maintenant deux bonnes heures que je biberonne régulièrement ma dose de caféine, bien installé dans ma voiture. Les techniciens scientifiques ont disparu depuis longtemps dans le boyau de béton, une microboule éclairante sur le dos, lorsque le procureur de La Rochelle arrive. Il me refait un petit topo sur le SDF et ses premières déclarations. Le type était à la recherche de son amie, disparue depuis une semaine. Il a fouillé tous les endroits fréquentés par les sans-abris, avant de la découvrir dans le bunker où ils se retrouvaient occasionnellement. Elle s'appelle Sylvie C., 46 ans, ancienne infirmière totalement marginalisée.

Enfin, les techniciens de la police scientifique émergent du boyau. « À vous, doc, nous, on a terminé. Et bon courage... » Je comprends vite à quoi fait allusion le garçon.

Certainement pas à la capacité à affronter le spectacle de la mort. On se connaît et ils savent que tout légiste un peu expérimenté n'a rien à prouver dans ce domaine. Non, ce courage, c'est celui qu'il faut pour affronter l'amoncellement de détritus en tout genre rendant difficile la progression. Une fois équipé de la tête aux pieds d'une tenue de protection complète, j'avance avec prudence et entre dans ce qui était un abri pour les personnels en cas de bombardement, une sorte de long couloir voûté, très étroit, en béton, avec des entrées en chicane à chaque extrémité.

Je commence par me prendre les pieds dans des ressorts de matelas, me rattrape de justesse avant de buter sur des morceaux de palette et finalement de chuter sur les restes nauséabonds d'un matelas. Sans témoin, heureusement pour mon ego. Obstiné et persistant dans l'erreur, je m'enfonce horizontalement dans le boyau et verticalement dans des accumulations indéterminées, tantôt fermes, tantôt molles, à me faire me demander si je ne marche pas sur mon cadavre.

Au bout de quelques mètres, j'aperçois une partie de visage humain émergeant à peine d'un fatras immonde. Le reste du corps est inaccessible, recouvert au minimum par un sommier calciné, une chaise pourrie, des sacs-poubelle bien remplis, une vieille couverture, une sorte de bâche en plastique… Mon inventaire est loin d'être exhaustif mais je préfère m'en tenir là. Je prends une photo zoomée à l'aide de mon appareil numérique. Ce qui me permet de distinguer, sur l'écran, la présence de magnifiques asticots au coin de l'œil gauche, présage d'une décomposition avancée. Et d'estimer la position exacte du corps, histoire de ne pas l'écraser si j'avais dû m'approcher plus. Demi-tour, direction la sortie, je n'arriverai à rien tout seul.

Une fois dehors, je montre ma photo au procureur et lui explique qu'il va falloir tout déblayer pour sortir le corps. Tous défilent dans mon dos pour regarder le cliché, chacun y allant de son commentaire avant d'admettre qu'on ne voit rien. Le défilé terminé, tout le monde a compris et les regards se tournent vers les pompiers. Le sale boulot, c'est toujours pour eux. Quand on ne les fait pas descendre dans des puits de quarante mètres pour récupérer des restes immondes aux relents de stockfish, on leur demande de plonger dans des eaux froides et boueuses visiter une épave de voiture. Alors ils s'y attellent, mains gantées, chaussures de sécurité aux pieds, empilant au fur et à mesure de leur progression les kilogrammes d'immondices récupérés. Un policier scrute chaque dépôt avec soin, au cas où s'y trouverait un élément pouvant intéresser l'enquête. En vain.

La première phase d'approche terminée, les pompiers entament le dégagement prudent du cadavre. La quantité d'objets empilés dessus montre une volonté manifeste de dissimulation. Je me dis quand même qu'il fallait un sacré coup de chance pour la trouver là. À moins d'être celui qui l'y a mis. Simple hypothèse…

Lorsque enfin la victime émerge de l'océan de déchets, elle apparaît à demi nue, le bas du corps seulement vêtu d'une paire de chaussettes.

Les pompiers s'écartent pour me laisser opérer. Ils ont posé un miniballon lumineux dans le bunker. Leur éclairage est fantastique, j'y vois mieux qu'en plein jour. Hum, ça pue sévère. Après quelques photos pour figer la scène, je procède au déshabillage sur place, tranchant d'un coup de lame-rasoir toutes les couches de vêtements. Avec, dans l'ordre d'apparition, une veste noire de style anorak, un pull-over rouge-orange, un tee-shirt rouge et un soutien-gorge. Mis à part des traces suspectes de couleur verdâtre sur la tête copieusement envahie d'asticots, je ne note rien de particulier. J'applique donc la procédure standard, à savoir, emballage de la tête et des mains dans des sacs en papier kraft afin de préserver les indices, avant de passer le relais aux préposés des pompes funèbres.

Il est 4 heures du matin, j'avale le fond de café de mon Thermos, encore tiède, histoire de me motiver pour retourner dans le bunker. Je veux voir si, une fois le corps enlevé, il n'y a pas d'éléments intéressants qui se cacheraient en dessous. Et il y en a. Des asticots énormes, les plus gros que j'aie jamais vus. Hop, dans un petit flacon, pour analyse. Une belle prise que l'entomologiste appréciera, j'espère. De quoi dater assez précisément la mort.

Voilà. Après une dernière visite des lieux, je n'ai plus qu'à rentrer me coucher, tout en me demandant ce que va devenir la fleur dans son pot, abandonnée de tous.

Je retrouve la dame le lendemain après-midi, empaquetée dans sa housse de plastique. J'ai eu le temps de jeter un coup d'œil sur les images du scanner, qui montrent une fracture de la mâchoire inférieure et deux fractures du larynx. Elle s'est fait frapper et empoigner méchamment, la pauvre.

À l'ouverture de la housse, ça pue raisonnablement. La défunte est de corpulence mince, 45 kilos pour 1,52 mètre. Elle présente des hématomes au bras droit et sur les deux mains. L'état de putréfaction avancé pouvant masquer les autres signes, je procède d'abord à une incision dans le dos, de la nuque jusqu'au sacrum. Ce qui laisse apparaître deux hématomes profonds au niveau des omoplates.

Le corps remis sur le dos, je passe à la grande ouverture, du pubis au menton. Le foie n'a pas sa couleur normale. Il présente les signes d'une surcharge graisseuse, le plus souvent d'origine alcoolique. Ma dissection fine de la gorge et de la mâchoire montre que les fractures identifiées au scanner sont toutes entourées d'un abondant saignement, preuve qu'elles ont été occasionnées du vivant de la victime. Je procède également aux prélèvements habituels, sang ou ce qu'il en reste, liquides divers, échantillon des organes, prélèvements gynécologiques… Sans oublier de couper les ongles à ras, au cas où, dans une ultime défense, la victime aurait griffé son agresseur et embarqué son ADN.

Le tableau est assez simple, ma conclusion également. Mort criminelle, causée par une strangulation manuelle dans un contexte de violence. L'état de putréfaction permet de situer le décès entre six et quinze jours avant la découverte. Rapidement, les résultats de toxicologie reviennent : alcoolémie à 2,65 g/l, ni drogues, ni médicaments. Pour l'ADN, il faut attendre.

Dans les semaines qui suivent, l'enquête est compliquée. Le compagnon de Sylvie est interrogé pendant son hospitalisation, mais son état psychique est très perturbé. Il n'a plus vu Sylvie depuis la nuit du 3 au 4 mai, où ils se sont disputés, et il a ensuite recherché sa compagne pendant plusieurs jours. Il s'en veut beaucoup de la dispute. Marie-Claude, une compagne de beuverie de cette fameuse nuit, est retrouvée et confirme l'alcoolisation et la dispute, mais elle a quitté le couple en fin de journée.

À la fin du mois, le compagnon sorti d'hospitalisation se présente au commissariat de La Rochelle et apporte une lettre anonyme annonçant la mort de Sylvie C. Un doute naît dans l'esprit des enquêteurs : serait-il l'auteur de la lettre ? L'audition d'un de ses amis conforte ce doute. Le compagnon de Sylvie lui aurait fait des confidences avant la découverte du corps : il aurait « légèrement » étranglé Sylvie.

En garde à vue, Bruno P., 40 ans, admet avoir saisi Sylvie à la gorge, à cause d'une dispute sur les enfants. Il en voulait, pas elle. Puis il accuse Marie-Claude, leur compagne de beuverie. Après s'être calmé, il serait sorti du bunker fumer une cigarette, les deux femmes se seraient disputées, Marie-Claude aurait frappé Sylvie puis l'aurait étranglée. Placée en détention provisoire, Marie-Claude explique n'être pour rien dans la mort de Sylvie. Elle raconte le menu quotidien du couple, 3 litres de rosé par jour et par personne, la violence habituelle de Bruno, connu pour être un tabasseur patenté, avec douze condamnations au casier judiciaire, dont quatre pour violences par concubin.

Après quatre mois et demi de détention, Marie-Claude est mise hors de cause faute de preuves. Enfin, les analyses ADN des résidus de peau trouvés sous les ongles de la victime reviennent. En se débattant, la pauvre femme a griffé son agresseur. C'est bien de Bruno qu'il s'agit.

Lors de l'audience aux assises, l'accusé n'en démord pas. « J'espère que la vérité sera faite et que les vrais coupables paieront. Sylvie, je l'aimais. Ce n'est pas moi qui l'ai étranglée. » La lettre anonyme ? Ce n'est pas lui, même si des fautes d'orthographe identiques sont retrouvées dans d'autres de ses écrits. L'ADN sous les ongles de la victime ? Sylvie lui a griffé le dos lors d'une étreinte amoureuse. L'alcool ? Il ne boit plus depuis sa sortie de prison en novembre 2010, c'est Sylvie qui buvait, pas lui. Son casier judiciaire et ses douze condamnations, la plupart pour violences ? Il nie, ce n'était pas de la violence. Face à cette défense, son avocat a cette réflexion en aparté aux journalistes : « L'avocat n'est pas tenu de suivre son client... Mais c'est vrai qu'il y a un gros doute dans cette affaire. Mis à part les aveux – ce qui n'est pas rien devant une cour d'assises –, le dossier de l'accusation est vide. »

Les jurés non plus ne le suivront pas, en le condamnant à seize années de réclusion.

Pour moi, l'essentiel de ce procès fut ailleurs, dans le récit que la sœur de la victime a fait à la barre. Le drame d'une lente dérive imbibée d'alcool allant jusqu'à la désocialisation absolue, laissant un fils sur le bas-côté. Tout ça pour finir dans une décharge, à pourrir sous les immondices.

Cela me revient, tandis que je roule vers Poitiers et que le paysage s'assombrit au loin. Qui était vraiment la jeune infirmière et quelle force maléfique a bien pu l'entraîner vers les bas-fonds ? Alors, pour une fois, je cède à un élan de compassion. Pour Sylvie.

Congélation

Le téléphone sonne alors que je m'apprête à partir. Je suis crevé, après une expertise difficile. Une brave dame reprochait à son dentiste d'avoir saccagé sa denture. La veille, j'avais étudié les deux cents pages du dossier. En effet, il y avait à redire.

L'homme de l'art avait décidé de couronner la plupart des dents de la patiente ; certaines n'en avaient manifestement pas besoin. Dans cette opération, il avait entrepris de dévitaliser les dents, cet acte qui consiste à ôter le nerf et les vaisseaux en ouvrant le canal dentaire, puis à boucher ce dernier avec une pâte. Ensuite, il avait posé ses couronnes, pour le plus grand bonheur de sa cliente ressortie de son cabinet avec de superbes dents bien blanches et bien alignées, comme les vedettes à la télé.

Quelque temps après la fin de ce gros chantier, de terribles douleurs dentaires étaient apparues. Un autre dentiste consulté dans l'urgence avait découvert des abcès au sommet de chacune des dents traitées par son confrère. La remise en état complète avait demandé beaucoup de travail au nouveau dentiste et à un chirurgien stomatologue, qui avait dû opérer les kystes. Tout cela avait gâché neuf mois de la vie de la patiente, sans parler des 45 000 euros qu'elle avait dû débourser. Après une tentative de négociation à l'amiable qui avait tourné court avec l'assureur du dentiste, l'affaire s'était retrouvée au tribunal, qui m'avait missionné. Je devais dire si les soins dentaires avaient été réalisés dans les règles de l'art.

J'avais donc convoqué tout le monde à 14 heures, ce jeudi de septembre : la plaignante accompagnée de son avocat, le dentiste massacreur, l'avocat de celui-ci et le médecin-conseil de sa compagnie d'assurance. La rencontre avait eu lieu dans notre salle de réunion, organisée pour que chacun puisse étaler ses documents sur la table et prendre ses notes confortablement.

Les soins litigieux ayant été refaits par le second dentiste, ce n'est pas l'examen de la dame qui pouvait me renseigner sur les erreurs ou maladresses commises. J'avais donc repris les deux cents pages du dossier pour étudier, dent par dent, les soins réalisés. Sachant que, si l'on exclut les dents de sagesse qui avaient été ôtées dans l'adolescence, il restait vingt-huit dents à étudier, je m'attendais à ce que la réunion se prolonge…

Pour chaque dent, j'avais noté l'état de la dent avant les soins, étudié la radio avant et celle après traitement. Puis j'avais demandé au praticien comment il avait réalisé ses actes. Bien évidemment, chaque fois que je dépistais une faute technique, le médecin-conseil de la compagnie d'assurance contestait. Finalement, vers les 19 heures, je pouvais enfin donner oralement la teneur de mes conclusions provisoires : le dentiste massacreur était bien responsable du désastre. Sur ces fortes paroles, tout le monde avait pris congé.

Me voici seul devant ma pile de documents, bien décidé à remettre la rédaction du rapport au lendemain. Car il est toujours plus facile de rédiger quand les souvenirs sont frais, même si des notes ont été prises pendant la réunion. C'est le moment que choisit le téléphone pour sonner. C'est le standard de l'hôpital.

— Docteur Sapanet, un appel de la gendarmerie de Saujon.

— C'est bon, je prends.

Curieux, quand même. C'est bien la première fois que les gendarmes passent par le standard pour me joindre. D'ordinaire, ils appellent le secrétariat ou directement mon portable.

— Bonjour docteur, c'est la brigade territoriale de Saujon. On a vu avec la brigade de recherches, qui nous a dit de vous appeler. On a besoin de vous envoyer un corps pour un examen externe, voire une autopsie, et si possible avant le week-end.

— Bonjour. Dites, c'est un peu inhabituel, comme façon de procéder. D'ordinaire, vous envoyez une réquisition à mon secrétariat, qui s'occupe du reste.

— Euh, c'est que, là, c'est effectivement un peu spécial.

— Ah bon ? Mais encore ?

— La victime est une dame de 65 ans, très déprimée, sur fond de conflit familial sur la succession du mari décédé il y a peu. On a des doutes sur les causes de la mort.

— Et pourquoi ?

— Justement, c'est pour le savoir qu'on aimerait vous transférer le corps. Mais on ne sait pas comment.

— Il est en petits morceaux ?

— Non, non, entier. Dans un congélateur…

Un légiste est habitué aux surprises, mais là j'en resterais presque sans voix. Pas longtemps :

— Alors, ce n'est pas un congélateur à tiroirs, n'est-ce pas ?

J'entends à l'autre bout du fil une sorte de rire crispé. Je reconnais que le trait d'esprit est facile, mais j'ai l'excuse de la fatigue. Le gendarme fait comme si de rien n'était et entame le récit de la découverte. La dame ne donnant plus de nouvelles, le notaire chargé de la succession du mari s'est inquiété. Il a prévenu la brigade, qui a trouvé la maison vide et du courrier vieux de quinze jours dans la boîte aux lettres. La patrouille a alors procédé à une fouille méticuleuse des lieux, ouvrant même les armoires. Sans rien trouver. Puis ils sont revenus la semaine suivante, ont tout refouillé, poussant la conscience professionnelle jusqu'à ouvrir un petit congélateur installé dans l'arrière-cuisine. Il est vrai que depuis certaines affaires de fœtus congelés il vaut mieux se méfier. Bingo, elle était là.

J'interroge mon correspondant.

— Vous soupçonnez les enfants ?

— On ne sait pas. Le parquet s'oriente vers un examen du corps au scanner ou une autopsie.

— Bon, très bien. Il faut nous le transférer.

— Comment voulez-vous que l'on procède ?

— C'est simple, vous nous envoyez le congélateur.

— Euh, c'est que ça ne rentre pas dans les fourgons des transports funéraires.

— Vous trouverez bien un autre moyen.

Ils trouvèrent. Je n'ai jamais osé demander si le transporteur était au courant du contenu.

Le lendemain matin, le congélateur trône dans la morgue, son moteur ronronnant joyeusement depuis que l'agent d'amphithéâtre l'a rebranché. La présence incongrue d'un appareil électroménager dans cet espace réservé au recueillement des familles jette un froid. Si l'on peut dire.

Tout le service s'est déplacé pour assister à l'ouverture de la boîte. Je brise les scellés de cire rouge apposés par les gendarmes et soulève le couvercle. Une chevelure grisonnante apparaît, puis une tête, penchée en avant, sur un corps recroquevillé. Congelé. Dur comme du bois. Sur la conduite à tenir, chacun y va de son avis.

— Chef, on la sort et on la laisse dans la pièce.

— Non, on la sort et on la met à décongeler au frigo.

— On débranche juste le congélo.

Cette dernière suggestion semblant faire l'unanimité, l'appareil et son contenu sont placés en salle d'autopsie, couvercle fermé et prise débranchée, le temps du week-end. Au revoir mamie, à lundi.

Place aux activités familiales et, comme souvent, au déjeuner dominical avec les beaux-parents. Nous sommes samedi mais je dois m'y prendre la veille car ils ont un tout petit défaut : ma belle-mère est souvent en retard. Du coup, j'ai un mal de chien à programmer mes cuissons. J'ai opté cette fois-ci pour une technique adaptée : je vais préparer un cuissot de sanglier cuit à basse température.

Je sors le morceau du congélateur en prévision du lendemain et le place à décongeler dans une marinade. Vu son poids, il devrait être décongelé en fin d'après-midi, pour le début des opérations.

Tandis que je me livre à cette petite réflexion culinaire tout en soupesant cette belle pièce issue tout droit de mes parties de chasse, il me vient un doute. Si je m'en tiens au rapport entre le poids du cuissot congelé et le temps qu'il faut pour le ramener à température ambiante, notre petite dame risque de mettre plus de temps qu'on n'imagine pour ramollir… Samedi, tard le soir : mon cuissot est tout juste décongelé et j'ai de plus en plus de doute sur le devenir de notre mamie congelée.

Après l'avoir bien huilé, je mets mon cuissot dans le four chauffé à 240 degrés. Dès qu'il est saisi en surface, je le ressors et j'attends que la température redescende à 80 degrés. Dans le même temps, je chauffe la marinade. Puis le cuissot bien doré rejoint sa marinade et j'enfourne le tout jusqu'au lendemain. La cuisson basse température et longue durée transforme les tissus fibreux et les tendons en une gelée très agréable sous la dent et donne une viande fondante à souhait. Autre qualité de cette méthode, la pièce de viande peut rester au four aussi longtemps qu'il le faut pour attendre les convives. Elle n'évoluera pas et ne risque pas de carboniser.

Dimanche. Ma viande est restée à 70 degrés à cœur toute la matinée. Je n'ai plus qu'à servir avec une poêlée de cèpes sautés au beurre, trois compotes salées maison, poires-pommes-coings, et une sauce aux myrtilles sauvages et confiture de myrtilles. Le vin ? Une bouteille d'Aloxe-Corton, choisie parmi bien d'autres propositions savoureuses chez mon caviste, à deux pas de la maison. Les meilleures choses ayant une fin, le plat du cuissot repart vide à la cuisine et le week-end s'achève.

Lundi matin. Après un salut général et une première tasse de café, je m'enquiers de l'état de mamie dans son congélateur débranché. Incroyable, elle est toujours raide comme la justice. L'appareil qui lui sert de dernière demeure provisoire est vraiment de bonne qualité. D'ailleurs, la notice du fabricant, consultée sur Internet, précise qu'il est « tropicalisé », capable de conserver le froid pendant plus de quarante-huit heures en cas de coupure de courant. Nous décidons cette fois de laisser le couvercle grand ouvert.

Après trois journées à ce régime, le résultat est mitigé. Le haut du corps est décongelé, mais pas le bas. Cette fois, la conclusion s'impose. Il faut sortir mamie de là. La manœuvre est délicate, car l'espace dans lequel elle se tient est exigu. Heureusement, les agents d'amphithéâtre prennent les choses en main. Ils glissent des sangles sous les genoux et sous les bras, et hop : le temps de compter jusqu'à trois et elle apparaît, bras croisés sur sa robe de chambre vert-bleu cachant une chemise de nuit assortie. Elle porte encore ses boucles d'oreilles et son alliance. Elle a les yeux fermés et le visage serein.

Placée sur un chariot et dûment harnachée pour éviter une chute, la dame passe la semaine assise en salle d'autopsie, à une température régulée voisine de 16 °C environ. Ce qui permet enfin, le vendredi soir, de l'allonger et de la glisser dans l'un des frigos. Ouf, le plus dur est fait.

Du côté des enquêteurs, on s'impatiente. Le gendarme de Saujon me rappelle.

— Bonsoir docteur. Alors, cette autopsie, on en est où ?

— Bah, on a eu du mal à la décongeler. La prochaine fois, amenez-moi un découpé dans un congélateur à tiroirs. Les morceaux, c'est plus rapide.

— Ah oui, comme le gars de l'île de Ré, vous vous souvenez ?

— Un peu, que je m'en souviens.

C'était un dimanche, j'étais d'astreinte, lorsque la brigade m'avait appelé pour « des restes humains découverts dans une maison incendiée » sur l'île de Ré. Un mari fâché avait mis le feu au pavillon, l'épouse était introuvable, tout le monde était très inquiet. Les gendarmes avaient trouvé dans les décombres la carcasse d'un congélateur à tiroirs encore plein de morceaux douteux. La déduction avait été rapide : le jaloux aurait-il découpé sa femme ? Poitiers n'étant pas précisément dans la banlieue de La Rochelle, j'avais mis un peu de temps à me préparer à cette expédition, lorsque les gendarmes avaient rappelé. Fausse alerte. Un de leur collègue chasseur avait identifié les restes. Il s'agissait de chevreuil, de cerf et de sanglier.

Pas mécontent de la nouvelle, je m'apprêtais à reprendre une activité somnolente lorsque la gendarmerie de Niort s'était manifestée. Pas moyen de buller, ma parole. Cette fois, c'était pour des ossements exhumés lors de travaux dans la cave d'un particulier. Les bricoleurs du dimanche, quelle plaie. Je m'étais à nouveau préparé, cette fois-ci pour une virée niortaise, puis, pris d'une inspiration subite, m'étais ravisé, avais rappelé les pandores et leur avais demandé de m'envoyer quelques photos par e-mail, histoire de me faire une idée. En insistant sur les extrémités des os et leurs surfaces articulaires, qui sont un moyen imparable de distinguer humain et animal. Bien m'en avait pris. J'avais reconnu illico des os de cheval. Les inhumations chevalines, y compris dans les sous-sols de maisons particulières, n'étant pas de mon ressort, j'avais donc décliné l'invitation.

Au troisième appel, j'avais cru à un gag. La brigade de Saujon, encore elle, se retrouvait avec un os découvert par un particulier sur un terrain vague. Prudent, j'avais demandé la photo de l'objet, mais j'avais été bien incapable de reconnaître l'origine de cette pièce anatomique. Ni les extrémités, ni le fût de cet os long ne ressemblait à quoi que ce soit que je connaisse. Jugeant que l'affaire ne présentait pas de caractère urgent, j'avais suggéré au gendarme de me l'expédier, ce qu'il avait fait. Lorsque j'examinai la chose, je restai dubitatif devant la forme des articulations parfaitement symétriques et la dépression qui courait le long de l'os sur ses deux faces. Je le sciai en son milieu. Alors que je m'attendais à une corticale épaisse (la couche externe de l'os), elle était fine comme une couche de cuir. À l'intérieur, rien qui ressemblât à de la moelle osseuse. Finalement, c'était un vieil os à mâcher destiné à la race canine, fabriqué par moulage sous pression de peaux animales. Une sorte de tromperie sur la marchandise.

Après cette brève évocation de souvenirs communs, je ne peux que rassurer mon interlocuteur :

— Ne vous inquiétez pas, je m'y mets dès lundi. Allez, bon week-end.

Promesse tenue. La semaine suivante, l'autopsie est bouclée sans encombre. Aucun signe particulier, aucune lésion. Seule anomalie, les analyses sanguines révèlent la présence d'une dose massive, mais pas mortelle, de somnifères, un médicament que lui avait prescrit – à dose normale – son médecin traitant. Cela n'aide pas vraiment les enquêteurs, tandis que les héritiers s'impatientent.

— Bon, et maintenant, qu'est-ce qu'on fait du congélateur ? me demande un des agents d'amphithéâtre.

Bonne question. Je suggère de le rendre à la famille, qui décline la proposition. « Chaque fois qu'on l'ouvrira, on pensera à Mamie. Vous n'avez qu'à le garder. Ça peut vous servir. »

Les congélateurs en version coffre, ce n'est pas ce qu'il y a de plus pratique pour nous. On préfère les tiroirs, parfaitement adaptés au stockage et à la conservation des éléments anatomiques prélevés lors des autopsies et mis sous scellés. Mais j'accepte. Les enfants de la défunte nous confirment par courrier le don de l'appareil. Il n'y a plus qu'à le nettoyer et à lui trouver un nouvel usage.

L'agent d'amphithéâtre chargé de la besogne commence par ramasser le drap qui traîne au fond du coffre. Surprise, il découvre une pochette plastique contenant une lettre manuscrite. « Mes enfants, excusez-moi pour la mauvaise surprise. Depuis que mon époux est parti, la vie n'est plus la même. Je n'ai plus envie de poursuivre. Je me suis mise dans le congélateur. Je donne mon corps à la science. Récupérez les bijoux. »

Immédiatement prévenus, les gendarmes font comparer les écritures de la lettre à d'autres documents. Le mot était bien de la main de la défunte. Il s'agissait donc d'un suicide par congélation. Fin de l'énigme. En revanche, les dernières volontés de la dame se sont heurtées à un obstacle infranchissable : un corps autopsié ne peut pas être donné à la science. Le procureur a ordonné la remise de la dépouille à la famille et autorisé la crémation. De quoi attraper un froid et chaud…

Depuis, le congélateur est toujours là, ronronnant dans un coin du service.

Tout ça pour une occase…

L'autopsie de Monique, 55 ans, vient tout juste de s'achever. Tandis que le garçon d'amphithéâtre referme les incisions, je fais part de mes premières conclusions aux enquêteurs. Il s'agit habituellement de donner une première orientation sur la cause du décès et sur les circonstances de la mort, sur son caractère criminel ou non.

Dans le cas de Monique, la question ne se pose pas vraiment. La liste des violences relevées sur le corps se suffit à elle-même. Une fracture de la pommette gauche et un hématome de la nuque permettent d'imaginer un violent coup de poing au visage suivi d'une chute en arrière. Treize plaies d'attaque, causées par les actions piquantes d'une seule et même lame, sont concentrées sur deux zones : la base du cou et la région du foie. De nombreuses estafilades sur la partie haute du thorax et le cou, dont l'une d'elles réalise une tentative d'égorgement. Des lésions de défense au niveau des mains.

Malgré les soins prodigués par le Samu et une opération en catastrophe au CHU de Poitiers, la mort n'a pu être évitée, liée à plusieurs hémorragies dont la principale a été causée par la section d'une grosse veine du foie.

Car Monique était encore vivante lorsque sa fille l'a trouvée, baignant dans une mare de sang dans sa cuisine, une veste recouvrant son visage. Mais elle avait déjà perdu beaucoup de sang et était très faible. En tout cas, elle était assez vivante pour dénoncer son meurtrier. Il y a des jours où la victime mâche le travail des enquêteurs… Et sans ambiguïté : ce n'est pas « Omar m'a tuer ».

Bref, pas de suspense.

Dans les jours qui suivent, je rédige un volumineux rapport définitif, dans lequel je reprends en détail l'ensemble de mes observations. Je donne pour chaque plaie sa mesure précise, son orientation et sa hauteur par rapport au plan des talons de la victime. Ces chiffres sont précieux pour les reconstitutions criminelles, lorsqu'il s'agit de vérifier la version d'un accusé. Je peux en l'occurrence affirmer que la victime était debout lorsqu'elle a été poignardée et que la plupart des coups ont été portés dans la continuité, presque dans le même mouvement, comme si l'agresseur avait tourné autour d'elle en piquant, piquant et piquant encore.

Deux ans plus tard, le meurtrier présumé comparaît devant les assises des Deux-Sèvres. C'est l'ex-petit ami de Sandrine, la fille de Monique, un Congolais de 22 ans, beau gosse et toujours bien sapé. Arrêté quelques heures après les faits, placé en garde à vue, il a rapidement avoué son forfait. Il était venu emprunter de l'argent à son ex-petite amie. Non sans raison : il avait auparavant volé un chèque dans son sac à main, afin d'acheter une belle Audi. Le chèque étant revenu impayé, car sans provision, le vendeur de la voiture avait sommé le jeune homme de lui apporter 2 500 euros en liquide, pour réserver l'objet. Sinon, adieu l'Audi. Malhonnête et dépourvu d'imagination, l'homme était retourné chez Sandrine, histoire de lui demander l'argent qu'il n'avait pas réussi à lui voler.

Seulement voilà, la jeune fille était absente et c'est la maman qui avait ouvert la porte. Elle n'avait jamais apprécié ce beau gosse prétentieux et n'avait pas hésité à le lui dire à moult reprises. Jusqu'à se faire traiter de raciste.

Elle n'avait pas voulu payer. Il n'avait pas supporté ce refus. Alors, il s'était jeté sur elle.

« Je tenais la dame d'une main, et de l'autre j'ai ouvert un tiroir. Ma main est tombée sur un couteau genre boucher. Dès que j'ai eu le couteau, j'ai frappé au ventre deux ou trois fois. Elle saignait mais elle parlait toujours. C'est pour ça que je l'ai piquée au cou. Je voulais la faire taire. »

Convié par le président des assises à présenter mes observations à la barre, je corrige les déclarations de l'accusé. Dans sa description, il oublie des coups. Une imprécision bien compréhensible, lorsque l'on est dans le feu de l'action. Si les assassins devaient en plus tenir leur comptabilité, les vocations de légiste se feraient plus rares.

Les jurés font les comptes, eux aussi. Et après deux heures de délibéré – ce qui est très court –, ils condamnent le tueur à vingt ans de réclusion criminelle.

La femme dans la valise

Sylvette parlait trop fort. Alors, Corinne s'est fâchée tout rouge.

Et maintenant, Sylvette est allongée sur la table en inox, offerte au scalpel de Marie pour une autopsie en règle. Examen externe, ouverture des cavités thoracique et abdominale, sciage de la boîte crânienne, extraction et pesée des organes. La routine.

Marie travaille avec moi depuis des années. Arrivée jeune interne dans le service de médecine légale, elle est maintenant praticien hospitalier et légiste expérimentée. L'opération de ce matin d'octobre 2013 ne présente pour elle aucune difficulté. Tandis qu'elle se livre aux différentes phases, elle commente à voix haute, à la fois pour l'officier de police judiciaire présent et pour l'interne qui rédigera le rapport d'autopsie sous son contrôle. Marie s'interrompt régulièrement le temps d'une photo.

— La victime est une femme d'une cinquantaine d'années, de corpulence menue, cheveux gris coupés court, 41 kilos pour 1,63 mètre. Le corps est propre, dégageant une légère odeur d'eau de Javel… Plusieurs lésions au niveau de la tête, évocatrices d'impacts violents, ainsi qu'une fracture de l'arcade zygomatique droite, en haut de la pommette... Présence d'un minuscule morceau de verre dans une plaie du cuir chevelu... La lèvre supérieure et les narines sont marquées par des traces noirâtres, ainsi que par une substance rouge et des marques d'essuyage. La langue et le fond de la gorge sont grisâtres, évoquant les brûlures par un liquide caustique de type soude ou acide... Sur le bras droit, présence de trois plaies superficielles, typiques de lésions de défense face à une arme blanche... On note une grande tache verte sur l'abdomen, signe d'une mort remontant à la veille ou l'avant-veille de la découverte... Les rigidités cadavériques ont été rompues au niveau des membres supérieurs, probablement au moment des manipulations du corps pour le faire entrer dans la valise.

Marie passe à l'examen interne.

— Quatre plaies au niveau des poumons, à droite et à gauche, dont une a atteint le cœur, ayant provoqué une hémorragie massive et un décès rapide... Deux plaies au niveau du foie... Pas de traces de brûlure dans l'œsophage, donc pas d'ingestion de produit caustique.

Pour Marie, le tableau final concorde avec les observations faites la veille sur la scène de crime par Alexia, sa collègue de garde cette nuit-là.

Il était 20 heures passées quand le commissariat de La Rochelle avait appelé Alexia. Elle était arrivée sur place en pleine nuit. Le temps de faire la route et de trouver l'adresse, les techniciens de la police scientifique avaient terminé leurs relevés, libérant la place dans le petit studio envahi par les enquêteurs.

Un grand canapé avait été poussé vers le milieu de la pièce. Entre le mur et le canapé se trouvait une grosse valise à roulettes, ouverte. Il y avait un corps à l'intérieur, celui d'une femme d'un certain âge, nue, à l'exception d'un string en dentelle blanc. Une odeur tenace et vaguement irritante d'eau de Javel flottait dans l'air.

Le chef d'enquête lui avait fait un rapide topo sur l'affaire.

Les policiers avaient été alertés par l'appel de la fille de la suspecte : sa mère venait de lui dire au téléphone « J'ai fait une bêtise, j'ai fait une bêtise », sans qu'elle puisse en savoir plus. La patrouille dépêchée sur place avait sonné et tambouriné à la porte pendant de longues minutes, avant que l'occupante n'ouvre. Une petite femme, visage fermé, cheveux mi-longs en désordre, visiblement pas très en forme, leur avait demandé ce qu'ils voulaient.

— On veut juste voir si tout va bien, madame. Votre fille s'inquiète. Ça va ?

— Oui, oui, ça va. C'est ce bruit, toujours ce bruit.

— Euh, madame, quel bruit ? Je n'entends rien.

— Si, le bruit. Il y a des travaux dans la boutique du fleuriste, juste au-dessous. Ça tape toute la journée.

Le policier avait effectivement remarqué, en arrivant, un chantier au rez-de-chaussée, juste sous le studio du premier étage occupé par la dame.

— Et c'est pas tout. Il y a les sirènes. Et l'hélicoptère !

La locataire déboussolée habitait dans un quartier récent, tout proche de l'hôpital. D'où sûrement les sirènes des ambulances et l'hélicoptère du Samu.

Tout en parlant, la dame essayait de refermer la porte. Le policier, qui avait perçu la manœuvre, avait mis son pied dans l'encadrement, essayant de poursuivre la discussion.

— Ça sent drôlement fort, chez vous. C'est quoi ? De la Javel ? Vous avez un problème ?

— Non, non. La Javel, c'est pour que ça soit propre, c'est tout.

— On peut entrer une minute, juste pour être sûrs que tout va bien, madame ? C'est pour rassurer votre fille.

— Non, tout va bien, je vous dis.

Pour le chef d'équipage, un brigadier d'expérience, quelque chose clochait. Pas question de rester sur le palier. Alors, il avait parlementé encore, jusqu'à ce que la dame cède, à contrecœur, et les laisse entrer. Puis elle était allée s'asseoir sur le canapé, l'air ailleurs. Les policiers avaient noté la propreté impeccable, et cette odeur prégnante de chlore. Mais il y avait aussi une grosse valise, à demi dissimulée derrière le canapé. Intrigué, l'un des policiers avait fait le tour. C'est là qu'il avait vu un pied humain dépassant du bagage mal fermé.

D'un geste explicite, il l'avait montré à ses collègues, déclenchant une réaction immédiate du brigadier :

— Stop, on arrête tout, personne ne touche plus à rien, on appelle la scientifique et le légiste.

S'était ensuivi le branle-bas de combat habituel, avec son cortège d'allées et venues, de gyrophares et de spécialistes, dont Alexia avec son gros sac de levée de corps.

Après sa nuit d'insomnie, Alexia avait passé le relais à Marie pour l'autopsie, le lendemain. Une sage précaution que permet l'organisation du service.

C'est ainsi que, après presque quatre heures de travail, Marie confie le corps aux agents d'amphithéâtre qui sont chargés de lui redonner son apparence humaine. Puis elle file dans son bureau pour rédiger sa conclusion provisoire.

Ce document, essentiel, est faxé immédiatement au procureur de La Rochelle et une copie est confiée aux enquêteurs. Nous avons adopté cette méthode de transmission après un incident original : un officier de police judiciaire distrait avait noté des informations à chaud pendant l'autopsie et les avait transmises directement au procureur sans les faire relire par le légiste, en les interprétant à sa façon. Quelques jours plus tard, le procureur avait bondi à la réception du rapport écrit qui annonçait… le contraire de ce qu'il avait imaginé.

La séquence « à chaud » est terminée pour Marie et Alexia. La suite est désormais entre les mains du juge d'instruction et des enquêteurs, qui vont devoir comprendre ce qui s'est passé, ce soir-là, dans le studio de Corinne, à La Rochelle.

Il leur faut près de deux années de travail pour y parvenir. Entre-temps, Corinne a parlé, expliqué, changé plusieurs fois de version. Aussi, pour tenter d'y voir plus clair, le juge ordonne une reconstitution en présence de tous les protagonistes, donc du légiste. Mais Marie est en congé maternité. Pas de souci, je vais la remplacer. C'est aussi ça, le travail en équipe.

Avant toute chose, je m'imprègne du dossier transmis par le magistrat. C'est l'histoire de deux femmes, Corinne et Sylvette, qui vivent à La Rochelle. La première est retraitée et dépressive chronique. La seconde est sans emploi et sous curatelle. Les deux solitudes se rencontrent trois semaines avant les faits, deviennent vaguement amies et décident un dimanche d'aller faire un tour au vide-grenier organisé sur le port, avant de rentrer chez Corinne pour manger un gâteau et boire une tasse de café.

C'est alors que tout bascule. Selon Corinne, Sylvette s'est mise à parler fort. En plus, elle tapait sur la table basse avec la lame de son couteau, des petits coups saccadés, incessants. Corinne lui a dit d'arrêter. L'autre s'est moquée d'elle, s'est mise à rire. Fort, aussi. Corinne a craqué. Elle s'est jetée sur son amie, lui a cassé une bouteille de vin sur la tête. Sylvette s'est défendue, elles se sont battues. Puis l'atmosphère s'est calmée. Corinne a coupé le gâteau. Mais Sylvette a repris son tap-tap avec le couteau. Au terme d'une courte lutte pour la possession du couteau, Corinne a frappé. Plusieurs fois. Combien, elle ne sait plus. Trois fois, c'est sûr. Sylvette saignait. Elle est tombée, sa tête a heurté le plateau de la table basse. Morte.

Après ? Sidérée, Corinne s'est d'abord assise. Et puis il y avait tout ce sang, c'était sale. Corinne a nettoyé, comme une forcenée. Tout devait disparaître. Alors elle a lavé, à grands coups d'eau de Javel. Elle a frotté et récuré. Tout y est passé : les murs, la moquette, le canapé, la table basse et le cadavre aussi. Elle l'a déshabillé et lavé à plusieurs reprises, lui a enfilé l'un de ses strings car ça la gênait de la voir toute nue. Enfin, elle l'a enfermée tant bien que mal dans la valise. Mais la rigidité cadavérique a quelque peu perturbé la manœuvre et laissé un pied à l'extérieur...

Le lendemain matin, elle est allée chez le coiffeur, a retiré de l'argent au distributeur et s'est acheté un billet de train pour rejoindre sa fille en Bretagne. L'après-midi, elle a changé d'avis, optant pour le suicide. Elle est allée au supermarché pour acheter de l'essence, de l'acide et de l'alcool. Elle voulait avaler le tout puis mettre le feu. Finalement, elle a appelé sa fille.

L'essentiel de ce récit repose sur l'unique témoignage de Corinne. Il est en partie corroboré par les constatations des policiers mais reste imprécis quant au déroulement de l'agression. D'où l'intérêt de la reconstitution criminelle, à laquelle je me présente donc le jour dit, pile à l'heure. Mais je suis devant un immeuble sécurisé et je n'ai ni le code de l'interphone ni les numéros de téléphone des autres participants. J'ai l'air malin, à faire le pied de grue alors que l'on m'attend à l'intérieur.

En désespoir de cause, je jette un œil sur le parking de la résidence. Une voiture de police est stationnée un peu à l'écart. Je m'approche. Coup de chance, le conducteur est à bord, en train de patienter en lisant les nouvelles locales. Mon sauveur. Grâce à lui, je peux enfin rejoindre le lieu du crime, ajoutant ainsi à l'encombrement des lieux.

Les 20 mètres carrés de moquette n'ont sans doute jamais été si occupés. Avec le juge d'instruction, la greffière, les trois officiers de police, les deux agents de l'administration pénitentiaire et la détenue, les avocats et le substitut du procureur, nous sommes une douzaine, ce qui fait moins de 2 mètres carrés par personne. J'ai du mal à trouver ma place. Je dépose rapidement mon sac à dos dans un coin de la pièce où personne ne viendra le déranger. J'en extrais mes outils de travail : un Nikon numérique D300 et son fabuleux zoom grand angle 10-24. De quoi réaliser un bel album des opérations malgré l'exiguïté des lieux.

Tandis que les opérations commencent, j'observe avec attention Corinne, debout entre ses deux accompagnateurs musclés. Une petite femme ordinaire, banale, vêtue d'un jean et d'un pull-over rose. Elle se tient légèrement penchée en avant, les deux mains serrées dans une grande tension.

Docile, elle se déplace à chaque demande du juge pour simuler les différentes situations. Chaque fois, les policiers fixent la scène en prenant des clichés, provoquant le déplacement plus ou moins ordonné de tous les participants pour ne pas être dans le cadre. Et chaque fois je me place du côté des photographes pour prendre mes propres clichés. Avec cette documentation j'aurai tous les éléments pour rédiger rapidement mon rapport.

Vient le moment de l'agression. Corinne mime la séquence. Finalement, si ses déclarations varient d'une pièce de procédure à l'autre, c'est essentiellement du fait de lacunes ou d'omissions. Elles ne présentent pas de contradictions majeures avec les constatations médico-légales et correspondent dans l'ensemble aux traces et lésions observées.

Je ne suis pas très sûr de l'ordre exact des événements, mais finalement j'en retiens la séquence suivante : Corinne et Sylvette en viennent aux mains avec un échange de coups réciproques. Puis Corinne assène plusieurs coups de bouteille sur la tête de Sylvette. La bouteille se brise. Après une courte interruption, Corinne saisit le couteau avec lequel Sylvette jouait précédemment et lui porte douze coups dans une action piquante. Neuf coups atteignent le thorax et l'abdomen, trois coups atteignent le membre supérieur gauche que Sylvette interposait pour se protéger.

Du fait de l'hémorragie, Sylvette perd connaissance et son corps bascule à terre. Le visage heurte au passage le coin d'une table en verre qui fracture son arcade zygomatique. La mort intervient par désamorçage rapide de la pompe cardiaque.

Par la suite, Corinne manipule le corps et réalise quatre déplacements, un déshabillage, plusieurs toilettes, la pose d'un string. Question de propreté et de pudeur.

Reste un point assez mystérieux. Les analyses toxicologiques ont montré la présence de zolpidem dans le sang de la victime, un barbiturique puissant utilisé dans le traitement de l'insomnie. Questionnée par le magistrat, Corinne ne sait pas. « Sylvette l'a sans doute pris avant », dit-elle.

Deux ans après la reconstitution, c'est le procès aux assises de Saintes et pour moi l'occasion d'avoir enfin la connaissance complète du dossier. Une des internes du service est là depuis l'ouverture. Cela fait partie de sa formation. Rien n'est plus instructif pour un futur légiste que d'assister à une audience devant la cour d'assises, du choix des jurés jusqu'au rendu de la décision (le jugement) quelques jours plus tard. C'est un condensé de plusieurs années d'investigation, une scène de théâtre où l'on refait l'instruction du dossier, une forme de grand oral où tout peut basculer sur une simple question. C'est le président qui choisit l'ordre de passage des témoins et des experts. Habituellement, le légiste assiste aux débats avant sa déposition et peut rester dans la salle après celle-ci.

Comme à mon habitude, j'arrive largement avant mon heure de passage. La plupart des témoins ont déjà été entendus. Corinne est à l'audience comme lors de la reconstitution, semblant un peu perdue dans le box des accusés, frêle silhouette entre deux bodybuilders de l'administration pénitentiaire, ses mains jointes s'agitant nerveusement, toute de noir vêtue. La veille, la cour a consacré la première journée à analyser sa vie. Une sorte d'intrusion dans l'intimité de l'auteure des faits, avec tous les détails, même les plus sordides. Mon interne m'en fait un bref exposé.

Lorsque le président lui a donné la parole, Corinne a mentionné sa dépression qui remontait à des années et ses idées de suicide. Très vite, elle a évoqué sa jeunesse, son père violeur et sa mère complice qui parlait fort et la poursuivait avec un couteau, pour qu'elle se taise. Les dix enfants du couple auraient subi des sévices sexuels et des coups pendant de nombreuses années. À 14 ans, elle s'était enfuie avec sa sœur. Mariée puis divorcée, elle perd finalement confiance dans les hommes au point de se présenter sous un faux nom lorsqu'elle lie connaissance avec de nouvelles relations à La Rochelle.

Grâce à mon avance, j'ai la chance d'entendre la déposition des experts psychiatres. C'est toujours un grand moment. Je me mets à la place des jurés : vont-ils comprendre le vocabulaire parfois totalement abscons que l'on risque de leur servir ?

Car mes confrères experts psychiatres se classent en deux catégories : ceux qui s'expriment avec le plus de mots du langage courant possible ou au moins expliquent les termes compliqués – ceux-là, je les comprends et j'aime bien travailler avec eux – et ceux qui ne sortent pas de leur vocabulaire spécialisé – et même avec ma culture médicale (certes basique en psychiatrie), je ne comprends pas le sens de certains mots. Aujourd'hui, nous avons de la chance, c'est la première catégorie qui parle.

Ils sont nombreux, nos experts psychiatres : un premier pour l'examen lors de la garde à vue, un deuxième pendant l'hospitalisation en psychiatrie, peu après les faits, un troisième pendant la détention. La difficulté, c'est que tous ne sont pas d'accord sur son état de santé mentale au moment des faits. Le juge d'instruction a alors désigné un collège de trois autres experts, qui ont eu accès aux rapports de leurs collègues, au dossier d'hospitalisation, et ont pu s'entretenir avec Corinne.

Examinée lors de sa garde à vue, elle était dans « un état anxieux d'intensité sévère proche de l'hébétude », sous le choc. Bon, prise sur le fait et en garde à vue, cela n'a rien d'étonnant. À l'époque, Corinne était incapable d'expliquer son geste autrement que par le stress sonore créé par l'environnement. Elle n'était pas dans le délire, n'avait pas d'hallucinations, mais son jugement était cependant altéré. Bref, une sorte d'entre-deux psychiatrique : pas tout à fait folle, mais pas nette non plus.

Six mois plus tard, à la suite de la deuxième expertise, réalisée alors que Corinne était hospitalisée en psychiatrie, l'expert avait retenu une sorte d'hallucination au moment des faits : « cette voix trop forte de la victime rappelant la voix de la mère », « comme si c'était l'apparition de la mère ». Pour autant, cette hallucination ne s'accompagnait pas d'un commandement, ni d'une injonction (« tue-la ! »). Le passage à l'acte était décrit comme une fureur pathologique. L'expert diagnostiquait finalement « un fonctionnement mental dans le registre des psychoses jusque-là à peu près contrôlé, qui avait décompensé brutalement le jour du crime ».

J'arrive à suivre, mais le terme de psychose n'est pas expliqué aux jurés. Dommage. Pourtant, c'est assez simple : la psychose est une maladie mentale grave qui provoque des pertes de contact avec la réalité, des délires, des idées irrationnelles. La personne malade ne sait plus, par moments, ce qui est réel et ce qui ne l'est pas. Elle peut souffrir d'hallucinations visuelles ou auditives. Elle n'est pas consciente de ses problèmes. Finalement, et très logiquement, la conclusion de cette deuxième expertise est une abolition complète du discernement. Là, on est dans le psychiatriquement lourd. Jadis, c'était souvent l'hospitalisation à vie. Les enjeux sont importants, car qui dit abolition totale du discernement dit irresponsabilité pénale avec hospitalisation en psychiatrie et absence de procès.

Le troisième expert, lui, était d'accord avec le premier.

Mais c'est le collège d'experts qui a le dernier mot. Fouillant dans le dossier autant que dans la vie de Corinne, il a retrouvé des éléments discordants entre les pièces du dossier et leur entretien avec l'accusée. Son attention a été attirée par « des éléments d'utilitarisme, voire une franche réticence de la patiente », façon de dire qu'elle les mène peut-être en bateau. Rien de surprenant puisque cela s'est passé à La Rochelle, le plus grand port de plaisance de la façade atlantique européenne…

Je vous fais grâce de la motivation pour ne retenir que la conclusion. En condensé, je comprends que nos trois psychiatres du collège ont du mal à expliquer le passage à l'acte par les connaissances de la psychiatrie, que Corinne ne dit sans doute pas toute la vérité et qu'elle peut être jugée, même si elle n'était pas très claire au moment des faits. Pourtant, ils sont tous d'accord pour dire que Corinne relève plus des soins de psychiatrie que de la détention… C'est difficile, la psychiatrie.

Dans mon équipe de légistes, j'ai beaucoup de psychiatres. Des psychiatres-légistes. Comme je les aime bien, pour les taquiner, je leur rappelle souvent ma vision un peu primaire de la psychiatrie : pour moi, il y a les « grands fous » (parfois dangereux, d'ailleurs, on les enferme) qui ne peuvent pas s'adapter à la vie en société, les « moyens fous » qui arrivent à gérer tant bien que mal avec l'aide de médicaments et ont souvent une vie sociale, même si elle est chaotique, les « borderlines » entre folie et normalité, les « sociopathes » qui n'aiment pas la société, les « psychopathes » qui savent se dissimuler au sein des normaux (au moins un certain temps, après ils passent dans la case des « grands fous ») et les « normaux ».

Les « normaux » représentent le plus gros d'entre nous, cependant, ils peuvent se permettre d'être un peu paranos, un peu obsessionnels, un peu névrosés ou un peu hystériques… (Mais là on n'est plus dans la psychiatrique, juste dans la psychologie, car ce n'est pas parce que l'on est « normal » que l'on ne souffre pas.)

Et je peux même vous révéler, ce n'est pas un secret, que le rêve de certains psychiatres est de tous nous classer (même les normaux) dans leur catalogue des troubles mentaux (le DSM). D'ailleurs, à une époque, l'homosexualité était listée dans le DSM, il a fallu attendre 1973 pour qu'elle en sorte.

Lorsque, sur le ton de la plaisanterie, j'énonce ces vérités simples à mon équipe, elle lève les yeux au ciel avec un air consterné et proteste en me rappelant qu'on ne parle plus de fous depuis longtemps.

En même temps, elle reconnaît qu'il y a là un fond de vérité. Mais juste un fond…

Après la déposition des psychiatres vient le moment des enquêteurs. J'adore. C'est souvent à ce moment que je comprends le dossier. Et là, la personnalité de Corinne prend un tout autre aspect.

La policière en charge de l'enquête a fait un travail de fourmi qui donne une description tout à fait différente de l'accusée. Elle ne « voulait plus d'homme dans sa vie », mais l'enquête retrouve des relations au moins téléphoniques régulières avec trois hommes en six mois. La vie de Corinne est semée d'arnaques, d'usages de faux noms, de l'utilisation de chéquiers qui ne sont pas les siens. Elle percevait les prestations sociales d'une autre personne, elle détenait des liquidités à l'origine indéterminée et elle mentait sur l'argent qu'elle percevait. Ses actes dans les suites du meurtre ne sont pas du tout désorganisés : tout semble conçu pour faire disparaître le corps et quitter la ville.

Me voici enfin à la barre. Après m'être présenté (j'ai oublié mon âge, me fera remarquer l'interne plus tard) et la classique prestation de serment (apporter mon concours à la justice en mon honneur et conscience), je récapitule la séquence des faits telle que rapportée par l'accusée, mettant en regard les constatations faites lors de l'autopsie. Si l'ensemble paraît cohérent, je ne peux m'empêcher de soulever une interrogation : les choses ont pu se passer différemment si la victime était sous l'influence du zolpidem.

Cela tombe bien, les toxicologues prennent ma suite à la barre. Là aussi, le juge d'instruction a déployé les grands moyens : deux experts qui, en plus d'avoir recherché et dosé tous les toxiques dans les liquides prélevés lors de l'autopsie, ont également coupé en quatre les cheveux de la victime pour les analyser. Car les cheveux sont la mémoire de nos absorptions de médicaments, drogues et autres produits consommés au quotidien ou même une seule fois.

Le premier expert explique longuement comment le bulbe des cheveux (mais aussi celui des poils) transforme les produits consommés et en laisse une trace définitive dans la tige. Les cheveux de toute personne traitée au zolpidem de façon régulière en gardent la trace. Un cheveu pousse en moyenne d'un centimètre par mois ; les cheveux prélevés sur la victime mesurant quatre centimètres, l'expert disposait ainsi de l'enregistrement des quatre derniers mois. Or les analyses sont formelles, dans le mois qui a précédé sa mort, Sylvette n'a jamais pris de zolpidem…

Vient maintenant le second expert. Il confirme les déclarations du premier et ajoute un élément de poids : la dose de zolpidem dans le sang de la victime correspond à une prise de deux ou trois comprimés quelques instants avant la mort. Le produit métabolisé dans le bulbe ne peut pas être retrouvé dans les cheveux, car ceux-ci n'ont pas poussé entre la prise et la mort. Le dosage n'est pas mortel mais suffisant pour assommer (au figuré) une personne qui n'en consomme pas régulièrement.

La synthèse des deux dépositions est claire : il s'agit d'une prise unique, et non d'un traitement régulier, avec assoupissement garanti, ou au moins une diminution des capacités à résister. Or Corinne a ce produit à disposition par ses ordonnances. Mais pas Sylvette !

Et Corinne a toujours nié avoir administré la moindre substance.

L'avocate générale comprend qu'il y a là une incohérence, une faille terrible dans la défense de Corinne. Elle bondit de son siège, se lève, pousse l'accusée dans ses retranchements durant plusieurs minutes et la confronte à ses contradictions. Elle finit en tonnant : « Madame, c'est le moment de dire la vérité. » Un moment de silence, puis d'une voix fluette, Corinne avoue :

— Oui, je lui ai donné le médicament.

— Mais pourquoi avoir toujours dit, jusqu'à aujourd'hui, que vous ne saviez rien sur le zolpidem ? Même devant le juge d'instruction ?

— Aujourd'hui, c'est différent. Ce sont les assises.

Après ce coup de théâtre et une brève suspension, l'audience se poursuit mollement.

Le toxicologue est venu s'asseoir près de moi. J'en profite pour discuter avec lui, à voix basse, très basse, lorsqu'une main me tape sur l'épaule. Je me retourne. Le choc !

C'est la copie conforme de l'accusée, en plus jeune, qui me regarde. Toute de noir vêtue, comme sa mère, le même visage, les mêmes mimiques, la même coupe de cheveux. Après ce que j'ai entendu, je me dis que j'hallucine. Inquiet pour ma santé mentale, je suis cependant rassuré : l'accusée est toujours dans son box.

La jeune femme me fixe droit dans les yeux et me dit :

— Monsieur, je ne veux pas vous manquer de respect, mais c'est le procès de ma mère !

Puis ses yeux quittent mon regard et se tournent vers sa mère. Son visage est rayonnant, elle est en pleine extase mystique, elle est fascinée par celle qui est manifestement son idole, la meurtrière de Sylvette.

Pour sa défense, Corinne appelle de nouveau à la rescousse son enfance en miettes, le viol paternel, sa mère qui la menaçait avec un couteau pour qu'elle ne dise rien, et cette vision survenue au moment fatal d'une Sylvette métamorphosée, couteau en main.

— J'ai vu ma mère, souffle-t-elle.

De quoi ébranler les jurés. Pourtant, rien ne vient étayer cette version qui, selon un renseignement de l'administration pénitentiaire, aurait été soufflée à la détenue par sa fille lors d'une visite au parloir de la prison.

Quand je quitte la salle d'audience, la jeune femme est toujours en extase. Je m'inquiète pour son avenir…

Les plaidoiries arrivent le lendemain, dernier jour du procès. Comme le veut le code de procédure pénale (article 346), « une fois l'instruction à l'audience terminée, la partie civile ou son avocat est entendu. Le ministère public prend ses réquisitions. L'accusé et son avocat présentent leur défense. La réplique est permise à la partie civile et au ministère public, mais l'accusé ou son avocat auront toujours la parole les derniers ».

L'avocat de la partie civile (la famille de Sylvette) a la parole. La loi limite son rôle à solliciter l'indemnisation de la famille, il ne peut pas demander une peine, mais le public ressent très vite qu'il vient appuyer le réquisitoire à venir de l'avocate générale. Il décrit les manipulations de Corinne, l'administration à son insu du zolpidem, le déferlement de violence et son motif futile, « juste parce qu'elle parlait trop fort », enfin « la préparation crapuleuse » du corps, nettoyé et déposé dans une valise.

Puis l'avocate générale, qui représente la société et porte l'accusation, reprend sa démonstration. « Cette affaire n'a rien de classique », commence-t-elle. Dans son long réquisitoire elle admet qu'« on pourrait être tenté de classer ce meurtre comme un acte de folie. Mais les enquêteurs ont montré que l'accusée n'était peut-être pas si déséquilibrée qu'il y paraît ». La scène de crime parfaitement nettoyée, c'est « du jamais vu ». Les dispositions prises pour partir rapidement, sans doute avec le corps dans la valise, la capacité à mentir, à manipuler les gens, tout cela témoigne d'une capacité d'organisation qui s'accommode mal d'une pathologie psychiatrique grave.

Les derniers mots restent à la défense. Malgré les coups de boutoir de l'accusation, l'avocate de Corinne reste sur la même ligne : l'état de santé mental de Corinne était altéré. Certes, elle n'est pas irresponsable, mais elle relève plus de la psychiatrie que de la détention. Son passé traumatique, son état dépressif très sérieux, l'absence de mobile, cet acte fou, ses hallucinations, tout justifie une diminution de peine. Prenant la parole en dernier, Corinne, au casier judiciaire vierge, regrette et demande pardon.

Après plus de trois heures de délibération, Corinne est condamnée à quinze ans de réclusion criminelle, bien au-delà des réquisitions de l'avocate générale qui avait requis dix ans en expliquant que Corinne était une rescapée mais restait une femme dangereuse. Et la présidente de rappeler au public que « les plaies montraient une vraie intention de tuer ».

Corinne ne fera pas appel.

Coup double

C'est un lundi au soleil dans la Vienne, n'en déplaise à Claude François. Je tourne depuis un moment sur les routes de campagne, à une vingtaine de kilomètres de Poitiers. Impossible de trouver l'endroit indiqué par les gendarmes, une heure plus tôt, au téléphone. En revanche, j'ai le temps d'admirer les anciens corps de ferme qui se dressent au milieu des prés. J'imagine l'agitation qui régnait dans ces exploitations il y a un demi-siècle, le va-et-vient des charrettes tirées par les chevaux et les bœufs au moment des moissons, les cris des journaliers s'interpellant du haut des meules de foin, la pétarade des premiers tracteurs.

Désormais, le silence règne dans les cours soigneusement balayées. Derrière leurs volets fermés, beaucoup de longères rénovées avec soin attendent la fin de semaine pour s'éveiller. Le temps d'un week-end, lorsque leurs propriétaires citadins y font une courte halte.

La vision, au détour d'un virage, des véhicules bleus de la gendarmerie me ramène à ma mission. Ils sont stationnés devant un immense hangar métallique, à l'entrée d'une petite zone artisanale. L'enseigne accrochée au portail annonce un atelier de réparation d'engins agricoles. Tandis que je gare mon véhicule, je croise l'ambulance du Samu. Le chauffeur ralentit, le passager baisse sa vitre.

— Ah, c'est toi ? On te laisse le client. Ce n'est plus de notre ressort. Bon courage.

En effet, pour ce qui est des soins intensifs, le client a dépassé la date de péremption. Il est accroché à plus de dix mètres du sol, sur la partie la plus haute de la charpente métallique, une corde au cou. Et sans les indications du directeur d'enquête venu m'accueillir, j'aurais été bien incapable de l'apercevoir.

— Regardez, il est là-haut, c'est sombre, mais on distingue une forme, sur la dernière poutrelle. C'est le patron. Enfin, c'était…

Le capitaine me fait un résumé de l'affaire. L'un des deux employés de l'entreprise s'est présenté le matin, à 7 heures, comme à son habitude. Il a ouvert l'atelier, étonné de ne pas y trouver le patron, normalement présent dès l'aube. Il est allé jeter un coup d'œil dans le bureau, dont la lumière était allumée. Personne. Il a éteint puis s'est dirigé vers son poste de travail.

Il avait des soudures à terminer sur un châssis, un travail méticuleux qu'il voulait accomplir avant le déjeuner. En traversant le grand hall, il a pesté contre celui qui avait laissé au beau milieu l'échelle double, rangée d'ordinaire dans un coin. Il a replié l'échelle, l'a remise à sa place.

C'est là qu'il a senti un truc poisseux sur sa main gauche. Du sang ! Il a cru s'être blessé sans s'en rendre compte et est allé aux lavabos pour se laver. Puis il a regardé sa main : rien. Intrigué, il est reparti pour examiner l'échelle. C'est là qu'il a buté sur une carabine. L'arme était au sol mais, comme il ne faisait pas encore bien clair, il ne l'avait pas vue. Décidément, ce lundi n'était pas comme les autres. Il a ramassé la carabine et l'a déposée au bureau. Le patron saurait bien quoi en faire. Puis il est allé là où il avait trouvé l'échelle. Mais cette fois, il a ouvert grands les yeux. S'agissait de savoir où il mettait les pieds. Il n'a pas été déçu. Des traces de pas ensanglantés maculaient le sol en béton. Mais d'où pouvait venir le sang ? Il a levé la tête. Il a vu son patron, tout là-haut.

Il a appelé le Samu et les gendarmes. Puis s'est effondré, au point qu'il a fallu le conduire chez son médecin pour une prise en charge. Le choc avait été trop violent. Pour éviter un deuxième cas, les enquêteurs ont averti son collègue, lui demandant de ne surtout pas se rendre sur place. Puis ils ont commencé leurs investigations.

— C'est un peu compliqué, me glisse l'officier de gendarmerie. On a un pendu, des traces de sang, une échelle et une arme qui ont été déplacées avant notre arrivée. Il va falloir démêler tout ça, en commençant par récupérer le corps.

L'échelle est replacée comme l'employé l'a trouvée. Un gendarme volontaire parce que sportif grimpe dans la structure de la charpente pour les constatations. Passé les derniers barreaux, il annonce à notre intention : « J'ai l'impression qu'il est pendu, mais je vois très mal. » Perspicace ?

Il poursuit son ascension en passant d'une poutrelle à une autre, râlant. « P… c'est plein d'araignées, là-dedans. J'aime pas trop ça. » J'esquisse un sourire en pensant à mon fils aîné et à sa crise de panique, un jour de ramassage de myrtilles, lorsqu'il est tombé sur une colonie de petites araignées vertes. Mais il avait 8 ans.

N'écoutant que son courage et la voix du devoir, le gendarme passe au niveau supérieur. Même pas peur ! « Il y a des traces de pas dans la poussière, sur le dessus de la poutrelle. Je prends des photos. »

Suivant la probable piste du pendu, le gendarme accède enfin à la partie sommitale, au plus près du corps. Le flash de son appareil crépite tandis qu'il mitraille la scène dans tous ses détails. « Il est pendu par un lien d'environ 80 centimètres. Le corps a basculé sur le côté, à moitié sur une poutrelle. Ça va être coton de le tirer de là. Bon, je redescends. »

Miracle de la photo numérique, je peux visionner immédiatement les prises de vue du gendarme grimpeur sur l'écran de son appareil. *A priori*, tout semble correspondre à une pendaison, dans un scénario un peu compliqué. Mais pour le sang, je n'ai toujours pas d'explication.

Entre-temps, les pompiers appelés à la rescousse sont arrivés et ont préparé équipement et matériel ; à eux d'intervenir. Au passage, le chef d'agrès tance vertement le directeur d'enquête : « Vous auriez pu attendre, pour vos constatations. Et si votre singe était tombé ? »

Ils installent un harnais sur le corps du pendu, l'assurent depuis le sol avec un système de poulies et de mousquetons. Puis la corde qui le retient à la poutre est tranchée nette. La descente peut commencer. Étrange vision de ce corps qui se balance doucement au-dessus de nous, en tournant sur lui-même.

Avant qu'il touche le sol, j'étale un grand drap blanc sur lequel il vient se poser sur le ventre, en douceur grâce à la dextérité des sapeurs.

À moi de jouer. Première constatation, la pendaison ne fait aucun doute. Puis je retourne le corps sur le dos, afin de poursuivre l'examen. Surprise, une splendide tache de sang s'étale sur le drap immaculé, à l'endroit où reposait sa tête. Je me penche. La tempe droite est poisseuse de sang et présente un orifice aux berges noircies. Je fais un rapide rapprochement avec le calibre de l'arme retrouvée dans le hangar, une carabine 9 mm Flobert utilisée pour chasser du petit gibier : ça colle, c'est compatible.

J'arrête là l'examen préliminaire. Pour la suite, rendez-vous en salle d'autopsie. Tandis que le corps prend la direction de l'institut médico-légal, le directeur d'enquête me donne les derniers éléments recueillis par ses hommes. L'entreprise battait de l'aile. Le patron avait emprunté de fortes sommes pour faire face à ses échéances mais n'arrivait pas à rembourser. Puis sa femme l'a quitté. Le pauvre bougre en a sans doute eu assez. Reste à comprendre comment il a pu à la fois se pendre et se tirer du plomb dans la tête.

Le passage au scanner confirme la présence d'un amas métallique dans la boîte crânienne, écrasé contre la paroi osseuse, à l'opposé de l'orifice d'entrée. L'ouverture crânienne découvre la dure-mère, cette enveloppe qui protège le cerveau, très tendue. Le premier coup de bistouri libère la pression et fait jaillir un flot de sang. Me guidant sur les images du scanner, je sectionne le cerveau en suivant la trajectoire de la charge de plomb. Un amas de petits plombs de chasse a creusé un tunnel rectiligne dans la matière grise et déclenché l'hémorragie cérébrale massive.

Quant au cou, il présente un sillon de strangulation bien marqué, parfaitement net et ascendant vers l'arrière, caractéristique d'une pendaison. Le larynx, organe fragile qu'un étranglement criminel détériore fréquemment, est intact. Une petite infiltration sanguine au niveau des muscles permet d'affirmer que l'homme était vivant lorsque le nœud coulant a fait son office.

Coup double

Dans le scénario le plus vraisemblable, le patron désespéré a préparé le matériel, positionné l'échelle, puis il est monté dans la charpente avec sa corde et son arme. Il s'est installé au point le plus haut, a noué la corde, a serré le nœud. Il s'est placé en léger déséquilibre, a mis le canon au contact de sa tête et a tiré. L'arme est tombée. L'hémorragie cérébrale massive et immédiate a provoqué la perte de connaissance du bonhomme, dont le corps a basculé sur le côté, serrant irrémédiablement le nœud autour de son cou. Voilà comment il est mort à la fois pendu et mortellement touché à la tête. Anxieux ou perfectionniste ? En tout cas il n'y avait aucun risque qu'il se rate.

Prostatectomie radicale

Les promeneurs ne sont pas exclus des tableaux de chasse. Il faut avouer qu'ils sont parfois bien inconscients, par exemple lorsqu'ils franchissent tous les avertissements pour parcourir des chemins privés en pleine action de chasse.

Ce n'est pas le cas de ce brave homme que la gendarmerie de Montmorillon me demande d'examiner, alors qu'il est hospitalisé en urologie au CHU.

L'urologie ayant un rapport assez lointain avec la chasse, à l'exception de la chasse d'eau – laquelle n'a rien à voir avec la chasse au gibier d'eau –, je suis assez curieux d'entendre le patient et de comprendre ce qui lui est arrivé. Je lui rends donc une petite visite dès le lendemain matin, dans la chambre qu'il occupe, seul. Je trouve un homme de 65 ans, manifestement en pleine forme.

— Bonjour, vous êtes bien monsieur V. ?

— Oui, c'est moi.

— Je suis le docteur Sapanet, médecin légiste, et je viens vous examiner à la demande de la gendarmerie.

— Docteur, ce n'est pas un peu prématuré ? Je suis toujours vivant, comme vous pouvez le constater.

Au moins, le malade n'a pas été amputé de son sens de l'humour. Pour le reste, je vais voir.

Après l'avoir rassuré sur l'innocuité de ma démarche, je lui demande de me raconter son histoire. Curiosité tout à fait professionnelle que mon interlocuteur s'empresse de satisfaire.

— Eh bien, voilà. Je n'ai rien compris. Je me promenais avec mon épouse, sur un chemin de campagne. Tout était calme. Soudain, j'ai senti comme un coup, un choc brutal dans la hanche. Je suis tombé par terre et je n'ai pas pu me relever. Ma femme a appelé les secours. Les pompiers sont arrivés, ils m'ont conduit aux urgences. C'est là, docteur, qu'on m'a dit que j'avais pris une balle. D'ailleurs, on la voit très bien sur les radios.

En fait, un superbe scanner du bassin, du pelvis et des hanches. C'est qu'il en passe, des choses, dans cette région anatomique. Mon promeneur a de la chance de s'en sortir aussi bien.

Les images sous les yeux, mentalement, je refais le scénario de la scène : le marcheur a été touché dans le pli de l'aine, du côté droit. La balle lui a fracturé le bassin, d'où l'impossibilité pour le blessé de se relever. Au contact de l'os, elle s'est fragmentée, envoyant des éclats un peu partout, puis lui a arraché la moitié de la prostate (ce qu'on appellerait volontiers une prostatectomie radicale...) pour finir par lui fracasser une autre partie du bassin...

— Mais pas question qu'on m'enlève la balle, poursuit le malade. Le chirurgien m'a expliqué qu'après je risquais d'être impuissant et de faire sur moi. Alors, pas touche.

Un rapide examen confirme l'existence de l'orifice d'entrée du projectile et l'absence de toute trace de sortie. Le voilà donc doté d'un trou de balle supplémentaire. Plaisanterie à laquelle il avoue avoir déjà eu droit de la part de ses copains.

En revanche, impossible d'évaluer avec précision le calibre de l'arme, comme je le fais habituellement en me référant à la taille de l'orifice d'entrée : les chirurgiens, inquiets pour les vaisseaux de la région, ont exploré la plaie et tout modifié. Toutefois, sur les images du scanner, on distingue, outre les fragments de la tête du projectile qui se sont dispersés, le culot, entier, d'un diamètre d'environ 7 millimètres. Malheureusement, la précision de mon estimation est insuffisante. Il y a dans les armureries plusieurs calibres de munitions pouvant correspondre à une dimension proche.

C'est avec ces conclusions insuffisantes à mon goût que je livre mon rapport aux gendarmes. Menant leur enquête, ces derniers apprennent que le jour de l'accident un groupe de chasseurs opérait à 650 mètres de l'endroit. L'un d'eux a fait feu sur un animal situé sur une crête, un tir extrêmement dangereux, transgressant les règles de sécurité. Seuls des tirs « fichants », c'est-à-dire pointant vers le sol, doivent être réalisés pour que les balles qui ratent la cible ou la traversent se fichent dans la terre au terme de leur trajet, au lieu de s'égarer dans la nature. À partir de la position de chaque tireur et de la trajectoire possible de la balle, les enquêteurs identifient l'imprudent, qui sera poursuivi pour blessures involontaires.

Quelques années plus tard, je revois le blessé pour une expertise. Le brave promeneur se bat cette fois-ci contre un cancer de la prostate, qui a diffusé en métastases et a envahi le petit bassin au-delà du raisonnable. La question de ma mission est pour le moins originale : la balle a-t-elle pu jouer un rôle dans cette diffusion du cancer ? Au vu des lésions initiales qui avaient entraîné une dispersion de la prostate dans les tissus du petit bassin, j'ai répondu oui à la question.

Comme quoi, la chasse, c'est dangereux, cela peut même aggraver un cancer !

Stretching

Mon interlocuteur au téléphone est affirmatif :

— Vous ne pouvez pas nous louper, doc : 46° 09' 18" Nord, 1° 10' 6" Ouest.

— Ce sont les coordonnées de notre rendez-vous ?

— Oui, et celles du corps. En plus, une histoire de plongeur menotté, cela devrait vous intéresser.

— Cela aurait été avec plaisir, mais ce matin j'ai déjà un programme. Je vais voir qui je peux vous envoyer. Je vous rappelle dès que j'arrive au CHU. Je suppose que vous désirez la totale : scanner, autopsie, toxicologie... et n'oubliez pas de saisir tout son matériel, en particulier la bouteille pour l'analyse des gaz.

Le rire franc de l'enquêteur me laisse perplexe.

— Ça ne sera pas utile, vous verrez, c'est un peu spécial.

Ma curiosité est piquée au vif, mais le policier refuse de m'en dire plus.

Je jette un coup d'œil au plafond, où l'heure s'affiche en gros caractères rouges : 6 h 35. Notre conversation a fini de me réveiller.

Drôle de coïncidence : la semaine dernière nous avions pris en charge un accident de plongée. La brigade nautique de La Rochelle était intervenue sur un accident de travail : un plongeur qui au bout de son narguilé ne répondait plus à son collègue en surface. Ce dernier était descendu en catastrophe à 30 mètres de profondeur récupérer le plongeur inconscient. À son arrivée au fond, celui-ci était inerte, ne respirait plus, avec les yeux dans le vague, « des grands yeux tout ouverts et noirs alors que normalement il a les yeux bleus ». Totalement paniqué, après l'avoir secoué à plusieurs reprises, il l'avait remonté sans respecter aucun des traditionnels paliers de décompression qui s'imposent dans cette circonstance, du moins pour les vivants. Car à mon avis c'est un cadavre qu'il avait secouru au fond.

Depuis, le sauveteur vivait un enfer. Toutes les nuits le même cauchemar le réveillait en sursaut : son ami avec ses grands yeux noirs, le détendeur en bouche, le suppliait pendant la remontée : « Pas si vite, pas si vite ! Tu vas me tuer. »

Il restait taraudé par cette idée fixe : c'est lui qui l'avait tué en le remontant trop vite sans respecter les paliers.

L'enquête de la brigade nautique et de ses experts avait rapidement mis hors de cause le matériel tout comme la qualité des gaz utilisés par le plongeur. Tout au plus pouvait-on lui reprocher d'avoir fait des heures supplémentaires au-delà du raisonnable. Une infraction à la législation du travail, mais comme c'était lui le patron et la victime en même temps…

Le scanner réalisé avant l'autopsie était impressionnant car très inhabituel. Normalement, on ne retrouve des images caractéristiques de gaz que dans les voies respiratoires, les poumons, dans l'estomac et souvent dans le gros intestin. Ici, notre plongeur ressemblait à un vieux cadavre dilaté par les gaz de putréfaction, alors que son corps était parfaitement conservé. Une multitude de bulles de gaz infiltrait tous les tissus. Les gros vaisseaux, comme l'aorte, les artères pulmonaires, les grosses veines, contenaient tous du gaz. Même dans les accidents de décompression les plus sévères, je n'avais jamais vu autant de bulles.

J'en avais rapidement déduit que cette présence gazeuse inadaptée était simplement la conséquence de la désaturation du cadavre lors de la remontée et dans les heures qui avaient suivi.

La désaturation chez le plongeur, c'est un peu comme les bulles dans la coupe de champagne. Tant que le bouchon est fermé, les bulles ne sont pas visibles. Dès que le bouchon saute, un fin pétillement se produit, qui se poursuit ensuite à l'air libre. Passer de la profondeur à la surface, c'est un peu comme ôter le bouchon. Seule une remontée lente permet à l'organisme d'évacuer progressivement les gaz dissous dans le sang et dans l'organisme par sa respiration.

Chez mon plongeur, il n'y avait plus de respiration et les gaz dissous qui ne pouvaient pas s'évacuer s'étaient ensuite répandus dans l'organisme, mettant des bulles partout.

C'est l'autopsie qui avait donné la cause du décès : une bête rupture d'anévrisme cérébral, totalement imprévisible chez un jeune en bonne santé.

Un anévrisme cérébral, c'est la conséquence d'une malformation d'une artère du cerveau qui présente une dilatation, l'équivalent d'un sac, d'une petite poche constituant une zone de faiblesse. Cette zone peut se rompre à tout moment sous l'effet de la pression artérielle. Dans ce cas, le sang jaillit hors de l'artère et crée un hématome dans le cerveau, qui comprime le tissu cérébral. Cela peut entraîner une perte de conscience. Souvent, malgré le traitement, de graves séquelles persistent. Les formes les plus graves entraînent le décès.

Exceptionnellement, compte tenu de son état psychologique, j'avais accepté de recevoir le sauveteur pour lui donner toutes les explications, espérant qu'il finirait par oublier le regard noir et vide qui le hantait chaque nuit.

Le plongeur avait de grands yeux noirs parce que ses pupilles étaient dilatées (on dit en mydriase), ce qui était la conséquence des lésions cérébrales déjà irréversibles. Et il ne respirait plus à cause de ces mêmes lésions. Quant aux bulles partout dans le corps, le sauveteur n'y pouvait rien, de toute façon il avait remonté un homme déjà mort.

Mais revenons à la mission du jour. À peine arrivé au CHU, je regarde le tableau de service : Alexia est disponible, elle va pouvoir partir pour La Rochelle. Quant à moi je me replonge (c'est le cas de le dire) dans mon dernier dossier d'instruction, l'histoire d'une victime qui s'est empalée sur le couteau que tenait l'auteur des faits. Enfin, c'est ce que raconte ce dernier, depuis la visite de son avocat lors de sa garde à vue. La victime, elle, ne dit plus rien, elle est morte.

À La Rochelle, Alexia est arrivée sur place et me fait le point sur la situation. Alexia est fan des SMS, elle trouve cela plus pratique que le contact téléphonique direct. *Chef, c'est bien un plongeur, il a bien un masque, mais je ne vois pas de bouteille.*

Moi, je déteste les SMS. Jusqu'à présent je suis réfractaire aux smartphones, d'une part parce que je préfère les échanges téléphoniques, mais surtout à cause de leur autonomie, que je trouve dérisoire. Devoir recharger les batteries toutes les vingt-quatre heures m'insupporte. Avec mon vieux Doro à clapet et ses quinze jours d'autonomie, je suis imbattable. Par contre, les SMS sont un calvaire : il faut taper plusieurs fois sur chaque touche pour que la lettre choisie s'affiche enfin et chaque réponse me prend un temps monumental. Il paraît que cela s'appelle le « tap mode ». Comme à mon habitude, je réponds donc par un laconique *OK*.

Je ne l'ai pas bougé, j'attends votre avis. Il est sur le ventre, les mains menottées dans le dos. Il tient l'extrémité du tuyau du masque dans ses mains. Et entre ses cuisses il y a une main.

J'ai du mal à visualiser la scène. Et comme Alexia n'a aucune connaissance en plongée sous-marine, j'ai quelques doutes sur son vocabulaire technique. Tuyau du masque, cela m'évoque plutôt les tuyaux cannelés qui vont au détendeur lorsque le plongeur utilise un recycleur, ce qui expliquerait l'absence de la classique bouteille.

J'envoie un « *?* » rageur. (Notons qu'il n'y a que moi qui sais qu'il est rageur.)

Alexia tape vite : quelques secondes plus tard, un complément m'arrive. *On a retrouvé la clef des menottes, elle est suspendue au bout d'une chaîne à un poteau à environ 2 mètres du corps.*

La situation s'obscurcit.

Pris d'une inspiration soudaine, je rentre les coordonnées GPS dans Google Earth. Après quelques tâtonnements et erreurs de frappe, pas de doute, Alexia est bien à La Rochelle, à deux pas de ce qui ressemble à un casino situé en bord de mer. Mais si le plongeur est à côté d'elle, ce n'est pas dans l'eau ni sur la plage, mais à 9 mètres au-dessus du niveau de la mer et… dans un jardin public. Cherchez l'erreur !

Cette fois-ci, je craque, je saisis mon fidèle Doro et j'appelle.

La voix qui me répond est teintée d'ironie :

— Oui, chef ?
— Vous pouvez m'expliquer ?
— Chef, vous auriez dû venir. Moi je n'y connais rien en plongée, mais ça me paraît bizarre comme équipement.

Alexia m'explique.
Le type est en tenue de plongeur, mais il est dans un jardin public. Les enquêteurs s'arrachent les cheveux, il y a des indices partout. Pour l'instant, elle n'a pas encore retourné le corps.
— Tout ce que je peux vous dire, c'est qu'il porte un shorty de plongée. Il a un masque qui lui recouvre tout le visage et entoure la tête. Il y a un gros tuyau cannelé qui sort du masque et qui va dans le dos. Au bout du tuyau, il y a quelque chose fixée par un scotch gris. Il tient cela dans ses mains.

S'ensuit un long silence.
— Et la main entre les cuisses ? On lui a coupé une main ? Mais alors comment est-ce que les menottes peuvent tenir ?
— Non chef, entre les cuisses, c'est une main en plastique… Ah, et puis aussi, j'ai oublié, on lui voit les fesses… Aux pieds, il a des chaussons de plongée (ou de surf), mais avec des chaussettes hautes de footballeur…
— Vous me menez en bateau ou vous êtes sérieuse ?
— Vous mener en bateau, vous, un plongeur ? Jamais ! Vous me connaissez, chef !
— Justement…
— Je vous envoie une photo par MMS.
— Ah non, pitié, mon Doro ne lit pas les MMS, c'est compliqué, il faut que j'aille sur mon compte Orange puis sur… Bref, c'est le bordel.

— Vous êtes sacrément moderne, chef !

— Ha, ha... facile de me mettre en boîte ! Envoyez-moi ça par e-mail sur ma boîte du CHU.

— OK, c'est comme si c'était fait !

Quelques minutes plus tard plusieurs clichés arrivent.

Effectivement, les fesses sont à l'air. Le shorty a été largement échancré par une découpe au ciseau réalisé à la va-vite. La main en plastique rouge trône fièrement entre le jaune éclatant des chaussettes et le bleu soutenu du shorty. Quant au masque, il ne s'agit pas vraiment d'un masque de plongée sous-marine actuel.

Une rapide recherche sur Internet me permet de reconnaître un masque à gaz russe, largement diffusé dans les pays de l'Est. Il en existe une version en recycleur. Les Russes avaient même mis au point une version pour le sauvetage sous-marin, en 1937, l'IPA-3.

Je reprends mon téléphone :

— Qu'en disent les enquêteurs ?

— Je ne vous ai pas tout dit, chef !

— Non, sans blague ! Je m'en doutais un peu...

— Ce jardin public est un lieu de rendez-vous connu pour des pratiques sexuelles nocturnes un peu particulières... D'ailleurs, il y a près de cinq capotes par mètre carré dans un rayon de 10 mètres autour du corps. Plus ou moins usagées. Et la main est revêtue d'une capote, elle aussi. Les enquêteurs se demandent s'ils doivent tout prélever. Qu'est-ce que je fais maintenant ?

— Comme d'habitude, vous protégez les mains dans un sac en Kraft et puis vous retournez le corps sur un des draps du sac de levée de corps.

— Et après je vous rappelle ?
— À votre avis ?

Une demi-heure plus tard, le recto s'avère encore plus intéressant que le verso. Avec quelques surprises supplémentaires. Cette fois-ci, Alexia m'envoie directement les photographies. Elles sont édifiantes.

L'échancrure des fesses se prolonge entre les cuisses puis remonte jusqu'au pubis qui est rasé. Le sexe porte un équipement électrique haut de gamme : une électrode est insérée entre le prépuce et le gland, une autre sur les testicules. Je crois apercevoir un anneau métallique sur le scrotum. Les deux mamelons font saillie dans deux ouvertures circulaires découpées dans le shorty. Tous deux sont eux aussi munis d'électrodes.

Quant au masque, il est dépourvu de sangles. C'est bien un masque à gaz étanche qui enveloppe la totalité de la tête et s'enfile en étirant le caoutchouc. Le hublot droit qui était au plus près du sol avant la manipulation du corps est coloré d'un rouge vermillon du plus bel effet, contrastant avec la mousse blanche qui a envahi le hublot gauche.

— Chef, on continue sur place ou on embarque le tout pour l'IML ?

— Vous faites un beau paquet-cadeau et vous revenez à la maison. Mais vérifiez qu'il ne manque rien, s'il y a des électrodes, il doit y avoir un stimulateur quelque part…

Quelques heures plus tard, au CHU de Poitiers, le corps passe au scanner. Cet examen se fait sans ouvrir la housse, avec tout l'équipement en place. Tous les corps métalliques créent des artéfacts et déforment les images, mais malgré cela on identifie clairement un petit contenant métallique placé dans l'extrémité du tube du masque à gaz. Une seule anomalie est relevée au scanner : les poumons sont gorgés de liquide. Et aucune trace de gaz dans les parties molles : mon « plongeur » n'a pas fait d'accident de décompression.

Le lendemain, c'est Marie et Alexia qui œuvrent à quatre mains en salle d'autopsie. En fait, tous les praticiens du service et même les secrétaires défilent dans la salle car la curiosité est extrême devant ce cas tout à fait inédit. L'information dépasse d'ailleurs rapidement le strict cadre du service, malgré mes consignes de confidentialité. Car, après le passage au scanner, l'objet métallique placé sur le scrotum suscite de nombreuses interrogations.

Comme dans les affaires complexes, l'examen externe de la veille est complété en salle d'autopsie. Heureusement, Alexia a pensé à rapporter la clef des menottes, qui était suspendue à une chaîne. Cela a d'ailleurs été toute une aventure, car il a fallu trouver une pince coupante au commissariat de La Rochelle pour libérer la chaîne de son support.

Des prélèvements sont réalisés avec des écouvillons stériles pour retrouver d'éventuelles traces d'ADN, sur les menottes, la clef, la chaîne, et le scotch gris qui entoure l'extrémité du tuyau. Puis les mains sont libérées. Toutes les électrodes bénéficient des mêmes précautions, tout comme le boîtier de stimulation retrouvé à quelques mètres du corps.

Enfin, le masque est déposé. Il est envahi d'un liquide sanglant qui ressort par le nez et la bouche. L'extrémité du tuyau qui permet normalement l'admission de l'air est totalement obstruée par un flacon de poppers bien maintenu en place par de multiples couches de scotch gris. Tel qu'il est monté, le système présente une valve pour expirer l'air mais aucune qui permette son admission. Asphyxie assurée.

Le visage est bouffi, cyanosé, les paupières sont gonflées. Par contre, il n'a pas cette couleur gris ardoisé que l'on retrouve souvent dans les intoxications aux poppers.

— Chef, et pour l'anneau ? On procède comment ?

L'anneau est massif, il pèse sans doute entre 300 et 400 grammes. Il enserre la peau des bourses juste au-dessus des testicules, laissant le pénis complètement libre. Rien qu'à voir le dispositif, j'ai mal pour notre victime. J'imagine cette chose étirant la peau, prenant appui sur les testicules, exerçant à chaque pas, à chaque mouvement, sa pression sur ces petits organes sensibles : couilles ouille ouille...

L'anneau est composé de deux parties, articulées l'une avec l'autre par une charnière ; une vis Allen permet de fermer l'ensemble une fois l'anneau en place. C'est alors que surgit un problème technique : comment ouvrir l'anneau sans clef Allen, outil non prévu dans nos boîtes d'instruments ? Car il n'est pas question de laisser l'appareillage en place pour le dernier voyage de la victime vers l'éternité.

Il n'y a qu'un recours possible : l'appel aux services techniques du CHU. Mais sans explication préalable, aucune chance d'obtenir notre clef.

Finalement, après une longue négociation, ce sont deux agents des services techniques, mus par une curiosité légitime, qui se présentent à la porte de la salle d'autopsie avec la clef libératrice.

Avant de nous lancer dans l'autopsie, nous avons un autre problème à résoudre. Le montage ne permettant pas de respirer, nous nous dirigeons vers un décès par asphyxie. Mais le poppers a également pu jouer un rôle. Comment mettre en évidence une éventuelle intoxication au nitrite d'amyle ou à l'un des autres composants possibles des poppers ? Le petit flacon jaune semble nous narguer, surtout que le dosage de ces substances n'est pas facile car elles sont extrêmement volatiles, s'évaporent très vite.

Nous prenons un avis au service de toxicologie, et un prélèvement sanguin est réalisé dans un flacon spécial, scellé par un dispositif empêchant toute introduction d'air et toute évaporation du produit.

La suite est une autopsie classique. D'autres prélèvements sont réalisés, en particulier sur les poumons, qui sont très lourds, gorgés de sérosités sanglantes.

Quelques jours plus tard, alors que je vais chercher mon courrier chez les vaguemestres du CHU, tous me tombent dessus et m'assaillent de questions et de commentaires :

— C'est vrai ce qu'on raconte sur votre dernière autopsie ?

— Vous allez la mettre dans le prochain bouquin ?

— Vous savez, cette histoire avec un plongeur attaché à un poteau, c'est un mareyeur qui l'a découvert, à marée basse. Vous parlez d'un choc, il paraît qu'on a dû l'hospitaliser en psychiatrie !

— Oui, attaché à un poteau, un bouchot, à l'île de Ré ou d'Oléron, là où ils élèvent les moules.

— Il paraît qu'on lui avait coupé une main, qu'on l'avait placée dans le rectum, que l'autre était attachée au poteau par des menottes… et que la clef était clouée au poteau, pour ne pas la perdre.

— Même qu'il avait une bouteille de plongée jaune minuscule.

— Et qu'elle était remplie de trucs qui font bander, vous savez, là, pas les pilules Viagra, mais des petits flacons qui vous font jouir tout de suite. Des poppers, ça s'appelle.

— Et qu'il avait connecté ça à son masque de plongée. Faut être un peu cinglé non ?

— C'est des histoires de sexe ou c'est un meurtre ? Vous avez bien un avis !

— Ma fille, qui est dans la même classe que votre fils, elle lui a demandé mais il n'a rien voulu dire. Il est au courant ou pas ?

— Charriez pas, doc, vous avez forcément une idée, même si les filles de votre équipe ne veulent pas nous en dire plus...

— Ha, ce sont elles qui vous ont raconté ?

— Ben oui, elles n'ont pas résisté. Robert qui est à la maintenance et vous a dépanné nous en avait déjà parlé, mais à part son histoire d'anneau coinçant les couilles, il n'a rien voulu dire. Il paraît que vous lui aviez fait jurer de garder le silence. C'était quoi, cet anneau ?

— C'est vrai que c'est un anneau de Möbius ?

Il y en a qui ont un peu enjolivé l'histoire... mais je ne résiste pas au plaisir de tout confirmer en vrac.

— Alors, doc, c'est un crime sadomaso ? Attaché et menotté comme ça, ça ne peut pas être autre chose, non ?

La remarque est pleine de bon sens. Notre plongeur aurait-il pu faire ce montage tout seul ? En tout cas, il ne présente aucune trace traumatique : pas le moindre hématome, pas la moindre érosion cutanée, bref, aucun signe de violence.

Je m'en tire par une pirouette :

— Nous n'avons pas fini nos recherches, il faut que je regarde sur Internet.

— Vous pensez trouver sa photo sur Internet ?

— Non, Internet, c'est pour les accessoires. Mais vous me donnez une idée.

La phrase est sortie toute seule, sans que j'aie vraiment réfléchi, avec immédiatement sa suite : présenter ce cas très particulier et rare à la société française de médecine légale. Mais pour cela il me faut d'autres renseignements. Je suggère à Alexia et à Marie de commencer leurs recherches par des mots simples : poppers, anneau, scrotum, plaisir, menottes.

Le résultat est immédiat : à part quelques articles très sérieux de la société d'urologie, dont l'histoire des parties génitales d'un garagiste coincées dans un roulement à billes d'automobile, nos recherches sont censurées par le filtrage internet du CHU.

L'affaire s'annonce rapidement difficile à résoudre. Pourtant, nous aimerions bien avoir quelques notions sur des pratiques sexuelles qui nous échappent totalement. Ce que j'appelle pudiquement des « pratiques alternatives ».

Finalement, je contacte le responsable du service informatique du CHU et je lui explique longuement le problème. J'ai réellement besoin pour mon travail de consulter des sites exposant des pratiques sexuelles particulières. À l'occasion, je lui explique d'ailleurs qu'il me serait également utile d'avoir accès aux sites grand public consacrés à la violence, aux armes, aux explosifs, aux crimes, tous également bloqués par le filtrage du CHU.

Ma demande est suivie d'un long silence. Mon interlocuteur a l'air perplexe.

— Docteur, normalement c'est non. Une fois que vous aurez accédé à ces sites, vous serez envahi par des messages inopportuns… et surtout par des virus tous plus toxiques les uns que les autres.

— Et vos antivirus ?

— Ils sont efficaces. Normalement. Si vous les mettez à jour à chaque visite sur les sites.

— Alors ? C'est oui ?

Le silence se répète, plus lourd que le précédent.

— Vous ne voulez pas faire cela chez vous, plutôt ? Vous avez bien Internet ?

— Oui, mais je suis en bas débit et surtout je ne me vois pas organiser une réunion de service chez moi rien que pour visionner ces images… Car il faut aussi que je fasse la formation de mon équipe. J'imagine la tête de ma femme…

— Pfff… Cela va faire un précédent fâcheux. Déjà que j'ai refusé au service de gynécologie… Eux, c'était « viols », « enfants », « pédophilie ».

— Oui, je comprends, mais eux ne recherchent pas des images d'anneau scrotal ! Et pensez à mes autres demandes…

— Ah oui, les armes et les explosifs… Vous préparez des attentats ?

Mon interlocuteur se détend. C'est bon signe.

— Bon, c'est OK, mais à vos risques et périls ! En tout cas il faut limiter le risque à un seul ordinateur. Choisissez bien !

Le choix est rapide : ce sera un des ordinateurs communs, dans l'*open space* des internes du service, préalablement vidé de tout son contenu confidentiel.

S'ensuit une longue errance sur les sites spécialisés, avec son cortège de découvertes tout à fait inattendues. La formation continue des légistes prend parfois des aspects déroutants...

C'est ainsi que nous découvrons le plaisir (?) d'être attaché suspendu par des sortes de hameçons géants, flagellé, ligoté dans tous les sens, de jouir de la privation sensorielle, de la recherche de douleurs par des appareils de tortures ou d'automutilations, de l'utilisation de toxiques que nous connaissons déjà...

Nous errons aux frontières du sadomasochisme avec le plaisir d'être livré à autrui, battu, attaché, humilié... y compris au péril de sa vie lorsqu'il s'agit d'hypo-oxygénation, cette privation d'oxygène censée majorer les sensations de plaisir.

Certains utilisent un simple sac en plastique, d'autres des simulacres de pendaison (pratique que nous connaissons puisque, régulièrement, la réussite inattendue de ces pendaisons ludiques conduit leurs victimes sur ma table en inox). Sans oublier les jouets sexuels, les machines, les électrocutions...

Quant à maltraiter son sexe, il en existe une infinité de combinaisons, et notre anneau n'est finalement qu'une forme peu agressive, comparée à l'introduction de stylets dans l'urètre (ce conduit du pénis qui dirige les urines vers l'extérieur), ou, pire, au fait de s'ouvrir ledit urètre au bistouri, jusqu'à entraîner un pénis bifide (en deux parties) dont on se demande quel usage on peut en faire ensuite...

Très vite, nous retrouvons ce fameux anneau et... son mode d'emploi très simple. Il n'y a pas besoin d'être un grand bricoleur : « Ouvrir, placer l'anneau en étirant bien la peau pour éviter de la coincer, fermer, tourner la vis avec la clef Allen », laquelle est même fournie avec l'objet.

Dans le même temps, ce drame déchaîne les passions et inquiète les représentants du milieu gay local. Agression sexuelle suivie d'un décès ? Agression homophobe ? Stigmatisation de cette population au travers d'un jeu sexuel qui aurait mal tourné ? La presse me permet de suivre l'écho de ces interrogations, en attendant que l'enquête progresse.

Après quelques jours, les résultats des examens complémentaires réalisés sur les prélèvements lors de l'autopsie nous parviennent.

L'examen microscopique des poumons confirme un œdème pulmonaire massif et des images de rupture des alvéoles pulmonaires, ces fines parois qui permettent les échanges entre le sang et l'air pour oxygéner l'organisme. Ces lésions sont le témoin d'une asphyxie par obstruction des voies aériennes. Sous l'effet des efforts respiratoires, les pressions pulmonaires augmentent et entraînent la rupture des parois alvéolaires.

En revanche, malgré ses efforts, le toxicologue ne trouve ni alcool, ni psychotropes, ni autres toxiques, ni aucune trace de stimulants de type poppers.

Finalement vient le temps de la synthèse avec les enquêteurs.

Notre victime était inconnue des services de police. Une visite à son domicile a montré son appétence pour le sexe : on y a découvert moult accessoires et vidéos pornographiques. L'exploitation de son ordinateur a retrouvé des recherches sur des thématiques dangereuses, celles que nous avions également repérées lors de notre formation accélérée sur les pratiques sexuelles alternatives.

Tout va dans le sens d'un accident, avec cependant cette question : pouvait-il mettre lui-même et seul tout ce système en place ? Bien évidemment, non. Il y a forcément eu des témoins, voire des participants à cette mise en scène, mais à ce jour les recherches n'ont pas abouti.

Notre conclusion : un accident d'asphyxie érotique.

Ce sera là une occasion d'appeler à la vigilance sur ce genre de pratiques très dangereuses, voire mortelles.

La joggeuse

Il est aux environs de 7 h 30, le soleil d'août annonce une chaude journée. Comme chaque matin, Clémence fait son jogging. Les écouteurs sur les oreilles, la jeune femme, qui vient de fêter ses 26 ans, suit machinalement son parcours habituel dans la campagne poitevine. Après quelques kilomètres le long d'une petite route, elle s'engage sur un chemin agricole, entre deux champs de maïs. La saison est excellente et les plants sont très hauts sur tige, bouchant l'horizon. Elle n'entend pas arriver le véhicule en roue libre.

Tout à coup, l'homme est tout près d'elle. Elle sursaute. Il lui parle. Elle s'arrête, écarte un écouteur.

— Oui ?

— Tu veux pas baiser, là, tout de suite ?

— Ça va pas, non ?

C'est tout ce qu'elle a le temps de dire. Le gars se jette sur elle. D'un geste violent, il déchire son débardeur, l'attrape par le bras, la projette au sol. Elle se débat, elle crie. L'autre lui assène un coup de poing en pleine face, un coup de pied dans le ventre. Voilà qu'il lui serre le cou, fort, de plus en plus fort. Clémence le supplie d'arrêter. L'autre serre encore.

Elle ne peut plus respirer. Elle est en apnée. Elle se sent partir. Clémence va mourir.

Puis d'un coup, l'air revient dans ses poumons. Groggy, sonnée, mais vivante, elle voit à travers ses larmes l'agresseur qui détale en criant : « J'veux plus, j'veux plus ! »

Quelques heures plus tard, par la grâce d'un automobiliste secourable et des gendarmes de Neuville-de-Poitou, Clémence est examinée à l'unité médico-judiciaire afin d'évaluer la gravité de ses blessures. Le constat relève des érosions multiples, un hématome au niveau de l'œil gauche et des traces d'ongles autour du cou. Clémence pleure beaucoup, a mal un peu partout. En conclusion de son rapport, Marie insiste sur le retentissement psychologique dont il faudra faire une évaluation ultérieurement. Après un passage par les urgences, le diagnostic d'une entorse bégnine des vertèbres cervicales et la pose d'une minerve, Clémence rentre chez elle munie d'une ordonnance pour des antalgiques.

Entre-temps, l'auteur de l'agression a été interpellé. Les gendarmes n'ont pas eu à chercher bien loin. L'homme vit à deux pas du lieu de l'agression. Âgé de 49 ans, célibataire, il exploite la ferme familiale et n'a jamais fait parler de lui. Il reconnaît les faits devant les enquêteurs, puis devant le juge d'instruction, assurant ne pas comprendre ce qui lui est arrivé et exprimant de profonds regrets. Mis en examen pour tentative de viol et tentative de meurtre, il est placé en détention provisoire en attendant son procès.

Sept mois plus tard, alors que l'instruction de l'affaire suit son cours, le juge me demande de revoir la victime pour procéder à une nouvelle évaluation de son état. La jeune femme que je reçois a encore quelques problèmes physiques mineurs. Elle se plaint de douleurs modérées, notamment de maux de tête.

En revanche, sur le plan psychologique, le tableau s'est aggravé, comme le note l'expert psychiatre qui a examiné Clémence trois semaines avant moi. Je lis dans son rapport : « perte de joie de vivre, angoisses, hypervigilance, troubles du sommeil ». Clémence lui a dit ne plus pouvoir prendre les transports en commun ni se rendre dans un parking souterrain. Elle présente tous les signes cliniques d'un stress post-traumatique.

Le juge me demande également d'évaluer le niveau de dangerosité de l'agression. Je reprends les photographies du dossier du service, réalisées lors de son examen en urgence. Le récit qu'en a fait Clémence et les traces de griffures et de strangulation sur son cou plaident en faveur de deux épisodes de compression distincts. L'agresseur a d'abord saisi la victime par le cou pour l'immobiliser, alors qu'elle se débattait. C'est durant cette phase qu'il a enfoncé ses ongles dans les chairs, laissant de profondes griffures. Une fois la prise bien assurée et la victime sous son emprise, il a serré la gorge de ses deux mains, provoquant une compression de l'axe respiratoire, d'où la sensation d'apnée parfaitement décrite par Clémence.

Ce geste est extrêmement dangereux : s'il avait été maintenu plus longtemps, il aurait sans aucun doute provoqué la mort de la joggeuse.

Je ne revois la jeune femme que deux années plus tard, lors du procès de son agresseur devant la cour d'assises de la Vienne, à Poitiers.

Elle ne va pas vraiment mieux. Le parcours judiciaire a aggravé son ressenti, en l'obligeant à raconter son agression, donc à la revivre, à de multiples reprises. D'abord devant les gendarmes, à deux reprises, puis devant le juge d'instruction, l'expert psychiatre, l'expert psychologue qui a signalé un état « anxio-dépressif émotionnel », le légiste et encore une fois devant la cour d'assises.

Dans le même temps, elle n'a eu aucun suivi psychologique spécialisé et ce ne sont pas les anxiolytiques ni les antidépresseurs prescrits par son médecin généraliste qui ont pu améliorer sa situation. Je suis persuadé qu'une meilleure prise en charge de son stress et un bon accompagnement auraient pu éviter ou alléger une partie de ses symptômes.

Un autre qui n'est pas au mieux de sa forme, c'est l'agresseur, effondré dans le box des accusés. Un pauvre type, dont toute la vie était centrée sur le travail à la ferme, sans guère de relations féminines, un « handicapé de la relation », dira le psychiatre qui l'a examiné. Interrogé par le président de la cour, il redit sa honte, cette culpabilité qui l'étouffe, et la question qui le hante : « Mais pourquoi j'ai fait ça ? Pourquoi j'ai fait ça ? »

Ma déposition, factuelle, se borne au rappel de mon rapport d'expert. À savoir, la description des lésions et leur évolution. Au moment des questions, l'avocat général m'interpelle, assez virulent. « Selon vous, monsieur l'expert, l'accusé aurait-il pu tuer, ce jour-là ? » Je regarde les jurés, quatre femmes et deux hommes, tous immobiles. Ils attendent ma réponse. « Oui, monsieur l'avocat général. Mais il ne l'a pas fait. Il a relâché sa pression. » À ma réponse, il prend un air contrarié.

Le lendemain, c'est le temps des plaidoiries.

L'avocat de Clémence raconte l'avenir brisé de cette jeune femme insouciante « qui avait du bonheur à la tonne », « sa vie était belle, prometteuse, illuminée par sa joie de vivre » jusqu'à cette mauvaise rencontre.

Clémence se retrouve « en état de stress post-traumatique, d'hypervigilance » avec le sentiment que, à tout moment, tout peut arriver, tout peut disparaître du jour au lendemain, « d'un seul coup ».

Elle ne doit sa survie qu'à sa résistance opiniâtre et à ses années de pratique des arts martiaux.

L'avocat général se lève pour requérir. Le verbe haut et le geste large, il fait de Clémence l'héroïne d'un combat à mort, salue sa résistance face à la tentative de viol et de meurtre.

Pour enfoncer le clou, il relit une des dépositions de la victime : « J'ai clairement le sentiment qu'il avait envie de me tuer avec le cœur qu'il y mettait. »

Il égrène ensuite la longue liste des joggeuses tuées par des inconnus, concluant : « Essayer de comprendre, ce n'est pas passer l'éponge. »

Il insiste sur la conclusion de l'expert psychiatre : certes, il y a eu une pulsion, mais l'accusé y a cédé sans qu'elle représente une contrainte qui diminuerait sa responsabilité.

Pour lui, pas de doute, la volonté de violer et de tuer était là. Il requiert dix ans de réclusion assortis d'une obligation de soins.

L'avocat de la défense fait ce qu'il peut après cette charge ininterrompue.

Il reprend la vie sans antécédents de son client, décrit le seul milieu qu'il ait jamais connu, celui de la ferme familiale qui passe de père en fils depuis plusieurs générations.

L'accusé s'était imposé un devoir moral, maintenir la chaîne familiale. Sans femme dans sa vie à une brève exception, sans copains, sans congés, il avait construit son existence austère depuis l'adolescence sans jamais de problème avec la justice, sans jamais de violence, enfermé dans sa vie familiale et professionnelle.

Puis il précise aux jurés : « Vous n'êtes pas des sous-juges, comme monsieur l'avocat général essaye de le faire croire, vous n'êtes pas là pour décider uniquement de la peine mais aussi de la qualification des faits. »

L'enjeu est de taille puisque, selon la qualification, les peines varient du simple au double.

Sur la tentative de viol, l'avocat rappelle qu'elle implique une tentative de pénétration sexuelle. Or il n'y a même pas eu d'attouchement, l'accusé a seulement déchiré le débardeur.

Concernant la tentative de meurtre, l'avocat insiste sur le fait que c'est l'accusé qui a arrêté l'agression, c'est donc un désistement volontaire. Il précise qu'il « ne demande pas un acquittement mais une peine adaptée à la requalification des faits ».

C'est à l'accusé que revient le dernier mot. L'homme se lève, un peu gauche : « Je ne comprends pas. Je reconnais mes fautes, mais je ne me reconnais pas. Faire cela, c'est pas moi. Je m'en veux… Je ne comprends pas. » Et il fond en larmes.

Il est condamné à huit ans de réclusion criminelle pour tentative de meurtre et d'agression sexuelle, et à cinq ans d'injonction de soins. La tentative de viol n'est pas retenue. En réparation des préjudices de la victime, il doit lui verser 8 900 euros.

J'ai gardé de cette audience une image rare, celle d'un accusé complètement dépassé par l'événement. Le type n'a rien compris à ce qui lui est arrivé et, à mon avis, ce n'est pas en prison qu'il comprendra. Son cerveau a cédé l'espace d'un instant à quelque chose sur lequel il lui est impossible de mettre des mots : une pulsion qu'il n'a pas pu ou pas su maîtriser, qui a fait dérailler d'un seul coup deux existences jusque-là ordinaires.

Lui est passé de la ferme et d'un quotidien immuable réglé sur les saisons au temps immobile de la prison. Sa victime a perdu ses repères, égarée désormais dans un monde angoissant peuplé de dangers. Une partie de Clémence est restée sur le chemin de terre, entre les maïs, ce matin d'août 2014.

Mumm

C'est un mardi ordinaire de mars. Je profite d'un moment de répit dans mon emploi du temps pour rédiger mes rapports. Un temps essentiel de l'activité des légistes. Jusqu'à ce coup de téléphone qui donne le signal du départ : un promeneur vient de découvrir un corps dans un sous-bois, quelque part dans l'est du département.

Grand progrès de la technologie, le gendarme me donne les coordonnées GPS du site. Plus besoin d'explications laborieuses ou de rendez-vous intermédiaires en pleine campagne autour d'un gyrophare. Je n'ai qu'à entrer la longitude et la latitude dans le navigateur de bord et me laisser guider.

Je rameute une partie de l'équipe, celle qui n'est pas dispersée ici et là à quelque activité coupable : procès d'assises, reconstitution criminelle ou autopsie. En effet, toutes les occasions sont bonnes pour faire de la pédagogie. C'est ainsi que la cheffe de clinique et l'interne du service sont du voyage.

Comme à l'habitude, à la fin de la dernière levée de corps, notre matériel d'intervention a été recomplété. Deux sacs à dos, car après des années de galère, à se trimballer des mallettes dans la boue, sur des pentes abruptes ou dans des parois rocheuses, j'ai fini par adopter ce conditionnement, le seul à nous laisser les mains libres lors de la progression parfois laborieuse pour accéder au corps. Le temps de charger la voiture et nous sommes en route.

Quarante minutes plus tard, nous franchissons le barrage de gendarmerie fermant un petit chemin de terre bordé de quelques pavillons des années 60. Un peu plus loin, les véhicules bleus sont arrêtés le long d'un bois, un taillis de jeunes chênes assez aéré. La fourgonnette de l'identification criminelle a déployé son auvent et mis en route ses batteries d'appareils. Deux techniciens de scène de crime, en combinaisons blanches, balisent un vaste périmètre au moyen du ruban jaune marqué en grosses lettres « Gendarmerie nationale. Défense de pénétrer ». Deux autres promènent avec précaution des détecteurs de métaux au ras du sol, à la recherche d'indices. Plusieurs chevalets de plastique jaune marquent leurs premières découvertes. Au total, une dizaine d'hommes s'activent.

Nous sommes accueillis dès notre arrivée par le directeur d'enquête. Il nous fait le résumé de la situation.

— Un promeneur a cru apercevoir un crâne humain au travers d'un tas de feuilles mortes et nous a alertés. La patrouille envoyée sur place a confirmé, sans toucher à rien. Un beau crâne tout propre, ça va vous changer…

— Je vous remercie de cette gentille attention, en effet, je commençais à me lasser.

C'est que je sors d'une période maudite, avec exclusivement des corps putréfiés et odorants. Je crois bien qu'en trois semaines j'ai épuisé toute la gamme : odeurs de beurre rance, de maroilles, d'époisses… Le dernier en date, c'était sous une pluie battante, dans une pente glissante à souhait, la nuit sous les projecteurs de la brigade des recherches. Il faisait un froid de canard, la bonne surprise était venue d'une douce sensation de chaleur que dispersait le mort, pourtant putréfié. Son corps grouillait d'asticots : ce sont eux qui généraient cette douceur inattendue.

Par définition, la présence d'un squelette dans un environnement naturel est une mort suspecte. Cela fait longtemps qu'il n'est plus de bon goût de mourir ailleurs qu'à l'hôpital. Ou éventuellement dans son lit. Le directeur d'enquête poursuit :

— Les techniciens ont procédé aux premiers relevés d'indices en vous attendant. Venez, docteur, on va vous montrer.

Mentalement j'abandonne toutes mes spéculations sur l'état du corps. Lors de mes levées de corps, j'ai pour habitude de travailler en trois cercles autour du cadavre.

Le premier, c'est celui de l'ambiance générale : type de quartier en ville, huppé ou populaire ; environnement de la nature (forêt, bois, champ, étang…) ; tendances de la météo dans les semaines précédentes (chaud, froid, humide, sec…). Tout cela a une influence sur l'évolution du corps, sa dégradation ou au contraire sa conservation. Bon, si le corps est à l'état de squelette, je peux oublier la météo : ce mois de mars a été froid, la mort remonte à un minimum de plusieurs mois. Mon premier cercle se limite à ce bois.

Il est temps de s'équiper. D'abord j'explique à ma cheffe de clinique et à mon interne qu'on ne pénètre sur une scène de crime qu'à deux conditions : être en tenue complète, de façon à ne pas polluer les lieux, et attendre le feu vert du directeur d'enquête.

Puis nous passons à la pratique : chacun revêt combinaison, bottes, masque et gants sur sa tenue de ville, sous l'œil amusé des gendarmes déjà équipés des pieds à la tête.

Je profite de cette séance pour glisser quelques conseils amicaux et pleins de bon sens, fruits de ma longue expérience. Comme le fait de ne pas se couvrir trop chaudement sous la combinaison, même s'il fait frais, si l'on ne veut pas finir la journée dans un sauna portatif, ambiance « sudisette ». Ou d'avoir à portée de main, en plus des gants chirurgicaux nécessaires pour l'examen du corps, une paire de gants de ménage, plus résistants et fort utiles lors de certaines manipulations.

Pour d'autres de mes conseils, il est déjà trop tard. L'interne est en chaussures à talons totalement inadaptées à la situation…

Il ne nous reste plus qu'à nous munir de l'outil indispensable, l'appareil photo numérique, puis à mettre nos pas dans ceux des enquêteurs. En effet, il n'est pas question d'aller gambader dans le périmètre balisé. Les techniciens ont délimité un couloir d'accès et une zone de circulation obligatoire afin d'éviter de piétiner les indices.

En franchissant le ruban jaune, nous pénétrons dans le deuxième cercle de ma levée de corps, celui de la proximité. Là où nous avons le plus de chances de trouver des indices.

Les uns derrière les autres, nous avançons derrière notre guide. De part et d'autre du passage balisé, les chevalets jaunes numérotés signalent les éléments intéressants repérés par l'équipe de l'identification criminelle.

À droite, une chaussure de femme dont le talon est cassé. Un peu plus loin à gauche, une paire de lunettes avec un verre manquant. Plus loin encore, la deuxième chaussure. Si ces éléments appartiennent à la victime, cela évoque une lutte.

Très régulièrement, les détecteurs de métaux des gendarmes émettent un bruit strident. On voit alors le gendarme se pencher avec précaution, écarter les feuilles mortes, et le plus souvent repartir en haussant les épaules. Encore une capsule de bière.

Toujours sur les talons du directeur d'enquête, nous approchons maintenant de l'objet de toutes les attentions, une sorte de relief mou dans l'épais tapis de feuilles de chêne. Seule émerge partiellement une forme ronde de couleur brun clair, d'aspect lisse, évoquant indubitablement un crâne humain. Nous arrivons ainsi jusqu'à une limite matérialisée elle aussi par un ruban jaune, qui forme un cercle de 2 mètres de diamètre autour du crâne. C'est mon troisième cercle, celui de l'environnement immédiat. Je fais stopper mon équipe. Pas seulement pour leur montrer qui est le chef, mais surtout pour leur expliquer la suite des opérations.

— Attendez-moi ici pour le moment. Je vais d'abord entrer seul dans cette zone, pour déterminer la position du corps. Cela nous évitera de lui marcher sur les pieds, puisque nous ne savons pas encore où ils sont.

J'avance donc seul, mais avec précaution, écartant les feuilles mortes avant chaque pas. C'est ainsi que je tombe sur un os, pour ma plus grande satisfaction. Preuve que le légiste aime la difficulté. D'ailleurs, il ne s'agit pas d'un os, mais de deux, radius et cubitus, inséparables amis de l'avant-bras. En revanche, il manque la main.

Je dépose un nouveau chevalet jaune et je poursuis l'exploration en remontant le long de l'avant-bras, puis du bras. La manche courte d'une sorte de blouse de mamie apparaît alors, en matière synthétique, ce qui lui a permis de résister au temps. Les chaussures, la blouse : l'hypothèse d'un squelette féminin se précise.

J'arrive maintenant à l'épaule. J'entreprends de dégager les restes, en prenant bien soin de placer les feuilles mortes qui le recouvrent dans un grand conteneur. Tout ce qui se trouve sur, sous et à côté du corps sera ainsi prélevé et rapporté à l'institut médico-légal pour être trié. Sur mes indications, ma cheffe de clinique et mon interne s'attellent au ramassage.

La tête est maintenant apparente, penchée sur le côté. Il manque la mandibule, qui a dû se détacher et tomber sur le sol. Elle ne doit pas être bien loin. On verra plus tard.

Je poursuis l'effeuillage du squelette en direction des pieds. Je note au passage, sous la blouse boutonnée sur le devant, une sorte de chemise de nuit en coton, assez mal conservée. Le motif à gros ramages et les couleurs pastel du vêtement me font penser aux robes de ma grand-mère. Je lève donc la tête pour interpeller – une fois n'est pas coutume – le gendarme.

— Il ne vous manque pas une personne âgée dans la région ? Une femme atteinte de la maladie d'Alzheimer, par exemple, qui aurait disparu il y a environ deux ans ?

— Pourquoi deux ans, chef ?

C'est l'interne qui s'aventure à cette question risquée.

— À votre avis ?

— Ben, je ne sais pas, l'état du squelette ?

— Vous ne l'avez pas vu…

— Ben si, les os qui dépassent, là et là… et le crâne.

— Oui, mais là il s'agit de la partie exposée. Si les chairs disparaissent en quelques semaines ou au plus quelques mois, vous ne savez pas encore dans quel état sont l'abdomen et le thorax.

— Et ?

— Pour dater la mort, il n'y a pas que le corps. Il y a aussi l'environnement. Ici, je me sers des végétaux. Regardez l'épaisseur de feuilles mortes sur le corps. Ce sont des feuilles de chêne. Vous remarquerez que la couche la plus superficielle est constituée de feuilles en relativement bon état. Elles ont conservé leur forme. Nous sommes en mars, ce sont celles de l'hiver dernier. Par contre, en dessous, il y a une autre couche de feuilles beaucoup plus abîmées. Elles datent de la saison d'avant. Et à côté du corps, plus profondément, il y a encore une autre strate en décomposition plus avancée qui correspond à la saison encore d'avant. Cette dernière strate n'existe pas sur le corps, donc je retiens deux ans. À peu près. En tout cas deux épisodes de chute des feuilles. Deux automnes-hivers, si vous préférez.

Mes explications laissent l'interne sans voix… ou presque.

— C'est dingue !

— Quoi donc ?

— On n'a jamais eu de cours sur ça.

— Dans le genre « On ne nous dit pas tout » ?

— …

— Et votre culture personnelle ? Vous ne faites pas votre compost ? Vous ne cultivez pas votre jardin ?

— Ben non, j'habite dans un appartement.

— Voilà votre réponse. Un légiste doit habiter à la campagne et faire son compost… En plus, c'est bon pour la planète.

L'enquêteur interrompt notre dialogue culturel :

— Je ne voudrais pas priver votre interne de son enseignement pratique, mais pour répondre à votre question, non, docteur, on n'a rien dans ce genre-là.

J'arrive maintenant au bas de la blouse, sous les genoux. Ma grand-mère du jour porte un collant de nylon assez épais, en mauvais état. Il a cependant conservé comme dans une bourse les petits os des pieds et des chevilles qui n'ont pas pu s'égayer dans l'humus. Une chance.

Je passe ensuite de l'autre côté du corps et termine le dégagement. Mon équipe peut maintenant prendre position, nous savons où mettre les pieds.

J'ai bien entendu pris moult photos à tous les stades de ma progression. Je récapitule à haute voix, pour mes jeunes, la suite des opérations :

— Il nous faut maintenant retrouver la mandibule et toutes les dents qui ont pu tomber dans la terre. Ce sera indispensable pour l'identification, si on a la veine de retrouver son dentiste. Par chance, les vêtements ont évité la dispersion du squelette. Il faudra quand même récupérer les vertèbres du cou, qui sont en vadrouille. Puis on recherchera les os des mains, qui sont quelque part sous les feuilles.

La collecte du squelette commence par le crâne. Le maxillaire, cette partie qui porte les dents supérieures, est complètement détaché du reste de la boîte crânienne. Il manque également plusieurs dents, tombées après la mort, comme l'attestent des alvéoles en parfait état. Nous voilà à genoux dans l'humus, à la recherche des chicots perdus. Ce qui nous permet de mettre la main sur la mandibule.

On passe ensuite au ramassage des quelques vertèbres du cou éparpillées dans le feuillage.

Il nous faut maintenant récupérer le reste du corps en un seul bloc. Pour cela, la technique consiste à emporter le corps avec la partie du sol sur lequel il repose. Ainsi le dégagement final et le dernier tri se feront dans les locaux de l'institut, à l'abri des intempéries et sous un éclairage optimal. C'est, de mon point de vue, la meilleure façon de ne pas laisser un indice capital sur le terrain.

Pour cela, mes deux assistantes se placent de chaque côté du corps, armées chacune d'une solide pelle de terrassier. En partant des pieds, elles glissent la lame de leur pelle sous le corps, à quelques centimètres de profondeur dans le sol, et soulèvent. J'engage aussitôt dans l'intervalle l'extrémité d'un long et solide plateau en aluminium, puis les deux pelles se décalent et on recommence, jusqu'à avoir la totalité du corps sur le plateau. Le tout est emballé dans une housse de grande taille et évacué vers l'IML.

Mais, une fois le corps dégagé, nous n'en avons pas fini avec notre petit jardinage.

— À vous !

— À nous ?

— Ben oui, un peu de poésie, que diable... Chantez-nous un petit air adapté !

— Je ne comprends pas, chef !

— Tenez, prenez la pelle et le seau. Et chantons ensemble... Vous n'aimez pas Prévert ? Les feuilles mortes, cela ne vous inspire pas ? Les feuilles mortes se ramassent à la pelle...

Nous prélevons une nouvelle épaisseur d'humus, là ou reposaient les ossements, notamment les pieds, les mains et la tête. Les seaux de terre et les conteneurs de feuilles vont également être transportés à l'institut, à la suite du corps.

Alors que nous quittons la zone balisée, un sifflement retentit, bientôt suivi d'un cri de victoire. L'un des gendarmes et son détecteur de métaux viennent d'exhumer un magnifique couteau de cuisine à l'ancienne. L'objet est mis sous scellé, en attendant la suite de nos investigations et l'examen complet de notre victime.

Dès notre retour au CHU, mon équipe accompagne le squelette encore en situation dans sa housse, et le crâne en pièces détachées dans son seau, à la radiologie centrale de l'hôpital. Le passage au scanner ne révèle rien d'anormal. Pas de projectile, pas de fractures, pas de traces d'agression. Force est de constater que, après ces heures de travail acharné, nous ne disposons d'aucun indice. Peut-être que l'autopsie pourra nous en dire plus.

Fin de la première journée.

Le lendemain matin, il y a foule autour de la cafetière du service. Les enquêteurs de la gendarmerie et mon équipe au grand complet se bourrent de viennoiseries, trop contents de pouvoir savourer un petit déjeuner avant une autopsie garantie sans odeur. Lorsqu'ils savent qu'un putréfié bien mûr les attend dans la pièce voisine, mes invités se montrent en général nettement moins voraces.

L'interne en profite pour faire du mauvais esprit.

— Une autopsie de squelette, franchement, je ne vois pas ce qu'on va pouvoir en tirer.

En voilà une qui vient de perdre une occasion de se taire, et je me fais fort de le lui prouver.

L'ouverture de la housse, moment souvent redouté par les narines des participants lorsque le contenu est un peu avancé, libère de douces senteurs de sous-bois et d'humus dans toute la pièce. En un instant, nous voilà replongés dans l'ambiance forestière de la veille.

Le plus délicat consiste maintenant à mettre le corps sur la table d'autopsie. Un moment à risque : j'ai chaque fois une pensée émue pour l'une de mes collègues universitaires qui a raté ce transfert, lors de l'épreuve pratique du concours de maître de conférences. Le chariot sur lequel reposait le corps était muni de roulettes sans dispositif de blocage et s'est dérobé au cours de l'opération. Résultat, son mort s'est étalé sur le carrelage dans un grand bruit mat.

Pas d'incident de ce genre en ce qui nous concerne. L'expérience et la présence de freins sur les roulettes de nos chariots nous permettent de poser délicatement les restes de la mamie inconnue dans la position voulue sur l'inox. Au passage, je la classe dans la catégorie poids plume. Ce qui ne préjuge pas de son poids « vivant », car si les os s'entrechoquent lors de la manœuvre, c'est bien que toutes les chairs ont disparu.

L'examen se poursuit sous la lumière crue des scialytiques. Sans rien révéler d'anormal pour l'instant. Pour compléter ce premier examen externe, nous retournons les vêtements, toujours gardiens des os. La manipulation à peine effectuée, deux déchirures nous sautent aux yeux. Sur la blouse, bien nettes, parallèles l'une à l'autre et situées au beau milieu du dos, ce sont indiscutablement le résultat de deux coups de couteau. Mon interne en reste baba.

Le couteau trouvé dans le bois la veille est là, rapporté par les gendarmes. La mesure de la lame correspond exactement à l'entaille la plus large. La seconde entaille, plus petite, traduit sans doute un enfoncement partiel de la lame. Je m'adresse à mes jeunes.

— Bien, à partir de là, que cherchons-nous ?

— La trace du couteau sur un os, répondent en chœur la cheffe de clinique et l'interne.

— Bravo. Alors, on va commencer par ôter le contenu de son contenant. En clair, il faut la déshabiller.

Pour ne pas altérer les pièces à conviction, je décide de ne pas découper les vêtements. Ce sont en effet, à ce stade, des éléments essentiels de la piste criminelle. Je remets donc notre victime sur le dos et procède au déboutonnage de la blouse. La chemise de nuit est un peu plus difficile à ôter, répandant les côtes jusqu'alors retenues par ce qui reste de tissu. Mais la colonne vertébrale a gardé sa continuité : les vertèbres sont restées soudées les unes aux autres par les ligaments.

Quant au collant, lui aussi nous réserve une surprise. Il présente une large déchirure de l'entrejambe. Serait-on en présence d'un crime à connotation sexuelle ? Le tableau se précise et se complique à la fois.

Le déshabillage terminé, je n'ai plus sur ma table d'autopsie qu'un squelette en morceaux, auquel il manque la tête, les mains et les pieds. Je confie la colonne vertébrale et le reste du squelette à ma cheffe de clinique. Trois grands conteneurs sont à trier : ce sera pour l'interne, qui va en tamiser le contenu.

— C'est injuste, chef, pourquoi c'est moi qui tamise ? Ça n'a aucun intérêt !

— Oui, comme l'autopsie. Aucun intérêt. Eh bien, détrompez-vous, c'est un acte essentiel. Vous avez la tâche de retrouver son identité.

— Pourquoi, il y a ses papiers, dans le lot ?

— En quelque sorte.

L'interne pique un fard et se tait.

Après de longues minutes de silence passées à examiner soigneusement, sous de grosses loupes éclairantes, toutes les faces des ossements, ma cheffe de clinique manifeste une certaine agitation.

— Chef, chef, je crois que j'ai trouvé. Venez voir.

Effectivement, l'une des vertèbres situées en regard des entailles dans la blouse présente une trace horizontale très nette, caractéristique du passage d'une lame de couteau. La mamie a bien été frappée dans le dos, à la hauteur de la septième vertèbre dorsale, dans une région très sensible en raison de la présence de plusieurs gros vaisseaux sanguins. On imagine fort bien dans ces conditions que le coup le plus profond ait pu entraîner une mort rapide après une hémorragie massive.

Dans un coin de la pièce, l'interne s'est attelée au tamisage et au tri de tout ce qui a été prélevé sur le site de la découverte. Elle récupère ainsi tous les petits os des mains et les dents manquantes. Beaucoup de dents.

Le directeur d'enquête s'impatiente.

— Alors docteur, vos conclusions ?

— C'est une mort manifestement criminelle par arme blanche. Le collant déchiré est évocateur d'une agression à caractère sexuel. La victime est de sexe féminin et d'un âge avancé, d'après les signes d'arthrose importants sur les os de la main et sur les vertèbres. En revanche, à ce stade des investigations, nous n'avons aucune indication concernant son identité.

L'étude du crâne pourra peut-être nous éclairer – bien que la pièce soit déjà assez lumineuse… Je supervise donc le remontage du puzzle de la tête par ma cheffe de clinique.

Utilisant la méthode bien connue des essais et des erreurs, elle essaie de placer les dents dans les alvéoles. Certes, c'est une méthode efficace : il est en effet impossible de rentrer par exemple une incisive centrale droite dans l'alvéole de l'incisive centrale gauche. Tout simplement parce que la forme des racines est spécifique à chaque dent, donc à chaque alvéole. Un peu comme une clef dans la serrure. Mais cela va lui prendre un temps considérable.

Je dois reconnaître que ma formation de stomatologue me donne un avantage certain. Je l'aide donc en lui donnant quelques critères de reconnaissance dentaire qui permettent de distinguer les dents du haut de celles du bas, celles du côté droit et celles à gauche. Un spécialiste peut définir chaque dent d'un lot (incisive, canine, prémolaire et molaire, du haut ou du bas, de droite ou de gauche, première ou seconde) à la seule vue de la dent.

Finalement, chacune des dents récupérées lors du tamisage retrouve ainsi son logement, fixée à l'aide d'une goutte de cire chaude. Le maxillaire disjoint est recollé à la cire, la mandibule remise en place, le tout placé dans un seau fermé et envoyé au scanner. Il ne s'agit plus cette fois de rechercher des éléments dans un ensemble en vrac, comme lors des premiers clichés, mais d'obtenir des images en trois dimensions de la tête de la victime. Il est en effet possible, à partir de ce type de cliché, de reconstituer un visage approximatif pour tenter d'identifier la disparue. Mais ce sera une autre histoire. Ce type de travail, assez complexe et relativement coûteux, est entrepris lorsqu'il n'existe aucun autre moyen de retrouver une identité. Or, dans le cas présent, l'identification s'oriente vers une personne âgée, disparue il y a environ deux ans dans la région. Cela ne devrait pas poser de grosses difficultés aux gendarmes.

En revanche, les pandores ne pourront pas compter sur l'aide du dentiste de la victime. L'étude de sa dentition montre qu'elle n'a pas dû fréquenter la roulette depuis plus de vingt ans. Elle n'a ni prothèse ni couronne, ce qui est assez classique chez les personnes âgées en milieu rural. La seule trace de soin est un amalgame sur une prémolaire. J'explique au directeur d'enquête qu'il ne pourra donc pas s'appuyer sur le dossier dentaire.

— Alors, docteur, qu'est-ce qu'on fait ? Il va pourtant bien falloir l'identifier.

— Pour le moment, si vous voulez bien, nous allons l'appeler « Mumm ». Ça ne va pas la faire revivre, mais j'imagine bien une petite mamie sympa et fragile portant ce surnom, du haut de ses quatre-vingts ou plus balais.

Je n'ai pas la cruauté de dénoncer celui ou celle qui, dans mon équipe, propose une recherche d'ADN.

— On va prendre un os, on va l'envoyer au labo et ils vont nous dire qui c'est !

— Mais c'est bien sûr… Et comment ?

— Ils vont interroger le fichier national automatisé des empreintes génétiques. Le FNAEG. C'est automatique.

— Superbe idée ! On met l'os dans la machine et elle recrache des petits morceaux et nom, prénom, sexe, date de naissance et profession. C'est comme ça que ça marche ?

— Je sais pas, chef, j'ai loupé le cours.

— Vous regardez trop les séries américaines. On va en effet placer un os sous scellé, l'envoyer au labo et récupérer l'ADN. Mais cela ne nous dira pas de qui il s'agit. À moins de pouvoir le comparer à un autre ADN déjà identifié.

— C'est ce que je dis, chef, le FNAEG !

— À vos souhaits.

— Pardon ? Je n'ai pas éternué, chef, j'ai dit « le FNAEG ».

— Pardon, je me suis trompé. Je ne voulais pas dire « à vos souhaits » mais « vous rêvez ».

— Pourquoi ? Ce n'est pas efficace ?

— Si, si. Expliquez-lui, Kirikou.

Kirikou, c'est son petit nom, mais dans la vraie vie, son prénom, c'est Alain. Nous, on l'appelle ainsi parce que, bien qu'il nous ait raconté des histoires horribles de sa période « garde mobile » avec de méchants manifestants, nous, on le trouve gentil. En plus, il est petit. Alors on l'a surnommé Kirikou. Il est petit, il est gentil.

Kirikou, il est aussi compétent et il sait plein de choses. Du coup, il a acquis des compétences particulières pour devenir Cocrim.

Cocrim, c'est un super coordinateur des opérations en criminalistique. C'est lui qui conseille les magistrats pour les opérations de police scientifique. Une fonction toute récente à la gendarmerie nationale.

— Bon, je fais simple, faut être efficace, commence Kirikou. Le FNAEG, c'est pas très vieux. Quelques années. Mumm, elle, elle est vieille. Beaucoup d'années. Pour qu'elle soit fichée, il faudrait qu'elle ait récemment commis une infraction grave. Vous voyez Mumm en braqueuse de banque, avec son arthrose ? Fin de l'histoire.

Rire général dans la salle.

Le directeur d'enquête approuve, avec un bémol.

— Il y a peu de chance en effet. Cependant, si l'enquête permet de retrouver une identité compatible, on pourra alors tenter une comparaison ADN, à partir de traces biologiques prélevées au domicile de la disparue.

Nous en sommes à la fin de notre examen. La petite assemblée, en cercle autour de la table, se tait.

Dans le silence de la salle, la voix de Michel Cymes résonne soudain.

— On pourrait refaire le dernier plan ?

En fait, nous sommes en plein tournage de la reconstitution d'une affaire criminelle pour l'émission « Santé Magazine », présentée par Michel Cymes et Marina Carrère d'Encausse, et diffusée tous les jours sur France 5. Pendant une semaine complète, ils nous ont suivis au CHU de Poitiers, et Michel Cymes a adoré se glisser dans la peau d'un légiste.

Pour l'occasion, nous avons sorti de la salle aux momies notre squelette de laboratoire, réservé à l'enseignement.

Nous l'avons habillé avec des vêtements aimablement offerts par une vieille grand-mère, avant d'aller le poser sur la future scène de crime, un terrain privé en pleine campagne. Nous avons dispersé ensuite les pièces à conviction, dont le fameux couteau, que la poêle à frire des gendarmes a bien failli ne pas retrouver, cette fois. La suite, maintenant, vous la connaissez…

Quelques années plus tard, en 2018, Michel est passé à la pratique en interprétant le rôle d'un médecin légiste le temps d'un téléfilm, *Meurtres en pays d'Oléron*, pour France 3.

Les débutants

Mes assistants ont tout préparé, les instruments sont bien alignés à proximité de la table immaculée sur laquelle gît le corps.

— Alors ?

— Chef, c'est impressionnant, cette grande plaie qui va du thorax à la mandibule. On peut même mettre la main dedans.

— Avez-vous fait des radios ?

— Non, chef, le scanner est en panne.

— Vous pouvez me donner quelques renseignements ?

— La victime a été retrouvée ce matin sur la route, une petite route de campagne très fréquentée.

— Manifestement, elle a été écrasée, chef ! Le thorax est complètement aplati !

— Bizarre, ces lésions, vous ne trouvez pas, chef ?

— Chef, regardez, chef !

— Oui, qu'y a-t-il ?

— Dans le thorax, on peut voir des choses… bizarres, je sais pas trop comment expliquer… c'est trop… bizarre.

Mes assistants sont bien bavards ce matin, mais ce constat est suivi d'un long silence.

Puis d'une salve d'interrogations, à peine ai-je écarté les berges de la vaste plaie.

— Le cœur… Mais où est le cœur ? Et les poumons ? Mais où sont les poumons ? C'est quoi, ça, on dirait… le foie ? Il est à la place du cœur ?

— Oui, et ça, c'est pas les intestins à la place des poumons ?

— Bon, OK. Nous allons explorer tout ça. Bistouri.

J'incise comme à mon habitude l'abdomen en partant du pubis, puis je décolle la peau de part et d'autre de la plaie. Le thorax présente un aspect effrayant. Toutes les côtes sont brisées à la limite des vertèbres.

En revanche je ne note aucun hématome, comme si cet écrasement extrêmement brutal avait immédiatement arrêté la circulation sanguine.

Le diaphragme, qui normalement sépare l'abdomen du thorax, est largement déchiré ; c'est la raison pour laquelle le foie flotte littéralement dans le thorax. Je l'enlève sans difficulté et, étonnamment, il ne présente aucun dommage.

— Qu'en pensez-vous ?

Je ne suis pas déçu de la réponse.

— Ah ben, euh…

— Pardon ?

— Euh, je voulais dire…

— Oui ?

— Euh, chef, c'est quoi cette grosse boule au milieu des intestins ?

— Boule ? Ce n'est pas très anatomique comme terme. Vous n'avez pas mieux ?

Effectivement, au milieu des anses intestinales, je perçois une masse dure. Un utérus ? Une seule solution : inciser.

À peine ma lame appliquée, un fœtus encore minuscule apparaît. Un petit être parfaitement formé. Intact. Puis un second, enfin un troisième. Une grossesse multiple mise à mal par la mort brutale de la mère. Le reste de l'examen n'apporte rien de plus.

Il est évident que la victime a subi un écrasement large et massif de tout son thorax et de son abdomen. Comme elle a été retrouvée sur la route, il me faut imaginer des pneumatiques d'une taille gigantesque pour entraîner de telles lésions. Sans doute un engin agricole. Sous l'effet de la pression, cœur et poumons ont été expulsés du corps, le contenu de l'abdomen est remonté dans le thorax. Pouitch…

Une fois les intestins ôtés, la suite de l'éviscération est rapide, et les organes rejoignent les uns après les autres le plateau. Il ne me reste qu'une carcasse vide.

— Chef, il n'y a pas une goutte de saigne…

— Ça, c'est embêtant

— C'est vrai, comment faire, sans le saigne ? C'est pas une autopsie, ça…

— Tu as raison, une autopsie, c'est comme pour un civet, c'est avec du sang ! Ou alors, c'est pas une vraie !

— Comment faire, alors ?

— On va se servir du foie. Comme il est intact et qu'il est gorgé de sang, on va pouvoir en récupérer suffisamment.

— Sinon, on peut le faire rôtir ?

— Non, ce serait trop sec. Il est petit. Mais avec le foie, des champignons et des petits lardons, on peut le faire en civet.

— Non, pas de champignons, je n'aime pas les champignons !

— Tu me les donneras !

— OK, les gars, on le fait en civet. Maman va adorer. Tenez, justement, la voilà.

— Alors, les enfants, j'ai eu raison de ramener du travail à la maison pour papa, non ? J'ai bien fait de le rapporter, ce lapin ?

— Oui, et on a fait l'autopsie tous les trois, avec papa.

— Mais c'était pas un lapin, c'était une lapine. Elle attendait trois petits.

— Dis, papa, j'en ai marre de jouer au légiste. On mange une glace ?

— OK, et après, on fait le civet. Ça vous va ?

Un légiste, ça a aussi une vie de famille…

King Size

D'ordinaire, l'arrivée d'un fourgon des pompes funèbres sur le parvis de la chambre mortuaire du CHU de Poitiers se fait dans la plus totale discrétion. Tout a d'ailleurs été conçu pour cela. L'accès se situe à l'arrière des bâtiments, dans une zone éloignée de toute circulation, et donne de plain-pied sur le deuxième sous-sol, siège de l'institut médico-légal. Seul vis-à-vis inévitable, les onze étages qui dominent les lieux. Des dizaines de chambres de patients sont ainsi dotées d'une vue plongeante, quoique limitée par les bloqueurs de fenêtre, sur les arrivées et les départs… définitifs.

Et ce jour de février 2019, justement, il y a du monde aux fenêtres, captivé par une scène inhabituelle.

J'ai été alerté par le personnel, quelques instants plus tôt. Le temps de parcourir le long couloir et de franchir les portes sécurisées, je débouche sur le parvis. Un fourgon noir de transport funéraire est garé en marche arrière, portes grandes ouvertes. Au sol, un sac mortuaire noir volumineux sur un amas de tubes métalliques tordus. Les deux croque-morts, musclés comme des allumettes, m'expliquent : « Quand on a sorti le brancard, il s'est plié d'un coup. Le type, là, il est trop lourd. » La pesée confirmera le diagnostic : 214 kilos. Mon record personnel. Mais, pour le moment, je dois trouver une solution avant que les étages supérieurs ne s'alarment vraiment.

Avec le renfort d'agents de la sécurité et tous les bras disponibles du service, nous réussissons à hisser le plateau supportant le corps sur un chariot plus résistant que celui des pompes funèbres. La manœuvre terminée, l'un des convoyeurs venus de Niort me raconte : « Il était dans un appartement au premier étage, gisant au sol. Impossible de le soulever. Avec les pompiers, on a réussi à glisser le plateau en dessous. Après, il a fallu passer par l'escalier. On était une dizaine de porteurs et, croyez-moi, c'était limite. »

Tandis que les employés des pompes funèbres ramassent les débris de leur brancard, le chariot est poussé vers l'intérieur de nos locaux pour la suite des opérations. À savoir, un examen médico-légal en règle, conformément à la demande du procureur de Niort. La découverte du corps par les pompiers, la veille, laisse en effet planer un doute sur les causes de la mort.

Ce sont les voisins qui ont donné l'alerte. Âgé de 34 ans, l'homme, malgré le handicap de son obésité morbide, ne manquait jamais sa promenade quotidienne et matinale. Or, la veille, il n'avait pas mis le nez dehors, ni répondu aux coups de sonnettes des amis venus s'enquérir de sa santé. Les secours ont découvert le corps gisant face contre terre, le visage baignant dans un « liquide bizarre ». Le médecin du Samu qui a rédigé le certificat de décès a donc coché la case « obstacle médico-légal », cette mort lui semblant suspecte.

Première étape classique de l'investigation post mortem, le scanner « corps entier » dans la housse. Pas question en effet d'exposer les opérateurs aux visions et odeurs de cadavres parfois très amochés. L'examen se fait donc sans ouvrir la housse scellée. Et par respect pour les vivants, ces opérations ont lieu aux heures creuses – la nuit, tôt le matin ou entre midi et deux. Ce qui est d'ordinaire une simple routine se révèle aujourd'hui impossible : le scanner que nous utilisons habituellement est limité à 180 kilos. Avec une taille de 1,62 mètre pour ses 214 kilos, l'homme est du genre « boule de gras ». À ce stade de surcharge, l'indice de masse corporelle (IMC) est à 81, tellement élevé que certains calculateurs automatiques d'Internet affichent : « Erreur, êtes-vous sûr d'avoir exprimé votre taille en centimètres ? »

Par chance, le centre cardiovasculaire du CHU vient de s'équiper d'un appareil tout neuf supportant une charge maximum de 250 kilos. Je peux ainsi disposer, en fin d'après-midi, d'images parfaites. Non sans me dire qu'avec l'épidémie d'obésité qui nous frappe nous aurons de plus en plus de problèmes.

Sur les images du scanner, je ne décèle aucune trace de fracture, d'hématome, ni de lésion pouvant découler d'une agression. Deux énormes masses au-dessus des épaules, encadrant la tête et arrivant au même niveau que le sommet du crâne, m'intriguent. Tous les muscles des membres sont séparés les uns des autres par d'épaisses couches de graisse. Je ne décèle rien qui puisse ressembler à un épanchement de sang dans le cerveau, le thorax ou l'abdomen comme on le voit dans les ruptures d'anévrysme. Un seul indice attire mon attention : le tissu pulmonaire n'est pas normal, plus dense qu'habituellement ; la trachée et les bronches semblent envahies de liquide. Il y en a également dans les sinus maxillaires (deux cavités osseuses dans le maxillaire supérieur dont l'inflammation donne les sinusites). À croire qu'il s'est noyé…

Tandis que le service se vide et que la nuit tombe, je me rends dans notre pièce réfrigérée et j'ouvre la housse, tendue à craquer par le volume du corps.

Et là, surprise. Il y a comme trois têtes sur ces épaules : une au centre, la vraie, où deux yeux me fixent comme pour me reprocher cette intrusion, deux sur les côtés, bien rondes. Je tâte : en fait ce sont des boules de graisse. Quant au cou, aucun risque qu'il se fasse étrangler. Il est beaucoup trop large, il n'y a même pas de double menton mais une continuité parfaite entre le bas du visage et le haut du thorax. Tout est en bosses, sans aucun creux.

De retour dans mon bureau, je parcours par curiosité sur Internet les images des hommes les plus gros du monde. Même si le mien n'est pas le plus lourd, c'est celui qui semble le plus massif, à cause de sa petite taille. J'imagine les difficultés qui m'attendent. L'ouverture habituelle, allant du menton au pubis ou inversement, est possible mais il faudra ensuite travailler comme « au fond d'un puits », à bout de bras, avec une visibilité médiocre. D'autre part, aucun bistouri n'a de lame assez longue pour traverser 20 centimètres de gras. Sans compter l'ambiance générale : lorsqu'elle est abondante, la graisse se liquéfie dans les vingt-quatre à quarante-huit heures suivant le décès, répandant partout un suintement couleur citron qui huile les instruments. Le maniement du scalpel dans ces conditions devient extrêmement aléatoire et risqué pour les doigts du légiste.

Si j'abandonne l'incision médiane, il va falloir trouver une autre façon d'aborder le thorax et l'abdomen. Je repense à mes débuts, quand j'ouvrais le corps en levant la peau et la graisse du thorax et de l'abdomen comme un capot de moteur, qui aurait sa charnière au-dessus du pubis. La vision était excellente mais cela faisait deux fois plus de travail pour restaurer le corps. J'avais dû abandonner. Ici, j'imagine le poids du capot, et cela ne règle pas le problème du cou.

D'autres ont sans doute été confrontés aux mêmes difficultés et ont peut-être publié leur expérience. Aussi vais-je sur PubMed, un moteur de recherche spécialiste des publications scientifiques dans tous les domaines médicaux : biochimie, biologie, médecine clinique, économie, éthique, odontologie, pharmacologie, psychiatrie, santé publique, toxicologie, médecine vétérinaire…

J'ai beau essayer les mots-clefs que m'inspire mon cas, je ne trouve rien de spécifique aux autopsies des gros (très gros) obèses. Je sais, un gros obèse, cela frôle le pléonasme. En fait, pour moi, ce jour-là, ça a un sens. Dans le genre modèle exceptionnel, cela se respecte…

Donc, sur PubMed, c'est raté. Malgré mon expérience, je ne trouve pas l'article scientifique qui me permettrait de résoudre mon problème. Qu'à cela ne tienne, je passe sur Google. On y trouve le pire et le meilleur mais, en gardant un esprit critique, on peut faire le tri.

À force de fureter, je tombe sur la publication[1] d'une équipe dirigée par le docteur Piyush Kapila, du Gandhi Medical College, référencée… dans PubMed ! L'incision en S qui pourrait répondre à mon souci ne concerne pas les corps obèses, d'où mon échec précédent avec l'item « obésité ». Elle est conçue pour une meilleure restauration

1. « Development of a new skin incision for conduct of conventional autopsy », *Egyptian Journal of Forensic Sciences*, 2018.

tégumentaire avant la présentation du corps à la famille. L'ouverture démarre au niveau de l'appendice, en bas de l'abdomen à droite, passe au-dessus du pubis jusqu'au côté gauche, remonte verticalement sur le côté jusqu'à la clavicule gauche, repart à l'horizontale vers l'épaule droite, tourne et remonte sur le côté droit du cou jusqu'à l'angle de la mandibule puis repart sous le menton et rejoint l'oreille du côté gauche.

Je ne suis pas convaincu que le résultat soit réellement plus discret que notre classique incision médiane, sauf peut-être pour le cou. Mais dans mon cas, l'avantage de cette proposition est de pouvoir visionner et accéder facilement à tous les organes internes, une fois le « couvercle » graisseux écarté sur le côté du corps.

Reste à trouver l'instrument capable de trancher au moins 20 centimètres de graisse. Un couteau d'anatomopathologiste ? Non, je ne suis pas convaincu par sa lame trop étroite destinée à la section « propre » des organes.

Finalement, c'est ma pratique de chasseur qui vient à ma rescousse. Je me souviens de la découpe d'un sanglier étonnamment gras. J'avais essayé différentes lames et enfin trouvé le couteau magique. Avec sa lame courbe et large de forme Hambourg et son gros manche synthétique au grip extraordinaire, il officie en évitant crispation et fatigue. La lame de 15 centimètres possède, du fait de la courbure, un fil tranchant de 18 centimètres et, affutée par mes soins, elle coupe comme un rasoir. Elle n'est ni trop longue ni trop courte. Sa largeur de 4 centimètres écarte la graisse et maintient le fond de l'incision largement visible. Cela m'avait permis d'arriver directement sur le muscle lors du dépeçage. Une performance alors admirée par mes collègues de découpe.

Le lendemain matin, c'est en petit comité, en quasi-clandestinité, que je commence mon activité.

En effet, quelques semaines plus tôt, en réunion de service, nous avions discuté de la prise en charge des victimes lors des attentats de masse, comme à Paris en 2015.

J'avais émis l'hypothèse que nos boîtes d'autopsie, stérilisées et composées quasi exclusivement d'instruments chirurgicaux usuels, pourraient être mises à disposition des chirurgiens pour sauver les vivants. Pour travailler, il nous faudrait trouver d'autres instruments de la vie quotidienne. J'avais fait un parallèle avec les dissections réalisées lors de la chasse, les couteaux de chasse me semblant les plus appropriés.

Mon idée avait déclenché immédiatement une levée de boucliers : comparer ces deux activités, c'était irréaliste, ce n'était pas éthique, c'était un manque de respect des corps, un recul inacceptable. Un couteau de chasse pour ouvrir les corps ? Et pourquoi pas les découper ensuite ?

Finalement, j'ai décidé de mettre mon idée au service d'une situation exceptionnelle.

Motus donc sur la nouvelle technique spéciale obèse. Seuls les agents d'amphithéâtre sont au courant, d'autant qu'ils sont directement concernés par la restauration du corps.

C'est devant des observateurs très attentifs que j'entame la dissection avec l'instrument magique d'ordinaire réservé à mes activités de chasse. La découpe en S et l'efficacité de ma lame courbe, longue et large, affutée comme un rasoir, confirment les promesses de mon choix. En trois minutes montre en main, je tranche les décimètres de graisse selon le dessin prévu jusqu'aux plans musculaires, je passe sans difficulté entre les muscles et la graisse. Puis je bascule l'énorme capot graisseux de l'abdomen et du thorax sur le côté droit, celui du cou sur le côté gauche. Les agents d'amphithéâtre apprécient et comprennent qu'ils vont pouvoir refermer le corps sans difficulté à l'issue de l'autopsie, en rabattant tout simplement le couvercle, sans que le poids de la graisse écarte les berges comme lors des incisions classiques.

Le résultat est stupéfiant. Une fois l'obstacle adipeux franchi, le corps apparaît tout frêle, fragile, émouvant dans le cocon ouvert de son gras. J'ai l'impression d'être Agent J. dans *Men in Black* lorsqu'il découvre le minuscule Alien dans le corps du géant, à la morgue.

La suite se ramène aux opérations habituelles. J'extrais les organes, exceptionnellement volumineux. Le cœur et la rate sont énormes, le foie est jaune comme un foie gras et pèse 4,45 kilos (contre une moyenne de 1,8 kilo chez un homme bien portant de taille équivalente). Les deux masses situées de part et d'autre de la tête sont bien deux boules de graisse pure.

C'est l'examen de l'appareil respiratoire qui donne le fin mot de l'histoire. Les poumons, les bronches et le pharynx sont pleins de liquide gastrique. L'homme s'est donc noyé dans son vomi !

La régurgitation massive de liquide gastrique dans les bronches est une pathologie favorisée par l'obésité morbide et une cause de décès bien connue chez les obèses. Affaire classée.

Mais je garde une pensée émue pour ce petit homme finalement si fragile sous son armure capitonnée de graisse, qui m'a permis bien involontairement d'exercer ma curiosité et d'avancer dans mes techniques.

Le coucou assassin

Kevin avait réglé une fois pour toutes la question du logement. Il vivait chez les autres. Exclusivement des jeunes femmes, séduites à grands coups d'affabulations, dont il profitait sans vergogne. Roi du bobard, Kevin se glissait dans leur lit comme le coucou dans le nid des autres, jouissait du gîte, du couvert et même de l'argent de poche, jusqu'à ce qu'il soit démasqué. Six fois, déjà, il avait joué sa petite comédie avant de se faire expulser du nid par sa victime. Il aurait dû se méfier du chiffre 7.

En l'occurrence, c'est surtout Chantal, sa septième « logeuse », qui aurait dû faire attention. Lorsque je fais sa connaissance, elle n'a plus la sienne... C'est la règle. Chaque fois que nous sommes invités par la maréchaussée sur une scène de crime, le sujet qui motive notre présence est déjà froid. Cela exclut d'emblée des relations chaleureuses... On s'y fait, à la longue. Même si parfois on aimerait bien discuter un moment avec le client, l'écouter raconter ce que fut son existence, ses joies et ses peines. L'enquête gagnerait en célérité si la victime pouvait expliquer ce qui s'est passé au moment fatal. Hélas, cela ne se produit jamais, sauf à de rares exceptions lorsque le défunt prend le temps de laisser un mot à l'orthographe incertaine désignant un coupable potentiel.

Chantal n'ayant pas eu cette délicate attention, nous devons nous débrouiller avec les gendarmes de Civaux, charmante localité du département de la Vienne et lieu de résidence de la défunte. Ce sont eux qui ont découvert le corps, après avoir été alertés par la curatrice de la demoiselle. Chantal était en effet atteinte de déficience intellectuelle et placée sous « curatelle », mesure judiciaire « destinée à protéger un majeur qui, sans être hors d'état d'agir lui-même, a besoin d'être conseillé ou contrôlé dans certains actes de la vie civile ».

Tout avait commencé un matin de janvier 2016 avec un téléphone portable retrouvé sur un chemin par un promeneur qui, dans un beau geste citoyen, avait rappelé le dernier numéro utilisé alors que d'autres auraient gardé l'engin et changé la carte SIM. Une charmante dame lui avait répondu : « Oui, bonjour Chantal, comment vas-tu ? » La voix mâle du promeneur avait un bref instant laissé la curatrice perplexe avant qu'elle comprenne qu'il était arrivé quelque chose. Car Chantal ne perdait jamais son téléphone.

La curatrice avait immédiatement prévenu les gendarmes. Trouvant porte close et leurs coups de sonnette restant sans effet, ils avaient requis un serrurier, fait ouvrir la porte et visité le domicile sans découvrir la moindre trace de l'occupante.

Après une journée de recherche, pris d'un doute, les gendarmes étaient revenus dans la maison à la nuit tombée, pour une fouille plus poussée. Jusqu'à ce qu'ils forcent la porte des toilettes situées dans la buanderie, au rez-de-chaussée.

C'est Tyffanie, un des légistes de l'équipe, qui est de garde et se déplace.

Lorsqu'elle arrive sur les lieux, la scène figée par les enquêteurs est pour le moins étonnante. Chantal est recroquevillée au pied de la cuvette des WC, coincée entre les deux cloisons latérales. Un ceinturon de cuir noir est passé autour de son cou et attaché par l'autre extrémité à la poignée de la porte. Elle est vêtue d'une guêpière noir et rose, et d'un string noir. Un loup noir sans ouverture pour les yeux lui cache le regard tandis que ses poignets sont immobilisés par une paire de menottes en métal agrémentées de plumes noires.

Tous les ingrédients sont réunis pour suggérer une de ces pratiques autoérotiques bien connues qui parfois tournent mal… Ces manœuvres autoasphyxiques exacerbent les sensations érotiques et cérébrales par l'augmentation du taux de gaz carbonique dans le sang et la gêne du retour veineux du cerveau. Ces « pratiques sexuelles alternatives », dont j'ai déjà eu l'occasion de parler dans le cas du faux plongeur, peuvent être réalisées en solo, en couple, ou plus si affinités, en douceur ou avec violence.

L'extraction du corps de ce local exigu ne se fait pas sans mal. Après quelques manœuvres et contorsions diverses, Tyffanie peut procéder aux premières constatations, et très vite la certitude d'une mise en scène s'impose.

Car Tyffanie a l'œil : la trace du ceinturon sur le cou de la victime ne correspond pas au sillon de strangulation qui est situé juste en dessous. Si la strangulation est certaine, attestée par l'éclatement des petits vaisseaux dans le blanc des yeux et une cyanose marquée du visage, manifestement elle n'a pas eu lieu ici. Simulacre de pratique autoérotique, ou homicide déguisé en accident ? Voici de quoi perturber les enquêteurs qui pourtant en ont vu d'autres.

Enfin, de nombreuses traces de coups, des ecchymoses au niveau des bras, des genoux et du dos complètent le tableau. Il y a un tiers en cause dans cette histoire.

Le lendemain, à l'institut médico-légal, je supervise l'autopsie depuis mon bureau.

Car nous avons établi une nouvelle procédure destinée à nous faciliter la vie quotidienne et à nous conforter dans nos conclusions : dans toutes les affaires criminelles ou celles douteuses et complexes, nous travaillons à deux experts. Non comme dans de nombreux centres en faisant ensemble l'autopsie : j'en ai la pratique et je ne suis pas satisfait du résultat car le plus souvent un légiste réalise l'éviscération des organes, l'autre la dissection, mais sans regard réellement croisé sur le travail.

À Poitiers, un légiste fait seul l'autopsie complète, puis rédige un rapport. Il appelle l'autre en salle s'il a une difficulté ou besoin d'un avis, mais c'est finalement assez rare. Le second légiste, une fois le rapport écrit, reprend tout le dossier, revoit les clichés de l'autopsie, le scanner, lit le rapport, donne son avis et propose éventuellement des modifications. Puis c'est un rapport définitif cosigné par les deux légistes qui est adressé au procureur.

Outre le fait de croiser deux regards sur ces situations souvent complexes, l'avantage de la méthode est que deux personnes dans le service connaissent ainsi le dossier. Lors des reconstitutions, ou lors des assises, n'importe lequel des deux légistes peut être présent, selon les contraintes du service.

C'est ainsi que Tyffanie recense soigneusement l'ensemble des traces de violence et leur position. Marques de contention au niveau des poignets, ecchymoses dans le dos, sur les bras et sur les cuisses, érosions aux genoux et sur les tibias. Tout cela évoque des saisies violentes, des chocs, des frottements.

Chantal, 46 ans, 1,57 mètre pour 68 kilos, a reçu des coups avant d'être étranglée au cours d'un acte sexuel particulièrement « dur » si ce n'est violent, comme l'attestent les traces d'abrasion anale et la congestion des grandes lèvres.

Un an et bien des autopsies plus tard, nous recevons tous les deux une convocation du juge d'instruction pour la reconstitution criminelle.

À la lecture de la procédure, je comprends qu'un suspect a été appréhendé : le petit ami de la victime, un certain Kevin. Il a reconnu qu'il s'agissait d'un « accident » survenu au cours de pratiques sexuelles alternatives très appréciées par la défunte. C'est même à la demande de cette dernière que Kevin aurait passé le ceinturon autour de son cou avant de serrer.

C'est donc surtout la faute de Chantal si elle est morte. En proie à un moment de panique, Kevin aurait cherché à maquiller le drame en organisant la mise en scène dans les toilettes de la buanderie, avant de s'enfuir.

Le jour de la reconstitution, première impression en arrivant sur les lieux : ça pue. Une odeur de pourri flotte dans toute la maison. Pourtant, je suis bien certain que le corps a été inhumé. Mais après la mort de la locataire, les scellés ont été apposés, interdisant à toute personne de pénétrer dans les lieux, puis, faute du règlement des factures, EDF a coupé le courant. Le contenu du frigo a commencé à tourner de l'œil, bientôt suivi par les victuailles dans le congélateur. Et voilà le travail.

Personnellement, je possède une grande expérience et une aussi grande habitude de ces fumets infernaux. J'ai connu bien pire. Ce qui n'est pas le cas de certains des participants, dont les mines s'allongent aussi vite que les teints pâlissent. L'avocat du mis en examen, tout juste descendu de sa luxueuse Maserati, tamponne délicatement ses narines avec un mouchoir. Enfin, le juge fait appeler Kevin, qui apparaît tenu en laisse par trois fonctionnaires de l'administration pénitentiaire. On peut commencer.

Au moment de me diriger vers les deux chambres à l'étage, je repère une photo d'enfant dans un cadre, sur la bibliothèque en pin du séjour. Bizarre. Je n'ai pas souvenir que Chantal ait un garçonnet dans son environnement proche.

Puis je me glisse dans l'escalier, à la suite de la troupe.

Première station, la chambre à droite. C'est là, selon Kevin, que les activités sexuelles commencent. Chantal est à quatre pattes sur la carpette faite de fibres synthétiques assez rugueuses. Voilà qui explique les abrasions aux genoux. Un classique de la médecine légale, un phénomène que les Anglo-Saxons appellent le *carpet burning*, les brûlures de tapis. Pour certains (mais rien n'est moins sûr), le terme est en fait une référence cynique au *carpet bombing* de la guerre au Vietnam.

La suite du programme se déroule dans l'autre chambre, sur le lit. Kevin ayant refusé de jouer son propre rôle, c'est un gendarme en civil qui s'acharne sur le mannequin de toile et de paille, selon les indications du mis en examen. Pose des menottes, mise en place du loup, retournement, la victime est maintenant sur le ventre, son assaillant assis sur elle à califourchon. « Là, je lui masse le dos », précise Kevin. Hum, je tique. Drôle de massage, si c'est lui qui a laissé les hématomes dans le dos... Puis il décrit la scène du ceinturon, qu'il serre autour du cou de Chantal « parce qu'elle le demande ».

— Et ? insiste le juge d'instruction.

— Elle ne bougeait plus. J'ai tâté le pouls, il ne battait plus. J'ai compris qu'elle était morte.

Kevin décide de descendre le corps par l'escalier.

Tout le monde fait mouvement pour suivre la scène. Le gendarme porte le mannequin sous les bras et entame la descente. À chaque marche, les talons de la victime fictive heurtent l'escalier. Or, je n'ai aucune trace observable sur le corps. Je doute que la manœuvre se soit déroulée ainsi.

Puis il va aux toilettes, ouvre la porte, installe le cadavre avec le ceinturon. Enfin, il fait le ménage et s'enfuit. C'est sa version.

Des interrogations persistent. Les enquêteurs ne savent toujours pas pourquoi Kevin a rassemblé toutes les affaires de Chantal dans une quinzaine de gros sacs-poubelle noirs entassés dans un cagibi. Tout ce qui pouvait rappeler la présence de la locataire en titre a été soigneusement ramassé.

La reconstitution tire à sa fin. Le juge se tourne vers nous.

— Avez-vous des questions ?

— Oui, monsieur le juge. La séquence qui a été décrite n'explique pas tout. Il manque des éléments. Pouvez-vous demander à monsieur comment il explique la présence des nombreux hématomes sur le corps de la victime ?

— Monsieur, vous pouvez répondre à la question de l'expert ?

— Euh, non, je ne sais pas, il ne s'est rien passé d'autre que ce que j'ai dit. C'est dans l'escalier. Les hématomes, ça vient de l'escalier. En plus, en bas, on est tombés ensemble.

Kevin ment. Son récit ne colle pas avec les lésions qui témoignent de plusieurs événements violents avant l'étranglement final. En particulier, les deux gros hématomes relevés au niveau des omoplates. À mon avis, pour mieux l'étrangler alors que Chantal se débattait, Kevin l'a immobilisée en lui enfonçant ses genoux dans le dos. On est loin du jeu du ceinturon qui tourne mal.

J'en reste là de cette affaire jusqu'au 23 janvier 2019, date à laquelle s'ouvre le procès devant les assises de la Vienne, à Poitiers. Surprise, je suis le seul convoqué, la présidente n'a pas fait venir Tyffanie.

D'habitude, le légiste est convoqué pour l'heure de son passage à la barre, mais aujourd'hui ce n'est pas le cas. La présidente m'a fait venir au moment des auditions des témoins. Elle passe au crible les déclarations des ex-petites copines, insistant sans relâche sur les moindres détails. Pendant deux heures, elle cuisine l'accusé en confrontant ses déclarations à celles des témoins, qu'elle n'hésite pas à malmener. L'ambiance est tendue, le banc est dur et j'ai mal aux fesses ; j'ai aussi du mal à comprendre où elle veut en venir. Je me demande ce que je fais là.

Kevin a réponse à tout, sauf quand les questions deviennent trop précises, trop pressantes, et risquent de dévoiler ses contradictions, ses mensonges. Là, Kevin fait une pirouette : « Je ne répondrai pas à votre question. » Ou, plus simplement : « Je ne me souviens plus. » Une phrase qui revient de plus en plus souvent au fil des questions.

Peu à peu, j'y vois plus clair : la présidente veut savoir qui est dans le box des accusés. Un mythomane, sorte de menteur pathologique qui se crée une fiction fantasmatique, ou un homme normal qui ment consciemment avec une motivation utilitaire ?

Au fil des témoignages des ex-petites copines, les mensonges de Kevin apparaissent parfaitement organisés avec des thématiques communes. Cela facilite le mensonge, quand il est bien rodé, on risque moins de se contredire. Il est militaire, a été blessé en opérations extérieures, possède des voitures de luxe, ses parents sont décédés, il est le père d'un jeune enfant... Avec des variantes. Mais tout est faux. Malgré cela, le résultat est obtenu : toutes y croient et l'accueillent à domicile où il s'installe comme un parasite, payant quelques bricoles au début de la vie commune avant de se laisser entretenir.

La déposition des enquêteurs à la barre finit d'éclairer tout le dossier d'un jour cruel et d'enfoncer le clou (à commencer par la personnalité de l'auteur, grand amateur du IIIe Reich et connu sous le pseudonyme de Waffen Kevin sur les réseaux sociaux).

D'une enfance chaotique, avec un abandon par la mère et un rejet par un père suicidaire, il bascule à l'adolescence entre délinquance et toxicomanie. On a connu des parcours plus propices à l'épanouissement personnel. Pour autant, toutes les victimes d'enfances difficiles ne deviennent pas des criminels…

Adulte, Kevin adopte donc la stratégie du coucou : il séduit des femmes, s'installe sous leur toit et vit à leurs crochets. Cela dure quelques semaines ou quelques mois, peu importe. Lorsqu'il est mis à la porte, il se fait hospitaliser en psychiatrie, simulant un état dépressif grave dû à une rupture amoureuse, le temps de trouver une nouvelle « poire ».

Les médecins (qui ont une tendance naturelle à croire les malades, sauf le Dr House, qui répète à l'envi que « tout le monde ment ») se font avoir en beauté et gardent au chaud le coucou dans son nouveau nid psychiatrique. Puis Kevin repart, c'est l'enVol au-dessus du nid de coucou… Ce que j'appellerais, si j'osais, faire son cinéma.

Les enquêteurs ont également un avis très affirmé sur la préméditation et ne croient pas au jeu sexuel qui aurait mal tourné. La preuve, ses consultations sur Internet peu avant le crime, alors que Chantal est partie faire des courses. Les mots-clefs ? Strangulation, asphyxie.

Suspension d'audience. Un journaliste me reconnaît et s'approche :

— Docteur, c'est un mythomane ?

Du tac au tac je lui réponds :

— Non, c'est un menteur, simplement un menteur. Mais avec des objectifs…

C'est enfin mon tour, alors que la soirée est bien avancée.

Comme à mon habitude lorsque le cas a justifié plusieurs interventions du service avec différents praticiens (ici, la levée de corps, l'autopsie, la reconstitution, les réponses au juge d'instruction sur la compatibilité des lésions avec les déclarations du mis en examen), je fais une synthèse, en pointant systématiquement les incohérences des déclarations.

Une strangulation avec la ceinture ? Oui, mais un acte recommencé à deux ou trois reprises jusqu'à conduire à l'asphyxie.

Les hématomes ? Impossible qu'ils soient la conséquence du transport du corps dans les WC, après le décès, car le cœur doit battre pour qu'ils se constituent. Sans doute la pression des genoux dans le dos, lors de la strangulation, qui a été violente.

Les autres ecchymoses, les érosions des genoux ? Dans ce que dit Kevin, il manque quelque chose. Mais il n'en démord pas : « Je n'ai pas porté de coups. Dans le dos, c'étaient des massages. » Finalement, à part pour les *carpet burning*, Kevin nous balade.

Jusque-là, je faisais face de façon permanente à la cour, comme le veut l'usage, les échanges transitant par la présidente. Mais je ne résiste pas et, transgressant la règle, je me tourne vers Kevin et son avocat et leur tends une perche :

— Tout à l'heure, à de multiples reprises, en réponse aux questions de madame la présidente, vous avez mentionné que vous ne vous souveniez plus. Est-il possible que, là aussi, vos souvenirs soient incomplets, que vous ayez oublié ?

L'avocat :

— Oui, est-il possible que vous ne vous souveniez plus ? Cela permettrait d'expliquer les traces…

La présidente :

— Répondez à l'expert, monsieur. Est-il possible que vous ne vous souveniez plus ?

Kevin baisse la tête, réfléchit un long moment. On entendrait une mouche voler. Puis il se redresse, me regarde droit dans les yeux : « Je ne change pas mes déclarations. »

Nous n'aurons jamais la vérité. Cependant, le scénario a fini par se construire.

Dans cette routine bien établie, Chantal dénotait un peu. Pour Kevin, cette fois-ci, c'était sexuel. Essentiellement sexuel, car Chantal vivotait des minima sociaux et Kevin aurait rapidement dû retourner dans son nid psychiatrique en attendant de trouver mieux. En revanche, il fondait des espoirs sur sa nouvelle conquête, Maud, draguée sur un site de rencontres en ligne. Mais la donzelle avait mis une condition pour aller plus loin : elle voulait être invitée chez Kevin. Et vite. Or le coucou n'avait pas de nid personnel et il ne fallait pas que sa proie lui échappe.

Qu'à cela ne tienne. Il avait étranglé l'occupante en titre, ramassé toutes ses affaires dans des sacs-poubelle soigneusement entassés dans le garage, posé un cadre avec une photo de garçonnet découpée dans un magazine – il avait raconté à Maud qu'il était le père d'un enfant.

Le soir même, il accueillait Maud et couchait avec elle dans le lit où il venait de tuer Chantal. Imaginait-il pouvoir se faire passer pour le propriétaire définitivement ? Impossible à dire, mais pourquoi pas. Un mensonge de plus ou de moins…

Kevin a été condamné à vingt-sept années de réclusion criminelle, malgré tous les efforts de l'avocat à la Maserati et de son staff. Il n'a pas fait appel.

Je sors du palais de justice en même temps que le directeur d'enquête.

— Vous avez une sacrée équipe avec vous, docteur…

Je souris intérieurement, pensant aux fortes personnalités qui m'entourent. Compétentes, mais pas toujours faciles à vivre…

— Oui, elles sont assez extraordinaires.

— Et Tyffanie, quel coup d'œil ! Dès le début, elle a compris que c'était une mise en scène.

— Je suis d'accord, mais, en même temps, c'était assez facile !

— Facile ? Vous trouvez ? Nous, on y croyait presque, tellement c'était bien fait !

— Oui, mais il y avait un loup…

— Je sais qu'il y avait le loup. Mais vous savez c'est commun dans le milieu sadomaso… avec les menottes !

— Non, je n'ai pas dit « le loup », j'ai dit « un loup ». Il y avait un loup. Un loupé. Jadis, on disait « il y a un loup » pour parler des défauts de fabrication. Le loup, c'était la place de la ceinture, juste au-dessus d'un sillon sur le cou. La trace du ceinturon ne correspondait pas au sillon.

— Ah, d'accord. Le loup, c'était la ceinture…

— Oui, c'est ce que je dis, il y avait un loup.

— Mais alors, le loup…

Je laisse l'enquêteur à sa réflexion et me dirige vers ma voiture, un peu fatigué.

Un véto à l'Ehpad

Que vient faire cet homme qui se faufile, au petit matin, dans une chambre de cet Ehpad modèle de Charente-Maritime ? Une aide-soignante passant par hasard dans le couloir a aperçu la silhouette furtive, chargée d'une boîte métallique grise et d'un sac à l'enseigne d'une pharmacie. Pourtant, ce n'est ni l'heure des visites, ni celle des soins. Intriguée, elle se dirige vers la chambre, ouvre la porte et découvre un étrange spectacle. L'homme est au chevet de la pensionnaire, une vieille dame de 92 ans qui vit ses dernières heures.

En accord avec la famille, l'équipe médicale qui la suit depuis un an a enclenché le processus de fin de vie par une sédation profonde et continue, et un arrêt de l'hydratation. Tous ses médicaments ont déjà été arrêtés depuis dix jours, elle ne bénéficie plus que de sédatifs.

À l'entrée de la soignante, l'homme se redresse brusquement. Il a dans les mains une poche de plastique remplie d'un liquide transparent, reliée par une tubulure à une aiguille plantée dans le bras de la dame endormie.

— Mais qu'est-ce que vous faites ? Ça ne va pas ? Vous n'avez pas le droit…

— Je suis son fils, madame, et je ne laisserai pas ma mère mourir de soif. C'est inadmissible. Indigne.

Appel à l'aide, arrivée des infirmières, confusion autour du lit. L'homme ne se laisse pas approcher.

— Je suis vétérinaire et je fais tout pour accorder une fin digne aux animaux. Ma mère mérite-t-elle moins ? Certainement pas. Alors je viens de lui poser une perfusion. Elle ne mourra pas de soif.

Après une courte bousculade et l'entrée de deux autres personnes venues à la rescousse, l'homme est raccompagné à l'extérieur, le matériel de perfusion retiré et mis en lieu sûr. Un peu plus tard dans la matinée, la patiente décède. Le médecin de l'Ehpad signe le certificat de décès.

Entre-temps, la direction de l'établissement a alerté le procureur de la République sur cet incident. Le magistrat ordonne immédiatement le placement sous séquestre du matériel en cause et une autopsie de la défunte pour « recherche des causes de la mort ».

L'enfer étant pavé de bonnes intentions, le fils aurait-il accéléré la fin de sa mère sous couvert de vouloir la soulager ? Telle est la question qui m'est posée au travers de la réquisition. Malheureusement, ma réponse est loin de satisfaire le procureur. La cause du décès, un œdème pulmonaire massif, peut en effet être liée à un empoisonnement ou à une décompensation de la pathologie cardiaque dont souffrait la dame. Il faut donc attendre les résultats des analyses toxicologiques des prélèvements de sang et du liquide contenu dans les poches de perfusion apportées par le fils.

Je profite de ce délai pour relire le dossier médical de la défunte, qui m'a été confié après une saisie en règle. Pas de quoi envisager la vieillesse avec sérénité.

Hospitalisée depuis un an, elle présentait un tableau clinique très lourd, avec des troubles du rythme cardiaque, une hypertension artérielle sévère, un diabète difficile à équilibrer, une artérite des membres inférieurs. Pour la maintenir en vie malgré ces pathologies, la liste impressionnante de ses médicaments était réactualisée toutes les semaines.

Un équilibre précaire s'était établi, avec des périodes difficiles et son lot de médicaments supplémentaires : je note une alternance de constipation et de diarrhée, l'apparition puis la disparition d'œdèmes, des épisodes d'insomnie ou d'hypersomnie, un fléchissement de l'humeur confinant à la dépression…

Le maintien en position allongée lui avait également occasionné des escarres. Ces lésions très douloureuses se forment au niveau des points d'appui permanents du corps sur le matelas, typiquement le bas du dos, au niveau du sacrum, et les talons. Sous l'effet de la pression du corps, la circulation sanguine s'interrompt dans ces zones, les tissus ne sont plus oxygénés et se nécrosent.

Malgré les soins de prévention et les massages, la patiente avait développé des escarres importantes, dont certaines s'étaient surinfectées et dont la cicatrisation semblait ne jamais vouloir commencer. Les séances de pansement étaient si douloureuses qu'il fallait lui injecter des doses de morphine, sans parvenir à effacer complètement ses souffrances. Quelques mois auparavant, une infection sévère des escarres au niveau du sacrum avait nécessité un traitement antibiotique par intraveineuse et intramusculaire.

Au fil des mois, elle semblait de moins en moins réactive. Les soignants l'avaient retrouvée à plusieurs reprises en fâcheuse position, coincée dans la barrière de son lit, assise sur les repose-pieds du fauteuil ou par terre, à même le sol. Puis les soins des escarres étaient devenus insupportables malgré la morphine.

C'est alors que l'équipe avait discuté avec la famille. La malade refusait tout acharnement thérapeutique et avait, circonstance peu fréquente, rédigé ses directives anticipées. Ces consignes, que chacun peut mettre sur le papier, permettent à l'équipe soignante de connaître nos volontés en matière de fin de vie si nous nous trouvions dans l'incapacité de nous exprimer. Tout y était clairement exprimé, jusqu'au soulagement des souffrances, même si cela avait pour effet d'abréger sa vie.

La fin de vie était donc programmée avec l'assentiment de toute la famille. Sauf de son fils vétérinaire.

Enfin, les analyses reviennent du labo. Le sang et les urines de la défunte contiennent des traces de morphine, du midazolam et du fentanyl, le tout à dose très faible et non toxique. Toutes ces molécules correspondent aux dernières prescriptions médicales de l'équipe soignante. Mais l'automate, récemment acquis par le service de toxicologie, a également retrouvé des traces de plus d'une quinzaine d'autres médicaments qui normalement ne devraient pas être là.

Un peu surpris, le toxicologue en chef me sollicite :

— Peux-tu comparer la liste de mes résultats et les prescriptions de ta patiente, me dire quand elles ont été suspendues ?

Un travail fastidieux mais les enjeux sont de taille et je m'y prête bien volontiers.

Deux heures plus tard, c'est une certitude : sa machine a mis en évidence toutes les molécules administrées à la malheureuse pendant le mois précédent et arrêtées il y a dix jours. Le toxicologue exulte :

— Je n'en reviens pas. Certes, c'est à l'état de traces, mais c'est fantastique. Tes empoisonneurs n'ont qu'à bien se tenir !

Dans le matériel du véto, poches de plasma, tubulures et seringues, du chlorure de sodium uniquement. Du sel. Il s'agissait donc bien de liquide d'hydratation.

La vieille dame est morte au terme d'un protocole médical de fin de vie, des suites d'un œdème pulmonaire massif lié à sa pathologie cardiaque et à son état général. L'intervention du fils dans le processus n'a fait que jeter un doute bien inutile sur les causes du décès. Il n'a pas été poursuivi.

Le crâne

D'ordinaire, je découpe. C'est le métier qui veut ça. La recherche des causes de la mort, mission que me confie la justice, l'exige. Alors j'incise, je tranche, je prélève. J'extrais chaque organe, j'examine, je pèse. Un démontage en règle de la belle mécanique humaine, afin de trouver ce qui a interrompu inopinément son fonctionnement.

Mais en ce beau matin de l'automne 2010, pour une fois, je vais procéder à l'opération inverse. Un remontage. Devant moi, j'ai placé la trentaine de fragments osseux récupérés sur une scène de crime. C'est tout ce qu'il reste du crâne de la victime. À moi de tenter d'en retrouver la forme initiale.

Le principe est simple : c'est un puzzle en trois dimensions, il peut manquer des pièces et je n'ai pas droit à la colle. Ou alors il faut pouvoir décoller en cas d'erreur. Il n'y a pas de modèle, mais sauf surprise, c'est un crâne humain, donc je connais son anatomie : un fragment d'os temporal droit n'est pas construit comme un morceau d'os frontal. Avant de commencer, je réfléchis et j'organise la suite.

Le premier temps sera une reconnaissance rapide de chaque pièce. Puis j'utiliserai la bonne vieille méthode des essais et des erreurs : à chaque pièce ses voisines, si la concordance spatiale n'est pas obtenue entre deux pièces, c'est qu'il y a un gag.

La difficulté sera la troisième dimension. Le défi est de reconstruire un volume fait de pièces minces sans que l'ensemble s'effondre sous l'effet de la pesanteur. Il faut donc trouver un moyen de stabiliser les morceaux les uns avec les autres, avec une méthode réversible pour corriger les éventuelles erreurs.

J'élimine immédiatement ce qui pourrait être logique pour un chirurgien maxillo-facial : faire des ostéosynthèses au fil d'acier ou de laiton. Il faudrait repérer deux fragments contigus, percer des petits trous dans les fragments, enfiler le fil d'acier dans les trous qui se font face, puis serrer le fil. Vu le nombre de fragments, de trous à réaliser et de fils à serrer, je risque d'y passer la journée.

J'élimine aussi une tentation qui paraîtrait pourtant logique : la grande gamme des colles instantanées. Leur objectif est d'obtenir la meilleure adhérence possible entre les pièces collées, alors que moi je cherche précisément le contraire : une colle faible et molle qui me permette de petits ajustements voire de décoller mes fragments.

Je pense alors aux cires collantes utilisées dans les laboratoires de prothèses dentaires. Il en existe une gamme infinie, plus ou moins molles, plus ou moins collantes, et je trouverai facilement mon bonheur dans les catalogues spécialisés. Mais il va falloir passer une commande ! Et au CHU, c'est toute une aventure… Dans le meilleur des cas, je serai livré dans quelques mois. Ou alors demander des échantillons à Pierre Fronty, mon ami dentiste, expert en identification et paléontologue ? Au moment où je saisis mon téléphone pour l'appeler, mon regard se fige sur le carton du scellé qui contenait mes morceaux : de la cire à sceller !

La voilà, la solution. En bâtons, elle s'utilise avec un pistolet à cire. Nous y avons régulièrement recours pour reconstituer les scellés judiciaires après leur exploitation et j'ai tout ce qu'il faut sous la main, il me suffit de choisir la cire la moins rigide de notre gamme.

Et c'est parti ! Lorsqu'un fragment semble être à la bonne place, je le cale avec un petit bourrelet de cire molle. Après une bonne heure de ce petit manège, j'ai en face de moi un crâne presque complet, tout bariolé de jolis liserés de cire rouge. Hélas, si la voûte est complète à un petit morceau près, il me manque certains os des orbites et, surtout, toute la base du crâne. C'est cette partie du crâne qui sépare le cerveau des muscles du cou et de toute la partie du visage située en avant des oreilles.

C'est le moment de faire le bilan des lésions.

À ce moment, j'ai quelques pensées totalement dénuées d'empathie envers le gendarme qui a récupéré le corps, quelques jours plus tôt, en Charente-Maritime, tout près de Marennes, dans les bois de Bourcefranc.

Un ramasseur de champignons (ce sont nos meilleurs pourvoyeurs de squelettes car ils ont un œil exercé par la recherche de leurs mets préférés) y avait découvert les restes d'un corps totalement décomposé, réduit à l'état de squelette entouré de quelques fragments de vêtements. Compte tenu de la météo des semaines précédentes, de l'humidité du bois, de l'acidité du sol, la mort remontait à quelques semaines.

Aussitôt mis en alerte, mon service avait proposé de se déplacer pour récupérer la dépouille. Une offre que le gendarme, au bout du fil, avait décliné de façon ferme et définitive. « Pas la peine, on a tout ce qu'il faut, on vous l'envoie. » Sous-entendu : « Nous aussi on est compétents. » Ne désirant pas de bataille d'ego, après avoir lourdement insisté, nous sommes restés aux ordres, naïvement confiants.

Pour l'envoyer, il l'a envoyé. Je suppose qu'il avait participé au ramassage…

Les premières images du scanner, réalisées à l'arrivée de la housse mortuaire et avant son ouverture, donnaient l'impression d'un Mikado géant. Un saccage. Quant au crâne ou à ce qu'il en restait, il avait été glissé furtivement dans le sac à la hauteur du bassin. Une position assez peu anatomique qui traduisait une récupération à la va-comme-je-te-pousse après un « incident » lors du ramassage.

Cet écrasement de la boîte crânienne, manifestement post mortem, évoquait l'action inopportune d'une pointure 45 fillette. Ce que, bien sûr, le représentant de la maréchaussée a toujours nié avec force et vigueur. N'empêche. Pour sa défense, il a ajouté plus tard : « Vous n'avez pas voulu vous déplacer. Alors j'ai fait ce que j'ai pu… » Comme quoi, la mauvaise foi…

Je reviens à mes lésions.

Le côté gauche de la mandibule est fracturé. Interrogation : coup porté du vivant ou écrasement par une semelle inattentive lors du ramassage peu précautionneux ? Impossible à savoir, mais le type de fracture ressemble à ce que l'on observe dans les suites des rixes.

Sur la voûte du crâne, il manque un rectangle d'os, ouvrant comme une fenêtre sur le cerveau disparu… Le morceau manquant ne figure pas dans les débris à ma disposition, mais il a pu être perdu lors du ramassage. Cependant, cette forme très régulière m'intrigue : elle pourrait correspondre à un coup violent par un objet contondant, de type marteau, par exemple.

Mais le meilleur reste à venir : un joli trou bien régulier d'environ 25 millimètres de diamètre aux bords crénelés colorés par un dépôt gris. Pas très loin de la nuque. C'est une charge de petits plombs qui a fait cela. Les plombs commençaient tout juste à se disperser, ce qui explique les bords irréguliers et l'absence de petites perforations.

La charge « a fait balle », comme un lingot de 20 à 30 grammes de plombs (selon la cartouche et le fusil) qui a pénétré le crâne. L'ensemble est caractéristique d'un tir à courte distance. Plus loin, dans un tir à distance, les plombs dispersés auraient créé de petits orifices ou se seraient écrasés sur la paroi. Plus près, à bout touchant, les berges ne seraient pas crénelées.

Puis la charge a dilacéré le cerveau avant de… de quoi ? Je ne peux pas le dire, il manque la base du crâne et certains os des orbites. Quoi qu'il en soit, la victime a été tuée sur le coup.

Dans le même temps, mon équipe s'est attelée à l'examen du squelette malodorant. Des restes porteurs d'indices.

Les vêtements, d'abord. Un pantalon, un caleçon, une paire de baskets noires, un tee-shirt présentant deux orifices circulaires, l'un au niveau de la manche gauche, l'autre sur la poitrine, à gauche également.

Les objets, ensuite. À l'avant-bras, une montre de marque Festina ; dans une poche, un téléphone portable.

Des bijoux, enfin. Parmi les restes, des piercings et une chaîne dorée.

Les enquêteurs, qui ont fait le rapprochement avec une disparition signalée un mois plus tôt, disposent d'une identité présumée, un certain Damien D., 27 ans. Sur les photos de la victime fournies par sa famille figurent lesdits piercings, la chaîne et une montre similaire.

Du corps proprement dit, il ne reste que les ossements, quelques parties d'organes au niveau du bassin, un peu de tissu graisseux et musculaire d'une cuisse. C'est tout. L'examen du thorax retrouve six fractures de côtes à gauche et les composants d'une munition de chasse : de nombreux plombs et une « jupe » en plastique.

La jupe est une sorte de petit godet contenant les billes de plomb dans la cartouche. Au moment du tir, elle atténue la friction de la charge dans le canon et évite une trop grande dispersion de la gerbe de plombs. Ou au contraire les disperse, selon sa forme, l'objectif du fabricant et les caractéristiques de l'arme.

Tout concorde pour affirmer qu'un tir a été effectué sur le côté gauche. D'arrière en avant. Quant aux fractures de côtes, elles sont trop nombreuses pour être en lien avec le coup de feu. Des coups portés sur le flanc ? Un effet du 45 fillette ? Impossible de répondre. Dans le Mikado géant, aucun autre indice ne nous permet d'être plus précis.

Le rapport d'autopsie remis à l'autorité judiciaire conclut à une mort par arme à feu de type fusil de chasse et les traces de deux tirs, chacun ayant été mortel. L'un au niveau de la poitrine, qui a provoqué une hémorragie massive et incapacitante immédiate. L'autre en pleine tête, avec destruction de la matière cérébrale. Les tirs ont été effectués à courte distance, de l'ordre de 90 centimètres à 1 mètre, sans qu'il soit possible d'être plus précis. Les plombs retrouvés au niveau thoracique sont très déformés mais peuvent correspondre à du numéro 6.

Peu après, l'étude ADN confirme l'identité. Le corps ou ce qu'il en reste n'est plus utile à l'enquête : le procureur signe le permis d'inhumer et Damien D. quitte enfin nos locaux pour une inhumation en règle.

Puis je passe à autre chose. De temps à autre, j'ai quelques échos de l'enquête qui patine, faute de la moindre piste. Un juge d'instruction a été désigné.

La gendarmerie interpelle finalement un caïd local au casier judiciaire bien garni, Vincent M., et sa petite amie, Émilie. En garde à vue, la demoiselle dénonce son compagnon, qui lui aurait avoué le crime. Selon elle, Vincent trouvait que Damien tournait trop autour d'elle. Mais devant le juge d'instruction, ladite Émilie revient sur ses déclarations. Pour les gendarmes, tout repart de zéro.

Entre-temps, le juge d'instruction a changé de juridiction. Son successeur reprend le dossier et, pour avancer, ordonne une nouvelle expertise médico-légale avec exhumation à la clé. Il désigne un expert de la région voisine, médecin légiste spécialiste d'anthropologie médico-légale (l'étude des vieux os) en lui demandant de réexaminer le crâne et les vêtements de la victime.

Je ne suis évidemment pas informé de ces diverses péripéties. Une fois les autopsies terminées, nous ne sommes pas tenus au courant des suites de chaque affaire. Fort heureusement, car nous avons mille autres choses à faire. Les nouvelles, nous les avons le plus souvent par la presse locale lorsqu'un événement nouveau intervient dans une affaire que nous avons eue en charge.

C'est dire si je tombe des nues lorsque je reçois l'appel d'un gendarme de la Section de recherches de Poitiers.

— Docteur Sapanet, j'ai besoin de vous entendre au sujet du crâne, dans l'affaire Damien D.

— Pas de problème, passez à l'institut quand vous voulez.

— Ah, non, je ne peux pas, je dois vous entendre dans nos locaux.

— Ah ? Bon, je viens.

Une légère inquiétude commence à poindre dans mon esprit. L'invitation est pour le moins inhabituelle. J'en ai confirmation à peine installé dans les bureaux de la Section de recherches.

— Docteur, je vous entends sur commission rogatoire du juge d'instruction dans le décès de Damien D.

Le ton n'est pas du tout aimable, de quoi me donner l'impression d'être coupable. Mince alors. J'espère que je ne vais pas finir en garde à vue. J'aime les expériences nouvelles et si possible un peu limites, mais celle-ci ne me dit franchement rien. Le gendarme qui vient de faire cette entrée en matière est installé devant son ordinateur et tape consciencieusement sur le clavier tout en s'adressant à moi.

— Docteur, dans cette affaire, vous êtes expert. Je ne vous fais pas prêter serment.

En effet, il ne peut pas : ce sont les témoins qui prêtent serment, pas les experts.

— Vous avez reçu pour mission de rendre le corps du dénommé Damien D. à sa famille pour son inhumation. Celle-ci a bien été réalisée. À ceci près qu'il s'avère, après exhumation, que le crâne est absent. Le magistrat veut savoir pourquoi cet ordre n'a pas été suivi d'effet.

— L'ordre a été exécuté. Le permis d'inhumer a été signé par le procureur et le corps a été restitué à la famille.

— Mais vous avez gardé le crâne.

— Le crâne était sous scellé, c'est noté dans la procédure.

— Mais un permis d'inhumer, c'est bien pour rendre le corps à la famille, non ? Pourquoi ne pas l'avoir restitué à la famille ?

Le gendarme a un fin sourire. Nous avons entamé un jeu du chat et de la souris.

— Le corps a été restitué.

— Mais pas le crâne.

— Normal, c'était un scellé.

— Oui, mais le crâne fait bien partie du corps, alors pourquoi ne pas l'avoir rendu ?

— Parce que, dès lors qu'il était sous scellé, le crâne ne faisait plus partie du corps. Ce n'était plus un crâne, c'était un scellé. On ne peut pas inhumer un scellé. Si cela avait été un crâne, il aurait été inhumé avec le corps.

— Docteur, ne jouez pas sur les mots. Un corps comprend son crâne, non ?

— En général… Quoique, certains jours, j'ai des doutes.

— Docteur, cette affaire est sérieuse, ne la prenez pas à la légère. On vous demandait de rendre le corps et le crâne. Le crâne a disparu. Vous avez une explication ?

— Si le procureur avait voulu que le crâne soit rendu à la famille, il aurait levé la mise sous scellé du crâne. Le scellé serait redevenu un crâne et serait parti avec le corps.

— Docteur, je reprends ma question. Un permis d'inhumer, c'est bien pour rendre le corps à la famille, non ?

— Vous l'avez déjà dit et j'ai déjà répondu. Le corps, oui, mais pas les scellés ! Un permis d'inhumer, ce n'est pas une levée de scellés, ni une restitution de scellés, ni un ordre d'inhumer un scellé.

— Vous n'êtes pas un peu de mauvaise foi ?

— Pas plus que vous.

— Pardon ?

— Un scellé, c'est un objet, un élément, un échantillon biologique placé sous la garde de la justice. Cela constitue une preuve judiciaire. Vous le savez pertinemment. Ce n'est pas à vous que je vais apprendre la procédure pénale qui gère le devenir des scellés...

— Et pourquoi avoir gardé ce crâne ?

— Je n'ai pas gardé le crâne, j'ai gardé un scellé. J'avais une réquisition de conservation pour ce scellé, quel que soit son contenu. Elle est d'ailleurs toujours valable.

— Et pourquoi ne pas avoir mentionné que le corps était dépourvu de tête ?

— Vous êtes mal renseigné.

Le gendarme a un sursaut, se retient et attend la suite.

— Le rapport d'autopsie précisait que le crâne avait été mis sous scellé par les enquêteurs pour des explorations ultérieures. À titre conservatoire. Votre juge d'instruction n'a pas lu le rapport ni le procès-verbal d'assistance à autopsie, dans la procédure ?

— Et pourquoi l'avoir mis sous scellé ?

— Comme je l'ai dit. Pour des explorations complémentaires.

— Lesquelles ?

— Le crâne présentait un orifice compatible avec un tir d'arme à feu. La preuve formelle nécessitait une analyse plus approfondie des berges osseuses de l'orifice. J'ai transmis cette information par e-mail à l'enquêteur avec mes premières conclusions, le jour même. Et je l'ai écrit dans mon rapport au procureur. Votre enquêteur n'a pas lu mon e-mail ? Ni mes premières conclusions ? Décidément, personne n'a lu le dossier !

— Ce n'est pas mon enquêteur et ce n'est pas le problème.

— Si, précisément, c'est le problème. À quoi cela sert-il que nous fassions des recommandations techniques, des prescriptions d'examens, s'ils ne sont pas réalisés ? C'est consternant. C'est un des problèmes de la médecine légale en France. Nous sommes des scientifiques, nous prescrivons des examens, et ce sont des gens sans aucune compétence scientifique qui décident de les faire ou non. Cela m'agace profondément.

— Docteur, où est ce crâne ?

— Vous voulez parler du scellé qui contient le crâne de Damien D., je suppose ?

Le gendarme pousse un soupir. Je reprends :

— Vous auriez pu commencer par là, nous aurions gagné du temps ! Ce scellé est mentionné dans le procès-verbal d'assistance à autopsie des enquêteurs. Il est répertorié dans notre inventaire avec sa date d'entrée sous la référence AUT/Damien D/crâne. Ce n'est pas une référence originale mais avec elle, à l'IML, nous comprenons tout de suite le contenu du scellé. Comme tous nos scellés biologiques, il est à l'institut médico-légal, dans une des trois salles sécurisées de conservation des scellés.

— Vous êtes sûr ?

— Certain. Dans un contenant en carton. C'est la règle. Par contre, je ne peux pas vous dire le numéro de l'étagère ni la couleur du carton…

— Si c'est un scellé, pourquoi ne pas l'avoir rendu au magistrat ?

— Parce qu'on ne me l'a pas demandé. Les scellés biologiques sont toujours conservés dans mon service jusqu'à exploitation, destruction ou levée de la mise sous scellé. En plus, il pue. Et un crâne comme cela, c'est laid.

— Un crâne… scellé ?

— Non, c'est laid, c'est moche, c'est pas beau… Alors, dans le bureau d'un juge d'instruction… Je me demande pourquoi il tient tant à le récupérer…

Le pandore se détend et redevient souriant, comme je le connais habituellement. Il est rassuré, le crâne n'a pas disparu.

— Docteur, avez-vous d'autres observations ?

— Oui. Il suffisait que le juge d'instruction me téléphone, il aurait eu directement la réponse. Je ne comprends pas ce procédé.

— Docteur, ce que je vais vous dire est confidentiel : je crois avoir compris que votre collègue qui va faire l'expertise du crâne a mis de l'huile sur le feu. Mais cela reste entre nous.

— Bien évidemment.

Je note consciencieusement ce renseignement dans ma mémoire. Car j'ai la rancune tenace.

— Avez-vous d'autres observations ?

— Oui, le crâne, vous pouvez venir le chercher quand vous voulez. Mais je ne vous le rendrai que sur réquisition.

— Et pourquoi donc ?

— Parce que ce n'est pas un crâne, c'est un scellé. Pour la traçabilité. Et la facturation. D'ailleurs celui-ci va vous coûter cher, depuis le temps qu'on en a la garde !

Fin de la joute. Je ressors libre. Vous avez trouvé le temps long ? Moi aussi. Je n'ai pas apprécié, cela m'a beaucoup énervé.

De retour dans le service, je me précipite dans l'une des trois salles de conservation des scellés. Des années après, le crâne est-il toujours là ? Une minute plus tard, je suis rassuré. Il est bien dans sa boîte, scellé dans une poche transparente. La réquisition n'a pas tardé et le crâne est parti pour l'institut médico-légal de mon gentil confrère.

En novembre 2017, Vincent M. comparaît devant la cour d'assises de Saintes (Charente-Maritime). Je suis convoqué, comme à l'accoutumé, pour le deuxième jour d'audience traditionnellement consacré à l'audition des experts. Dans la salle du tribunal, je retrouve Laetitia, psychiatre en formation dans mon service, venue suivre le déroulement du procès depuis son ouverture.

Elle me fait un rapide topo sur la première journée, marquée par un petit incident. Lors de la reprise des débats l'après-midi, l'un des six jurés ne s'est pas présenté, au grand agacement du président. Après avoir questionné en vain le greffier, il a alors désigné l'un des jurés suppléants pour occuper le siège vacant et fait porter un commandement à comparaître au domicile de l'absent.

Puis elle me décrit un accusé qui nie avec vigueur, plein d'assurance et d'aplomb. Un meneur doté d'un ego considérable. J'en ai la confirmation dès l'ouverture des débats, lorsque, très à l'aise, il lance un tonitruant « Bonjour monsieur le président ! » à l'adresse du magistrat en toge rouge. Gonflé, le gars !

L'audience reprend après un moment de flottement. Le juré porté manquant n'est toujours pas là. Le président, très énervé, annonce qu'il a requis la force publique pour le ramener à l'audience et à la raison. Puis il ouvre la séance.

Je ne tarde pas à être appelé pour ma déposition. Tranquillement, les deux mains posées bien à plat sur la barre, je reprends les conclusions de mon rapport d'autopsie. J'explique les difficultés, le corps putréfié, le crâne morcelé.

À la question du président sur les causes de la mort, je confirme les deux tirs, d'arrière en avant, en pleine poitrine et dans la tête, sans qu'il soit possible de dire dans quel ordre, et l'usage d'une arme de chasse attesté par la présence de petits plombs dans le thorax et les traces sur l'orifice crânien.

Je réponds ensuite à quelques questions de l'avocat de la défense, puis je retourne sur mon banc, à côté de Laetitia qui continue de prendre en note les échanges.

C'est maintenant le légiste expert en anthropologie qui intervient en visioconférence.

Le monde médico-légal est petit, et forcément nous nous connaissons tous. La réforme de la médecine légale en 2011 a d'ailleurs resserré les liens entre les équipes en centralisant les autopsies sur les CHU, ce qui n'empêche évidemment pas quelques inimitiés ni certains de penser que leur équipe, leurs compétences, leurs travaux de recherche sont meilleurs que ceux de l'IML voisin.

À peine son visage à l'écran, je reconnais un jeune collègue universitaire promis à un bel avenir comme il nous l'avait fait comprendre lors de son concours de recrutement, il y a tout juste trois ans. J'étais d'ailleurs dans son jury.

Après avoir décliné son identité, exposé longuement ses titres et prêté serment, il décrit dans le détail les circonstances qui ont compliqué sa mission et en explique les difficultés. Pour les vêtements, les conditions de conservation des scellés étaient mauvaises, ce qui a altéré les orifices d'entrée et de sortie des projectiles ; en plus, ils avaient été coupés à l'IML de Poitiers. Pour ce qui est du crâne, il avait déjà été étudié par le docteur Sapanet, il ne pouvait se prononcer qu'avec des réserves compte tenu de ces manipulations ; d'ailleurs, il manquait des pièces. Quant à nos conclusions, elles étaient peu contributives. Il conclut son propos introductif : « J'ai donc repris l'ensemble de l'étude avec des méthodes modernes », renvoyant l'IML de Poitiers à la préhistoire…

C'est vrai qu'il y a mis les moyens : microscope électronique pour les résidus de tirs sur le tee-shirt, microscopie simple, stéréo-microscopie pour l'os et les berges osseuses et étude anthropologique du squelette. Nous avons les mêmes à Poitiers, mais on ne nous avait pas confié l'expertise…

S'ensuit une brillante démonstration d'imagerie. En l'écoutant, je ne suis pas certain que les jurés comprennent, d'autant plus que sa déposition traîne en longueur.

Il termine par quelques conclusions choc : la victime a reçu des coups violents au thorax, elle a été frappée à la tête avec un objet contondant, il y avait deux tireurs. Un devant, l'autre dans le dos. L'un d'eux était droitier. Deux types de projectiles ont été utilisés. Le projectile impliqué dans les dégâts à la tête est une balle, et non du plomb de chasse. Le corps a été déplacé après la mort.

Heureusement que je suis assis. Soit je suis trop vieux et dépassé par l'évolution de la technique, soit il a fait appel à l'art divinatoire. En tout cas, il ne m'aime pas…

La déposition suivante est celle du balisticien, mais ce n'est pas lui qui a réalisé l'expertise. Il se contente donc de réciter ce que son confrère a écrit, sans autre précision. Il fait état de deux tirs, sans pouvoir en préciser la chronologie, mais d'arrière en avant. Voilà un point sur lequel nous sommes d'accord.

Il se dit incapable de préciser s'il s'agit de la même arme dans les deux cas, ni d'identifier le projectile, plombs ou balle, pour l'atteinte à la tête. En revanche, il assure avoir identifié dans le thorax des plombs cubiques numéro 6. Les armes retrouvées au domicile du suspect, deux fusils à canon scié, peuvent tout à fait avoir été utilisées. Cependant, les munitions saisies lors de la perquisition ne correspondent pas à la bourre retrouvée dans la dépouille.

Personne n'a de question.

Puis, c'est le récit des enquêteurs qui se succèdent maintenant à la barre, évoquant les trois cent dix-huit auditions effectuées, les relevés téléphoniques, les chronologies des déplacements de tous les protagonistes. Avec, en définitive, pour les gendarmes, un triangle amoureux sur fond de toxicomanie et de violence criminelle. D'un côté, le petit chef de bande, dealer local et délinquant confirmé, déjà condamné pour braquages, et sa petite amie Émilie, entièrement sous sa coupe. De l'autre, le copain un peu trop pressant, Damien, exécuté par jalousie.

L'audience du jour est terminée. Je sors en même temps que l'avocat de la partie civile, qui me lâche discrètement :

— Dites donc, votre collègue de la région d'à côté… Vous pensez qu'il a fait tourner les tables pour interroger la victime dans l'au-delà ?

Pour toute réponse, je me contente d'un sourire.

La suite, réquisitoire et plaidoiries, va occuper la troisième et dernière journée. Je suis déjà rentré à Poitiers, où m'attend le juré absent. L'homme avait une bonne excuse pour ne pas siéger : une tige d'acier plantée en pleine poitrine. Ce sont les gendarmes envoyés par le président de la cour d'assises qui l'ont découvert et qui m'ont fait parvenir le corps aux fins d'autopsie.

Le lendemain, Laetitia me donne le fin mot de cette audience pleine de rebondissements. Pour le procureur, qui a requis trente ans de réclusion criminelle, les aveux, certes rétractés, de la belle Émilie et le faisceau d'indices recueillis par les gendarmes désignent l'accusé, le seul à ne pas avoir d'alibi au moment du crime, le seul à avoir un sérieux mobile d'assassiner son rival. Les jurés ne l'ont pas suivi. À la surprise générale, et après seulement deux heures et dix minutes de délibéré, ils ont prononcé l'acquittement.

Le parquet a fait appel illico. Je retrouverai donc mon collègue au tribunal. Mais cette fois, j'apporterai une photo. Une seule, celle d'un joli trou dans le crâne, avec ses petits festons irréguliers qui prouvent qu'il ne s'agissait pas d'une balle, mais bien de plombs de chasse.

Piège à taupe

Le juré déserteur est sur la table de l'IML. Il s'était présenté le premier jour, très impressionné par la cour d'assises. Le président avait expliqué comment se déroulait le procès. Être juré, c'était un honneur. Il en était convenu. Puis à la fin de la matinée il avait disparu. Ce sont les gendarmes, venus le chercher *manu militari* le lendemain après-midi, qui l'ont découvert.

Il gisait, allongé sur le dos, dans son garage. La longue flèche métallique émergeant de la région du cœur ne laissait guère de doute sur la cause de la mort. Près de lui, sa voiture, le cric et une roue à plat à proximité témoignaient d'une crevaison réparée récemment.

Sur l'établi traînait un papier à en-tête officiel, un « commandement à comparaître » déposé la veille. La missive rappelait à son destinataire l'obligation pour tout juré désigné de siéger en cour d'assises, que l'absence d'un juré le jour de l'audience sans motif légitime est passible d'une amende de 3 750 euros. Et juste à côté, encore serré dans l'étau, un mécanisme bricolé maison, actionné par une munition de chasse. À l'intérieur, les gendarmes avaient retrouvé une cartouche de calibre 12 percutée. Selon eux, il se serait agi d'un piège à taupe artisanal.

Ma curiosité légendaire m'a aussitôt propulsé sur Internet. La phrase « Comment fabriquer un piège à taupe » sur un moteur de recherches ouvrant sur 437 000 résultats, j'ai mis un peu de temps à trouver. Mais j'ai fini par mettre la main sur la photographie d'une machine infernale ressemblant trait pour trait à celle du juré.

Le commentaire du forum de discussion précisait : « Bonsoir à tous. Avec le voisin, on s'est fabriqué ce piège à taupe, 100 % efficace, le tube reçoit une cartouche calibre 16. Quand la taupe soulève la rondelle elle prend la décharge. Si vous avez besoin des plans je peux les fournir. Il faut usiner le tube pour loger la cartouche, faire le percuteur et le couvercle, le reste c'est de la soudure. »

De quoi inspirer un bricoleur de bon niveau aux prises avec ce charmant animal.

Pour être sûr de son efficacité, le juré était passé au stade ultime : la cartouche calibre 12. Et il avait remplacé la grenaille par une tige de métal. Sans doute ses taupes étaient-elles monstrueuses, style Taupe Géante Néo-Spacien, comme dans *L'Attaque de Néos*, un jeu de carte Yu-Gi-Oh ! inspiré d'une série télévisée auquel mes fils ont joué pendant des heures avant de passer aux jeux vidéo.

En salle d'autopsie, l'équipe se gratte la tête. Comment procéder pour mettre en évidence les lésions ? D'habitude, c'est nous qui enfilons une tige dans les perforations des tissus réalisées par la balle, de la peau à la profondeur, pour montrer l'angle de tir. Aujourd'hui on nous apporte la victime avec sa tige déjà en place ! Comment garder l'information ? Car, avec une ouverture classique, qui ouvre la cage thoracique en coupant les côtes à droite et à gauche à la limite des flancs, avant d'ôter le plastron, cette partie antérieure du thorax comprenant côtes et sternum, le praticien risque de devoir ôter la tige avant sa dissection, avec le risque de brouiller la trajectoire interne.

Trouver une solution, c'est discuter du problème. Je me rends donc en salle. En voyant le corps, une image me revient en tête. Dans un ouvrage consacré au tir par balle pour la chasse au gros gibier, l'auteur recommandait de toujours viser la région du cœur, afin de ne pas faire souffrir l'animal. Et pour bien visualiser la zone et les organes, une planche photographique montrait la dissection d'un chevreuil ouvert par le côté gauche. Sur la photographie de l'animal pris de profil, la cage thoracique avait été ouverte par le côté, le poumon avait été ôté, on pouvait parfaitement voir le cœur et l'impact de la balle, mortelle au premier coup.

Je suggère à Marie de suivre ce protocole inhabituel. Elle procède donc à une grande incision sous le bras gauche, dégage la cage thoracique dont elle enlève la partie latérale puis dépose le poumon gauche. Elle accède ainsi au côté gauche du cœur. L'organe est traversé d'avant en arrière par la tige métallique qui se loge en bout de course dans les vertèbres. Mortel au premier coup.

Quelques semaines plus tard, Marie est convoquée sur les lieux de découverte du corps, pour une remise en situation. Cette opération diffère de la reconstitution criminelle, qui se fait en présence d'un juge d'instruction et d'un ou des auteurs présumés. La remise en situation, au contraire, peut être organisée à l'initiative des enquêteurs et en leur seule présence. Il s'agit de tester des hypothèses avant de poursuivre éventuellement les investigations.

Marie rassemble le matériel nécessaire – combinaison blanche, pastilles de repérage, mètre ruban et indispensable casse-croûte – puis signale son départ au secrétariat du service.

— Tu vas descendre dans le tunnel ? lui demande l'une des secrétaires, d'un ton mi-inquiet, mi-admiratif.

— Le tunnel ? Quel tunnel ?

— Ben, celui que le type a creusé. Là où le piège à taupe l'a tué.

— Qu'est-ce que c'est que cette histoire ? Je ne comprends rien.

— C'est le chef qui nous a raconté.

En effet, je plaide coupable. Dans les jours qui avaient suivi l'autopsie, l'histoire du piège à taupe assassin avait fait le tour du service. C'était même devenu le sujet de conversation favori de l'équipe. Harcelé de questions légitimes par les secrétaires, je leur avais concocté une version assez personnelle de l'histoire, inspirée de *L'Attaque de Néos*.

— C'est terrible, cette histoire de cambriolage… Les gendarmes m'ont tout raconté… Des années que cela durait. C'est sûr que ça devait mal finir…

Là, j'avais fait une pause, indispensable pour appâter le client.

— Un cambriolage ?

— Oui, la victime avait une obsession, cambrioler son voisin. Uniquement son voisin.

— C'est stupide !

— Évidemment, mais si tout le monde avait un comportement rationnel, on ne servirait à rien.

— Et alors ?

— Il s'était déjà fait prendre à cinq reprises. Comme il rendait tout chaque fois, qu'il promettait de se faire soigner, il n'était jamais allé en prison. D'ailleurs, c'est Senon, en psychiatrie, qui le suivait.

Mon collègue le professeur Senon est une pointure en psychiatrie criminelle. Il travaille à Poitiers mais a une réputation qui dépasse largement l'Hexagone. Ce détail rendait la suite plus crédible.

— C'était un kleptomane ?

— C'est ça. Un kleptomane. Mais là, c'était une forme particulière de kleptomanie. Il avait aussi un trouble de la personnalité, une forme de perversion. Il avait fait une fixation sur son voisin. Il avait une jouissance à voir son désarroi, même s'il savait qu'il serait naturellement le premier suspect.

Les deux jeunes femmes avaient acquiescé en silence. Si les gendarmes l'avaient dit… Et si Senon, la caution morale des psychiatres du service, était dans le coup, alors… c'était vrai.

Le plus difficile, lorsqu'on raconte une histoire incroyable mais fausse, c'est que l'interlocuteur morde à l'hameçon. C'était un bon début, mais le plus dur restait à faire, car j'avais beaucoup de mal à garder mon sérieux.

— Malgré ses séjours à la gendarmerie et ses gardes à vue, il continuait ses tentatives. Le voisin, excédé, avait transformé sa propriété en camp retranché. Il avait déployé un grillage renforcé, posé des alarmes un peu partout, déroulé des rouleaux de barbelés tranchants comme des rasoirs.

— C'est pas vrai !

— Si, si. En vain. Le voleur coupait le grillage, déjouait les alarmes, sautait les barbelés.

— Il aurait pu se blesser !

— Par chance pour lui, ce n'était jamais arrivé. Et puis, un jour...

— Il s'est fait tirer dessus avec le piège à taupe ?

— Non. Plus rien. Les tentatives d'intrusion avaient cessé. En apparence. C'était inhabituel, le voisin a pensé que le voleur était malade, ou qu'il avait déménagé, mais non. Il était toujours là.

— Et alors ?

— Craignant une invasion surprise, il a soigneusement inspecté son terrain. C'est ainsi qu'il a découvert... un tunnel !

— C'est pas vrai !

— Si si. Un boyau étroit, pas encore terminé, mais qui débouchait déjà sur son terrain. Il a piégé l'accès. Vous connaissez la suite.

Les histoires extraordinaires qui rythment la vie des légistes m'avaient beaucoup aidé pour accréditer mon histoire.

Marie éclate de rire, avant de ruiner mes efforts d'imagination. « C'est n'importe quoi ! Le pauvre gars est mort dans son garage. » Puis elle file, laissant derrière elle des mines déconfites.

La remise en situation n'a toutefois pas apporté d'éclaircissement sur les circonstances exactes de la mort. Selon les éléments de l'enquête, l'artisan maçon traversait un épisode dépressif. La crevaison l'avait contraint à louper la session du lundi après-midi. Il avait prévenu le tribunal, mais l'information n'avait pas suivi jusqu'à la cour d'assises.

A-t-il vécu le commandement à comparaître comme un coup de pression trop fort, le poussant à mettre fin à ses jours ? Ou a-t-il simplement actionné par accident le mécanisme du piège en cherchant un outil ? Et comment expliquer l'utilisation d'une tige de 60 centimètres pour tuer une taupe qui pèse moins de 100 grammes et mesure 12 à 13 centimètres de long ? Nous sommes restés sur nos interrogations.

Une seule chose est sûre : c'est qu'il a vu le bout du tunnel.

Réanimation post mortem

La canicule qui s'est abattue sur la région fait des dégâts. Les petits vieux tombent comme des mouches et, avec cette chaleur, la putréfaction va vite. Résultat, quand un voisin ou un proche donne l'alerte, le médecin chargé de constater le décès se retrouve devant un corps pourri, parfois quasi liquéfié. Impossible de savoir si le défunt a trépassé naturellement ou s'il a été quelque peu aidé par une main criminelle. Il coche donc la case « obstacle médico-légal » sur le certificat de décès. L'inhumation rendue impossible, les pompes funèbres n'ont plus qu'à transférer la dépouille vers l'institut médico-légal.

Le problème, c'est que les arrivées dépassent de loin les capacités du service. Comble de malchance, le crématorium est en panne. Du coup, les candidats à l'incinération sont en attente, saturant un peu plus les frigos de la morgue pleins à craquer. Il a fallu réquisitionner un salon d'ordinaire réservé à l'accueil des familles et le réfrigérer à 12 degrés pour loger une partie du surplus. Et 12 degrés, c'est tout juste assez frais pour ralentir la dégradation des chairs, et largement insuffisant pour la stopper. Ça commence à sentir.

Plusieurs fois de suite, j'interpelle la direction du CHU sur l'urgence de la situation et la nécessité pour nous d'avoir

« du froid ». Plusieurs fois de suite, j'ai la même réponse : « Du froid, tout le monde en veut. »

Face à la situation, tout le service est sur le pont. L'objectif est de traiter aussi vite que possible chaque nouvelle entrée. Cela ressemble à du travail à la chaîne et c'est une course contre la montre. Il faut examiner le corps dans les meilleurs délais et dans l'état le plus proche de celui dans lequel il a été découvert, avant que la dégradation ne poursuive son travail et ne vienne masquer des indices criminels.

Ce matin-là, le dossier posé dans la salle d'autopsie près de la housse encore fermée m'annonce une femme d'une soixantaine d'années, grosse fumeuse, en surpoids et souffrant de sérieux problèmes cardiaques. Un tableau assez classique.

À ceci près que la famille s'interroge. Deux jours avant sa mort, la dame était allée consulter son médecin. Or ce dernier n'a semble-t-il décelé aucun signe inquiétant chez sa patiente. Aurait-il négligé l'examen ou loupé quelque chose ? En filigrane, je devine une possible mise en cause de la responsabilité médicale. D'où la demande d'autopsie.

Selon l'officier de police judiciaire qui assiste à l'opération, le décès date de la veille au matin. Mais lorsque je découvre le corps en ouvrant la housse, j'ai un doute.

Les veines superficielles apparaissent sous la peau en rouge très sombre, signe de la putréfaction du sang et de sa remise en circulation posthume, poussé par les gaz de la décomposition. Les lèvres sont boursouflées, le nez et la bouche suintent abondement. Certes, hier la température a dépassé les 40 degrés, la dame habitait un petit appartement HLM au dernier étage d'un immeuble, orienté plein sud. Ça devait effectivement cogner sévère. Mais quand même. J'interroge l'OPJ.

— Il faisait chaud, dans l'appartement ?

— Une fournaise. En plus, elle était en plein soleil derrière la baie vitrée qui était fermée.

— Vous avez pris la température ?

— Ben non, elle était morte.

— Non, pas la sienne, celle de la pièce ?

— Non, je n'y ai pas pensé.

— Et vous êtes sûr de la date du décès ?

— Des voisins ont vu la dame le matin très tôt. Mais quand le fils l'a appelée au téléphone, en fin de journée, elle n'a pas répondu. Inquiet, il est allé sur place et l'a trouvée allongée sur le sol. Il a appelé le Samu. On a écouté l'enregistrement de l'appel. Je l'ai sur mon ordinateur. Je ne sais pas s'il va s'en remettre.

— Ah bon ? Pourquoi ? Qu'est-ce que ça racontait ?

L'OPJ lance le fichier de l'échange entre le médecin régulateur et le fiston :

— Votre maman, elle parle ?

— Non.

— Elle respire ?

— Non.

— Vous avez pris le pouls ?

— Oui, elle n'a pas de pouls.

— Vous l'avez pris où ?

— Au cou et au poignet. Je sais faire, j'ai mon brevet de secourisme.

— Alors vous connaissez les gestes de réanimation ?

— Oui.

— Allez-y. Faites-lui un massage cardiaque et un bouche-à-bouche.

— Ah ? Vous êtes sûr ?

— Oui, allez-y. Vous avez appris, cela ne risque rien. Une équipe est en route. On va vous venir en aide.

Je regarde le policier, qui a pris un air dégoûté.

— Et alors ?

— Et alors, quand l'équipe du Samu est arrivée, le type était effectivement en train de faire le bouche-à-bouche. Mais la dame était morte depuis plusieurs heures, déjà raide et un peu verdâtre.

J'essaie de ne pas imaginer la scène.

On ne dira jamais assez jusqu'où peut aller l'abnégation d'un fils lorsqu'il s'agit de sauver sa mère. Même déjà morte.

Abel ou l'ancêtre

Un médecin légiste s'aventure parfois dans des terres inconnues, très loin de son territoire. Au sens géographique du terme, mais aussi lorsqu'il se laisse entraîner vers d'autres champs de connaissance. Mais quel rapport entre le désert tchadien, un fossile et un légiste poitevin, même universitaire ?

C'est un singulier colloque qui se tient, ce soir de 1995, au restaurant du Bowling de Poitiers. Je retrouve autour de la table mon ami Pierre Fronty, chirurgien-dentiste avec lequel je travaille régulièrement pour identifier des corps, et un inconnu. Enfin, un de ces scientifiques de haut niveau reconnus par leurs pairs mais peu connus du grand public jusque-là. Michel Brunet.

Michel est professeur de paléontologie à l'université de Poitiers, il revient tout juste du Tchad. En soi, la nouvelle n'aurait rien d'exceptionnel pour ce chercheur de terrain qui passe sa vie dans les environnements les plus hostiles. Son activité préférée ? Passer des heures à parcourir le désert, à la recherche de son graal : un fossile de préhumain.

Dans ce domaine, d'autres ont pris de l'avance, au point qu'avec le temps une belle histoire s'est construite autour d'une théorie assez simple : le berceau de l'humanité, c'est l'Afrique de l'Est. C'est l'East Side Story, proposée par Yves Coppens, le codécouvreur de « Lucy », en 1975. Lucy, notre ancêtre, était éthiopienne, et son âge plus que canonique (3,2 millions d'années) en faisait la doyenne de l'humanité. Du coup, il n'y avait pas grand monde pour explorer l'Afrique de l'Ouest. Le terrain de chasse de Michel.

Pierre m'a souvent parlé de son ami au regard bleu perçant. Car Pierre, outre qu'il soigne les dents de ses contemporains, fréquente également le laboratoire de paléontologie humaine de Michel. Il m'a raconté leurs travaux sur les dents de tel ou tel fossile. Et, surtout, la traque menée depuis tant d'années par le chercheur. Une traque à l'hominidé.

Pierre fait les présentations. Le bonhomme est amène, et très vite le tutoiement s'impose entre collègues universitaires. Après quelques propos généraux, le paléontologue, les yeux brillants, d'une voix lente et grave, fait son annonce.

— Ça y est. J'en ai trouvé un.

Pierre Fronty m'avait prévenu. Son ami le scientifique a mis la main sur une pièce exceptionnelle et il faut absolument que je voie ça. Le premier australopithèque jamais découvert à l'ouest du rift.

La nouvelle est encore fraîche et fait déjà de sacrées vagues dans la communauté scientifique internationale. C'est que, si l'annonce se confirme[1], l'East Side Story va se prendre une sacrée claque.

1. En paléontologie, avant qu'un fossile soit qualifié d'australopithèque et que la communauté scientifique valide la découverte, une lutte terrible oppose souvent les équipes de chercheurs.

Conscient de la solennité du moment, je ne bronche pas. Michel Brunet me regarde fixement et poursuit :

— Tu veux le voir ?

J'acquiesce. Ce n'est pas tous les jours que l'on vous propose une rencontre avec un australopithèque, un vrai, dans un restaurant poitevin !

Michel fait durer le suspense.

— Attention. Ce que je vais te montrer, c'est l'original. Très peu de gens ont pu le toucher. Ils se comptent sur les doigts des deux mains.

Je me demande alors ce qui me vaut cet honneur. Ce disant, d'un geste précautionneux, il sort une boîte verte de sa sacoche en cuir marron. Une petite boîte. Surprise : je l'imaginais plus grand. Il faut avouer que ma connaissance des australopithèques est strictement nulle.

Michel tient sa boîte comme un objet précieux. Puis il ouvre doucement le couvercle, découvrant un volumineux coton. Soulevant la couche supérieure, il dévoile quelque chose de surprenant. Je comprends vite que le corps n'est pas complet, loin de là. Grâce à mon expérience de stomatologiste et de légiste, je reconnais immédiatement la partie basse et tout en avant d'une mandibule, ce qu'on appelle le bord basilaire antérieure. Chez l'homme actuel, cela correspond au menton. Mais la pièce est à l'envers : les dents orientées vers le bas, plantées dans le coton, sont invisibles. Un bout de mandibule, en quelque sorte.

— Exceptionnel, non ?

Je veux bien le croire, puisque le spécialiste le dit. Spectaculaire, pour un légiste qui en a vu d'autres, je suis moins sûr.

Je prends prudemment la relique entre mes doigts, n'osant avouer ma déception devant mes deux acolytes visiblement en admiration permanente.

Là, oui, une fois dans mes mains, je comprends que l'objet est réellement exceptionnel.

Son poids, d'abord : pour ce qui ressemble à de l'os, il est beaucoup trop lourd. C'est de la pierre.

La couleur, ensuite. À première vue, ce qui correspond à l'os a bien sa couleur naturelle, le blanc crème que je retrouve à chaque autopsie. En revanche, une fois la pièce retournée, quel étonnement ! Les dents sont d'un brun presque noir. Je prends un air tellement surpris que Michel s'oblige à quelques explications :

— C'est la fossilisation, les composants initiaux des dents ont été remplacés, atome par atome, par d'autres. Ici, ce sont des sels métalliques qui ont imprégné la pièce et lui ont donné cette surprenante coloration.

Je retourne à mon observation. Les dents sont beaucoup plus grosses que ce que j'ai l'habitude de voir en clinique humaine. Le fragment de mâchoire porte quatre prémolaires, deux canines et une incisive. Deux alvéoles d'incisives sont vides. Je pense immédiatement : « Chute post mortem des dents. » La dernière alvéole contient encore la racine d'une incisive fracturée.

Je prends brutalement conscience que je tiens dans ma main un morceau de notre humanité, vieux de plusieurs millions d'années. Une pièce d'exception, oui.

Mais que fait un stomatologue, même légiste, dans cette affaire ? Je suis plongé dans cette interrogation lorsque Michel Brunet m'interpelle.

— Regarde bien. Ces petits creux dans l'émail des dents, en lignes horizontales. Dysplasies ou érosion éolienne ?

Je n'ai pas le temps de répondre que les questions partent en cascade, entrecoupées d'affirmations évidentes. Quand ce n'est pas Michel, c'est Pierre qui s'y met.

— Avec les dents et de bonnes radios, on doit pouvoir lui donner un âge. Combien tu lui donnerais, en âge humain ?

— Tu as vu, l'os de la région incisive. Il est plat, il n'est pas prognathe, tu te rends compte, c'est un caractère humain, même si le menton n'est pas encore apparu. C'est un australopithèque. Le premier à l'ouest du rift africain.

— Tu sais qu'en examinant les dents on doit pouvoir en déduire son alimentation ?

— Et le sexe, mâle ou femelle ? Avec ses canines, on devrait pouvoir le dire.

— C'est évident, c'est un mâle, la canine est très robuste.

— Et…

Je ne les écoute plus, mon esprit est parti loin de là, entre désert tchadien que j'imagine comme je peux et dialogues infernaux avec les juges d'instruction. C'est cela, j'ai l'impression fugace d'être en face d'un juge d'instruction qui me demanderait d'identifier les restes d'une victime. Du coup, sans réfléchir, je lance :

— Et l'identité ? Vous voulez l'identité, aussi, tant qu'à faire ?

Michel a un regard amusé :

— Non, l'identité, je l'ai. Il s'appelle « Abel ».

— Abel ?

— Oui, c'est une longue histoire, celle de mon ami géologue Abel Brillanceau, qui faisait partie de mon équipe et qui est décédé d'un paludisme foudroyant. Une mort injuste.

Je n'insiste pas, le souvenir a l'air suffisamment douloureux.

— *Australopithecus bahrelghazali*, c'est son nom scientifique. Littéralement, l'australopithèque de la vallée des gazelles. Abel, son prénom.

Bref, le corps est déjà identifié…

Bon, revenons à nos petits creux dans l'émail des dents. Je comprends mieux ma présence ici. Mon paléontologue est un chercheur d'exception : il est ouvert à toutes les disciplines, à toutes les collaborations. Donc, il prend un avis spécialisé de stomatologiste, même après avoir amené son bébé chez son dentiste Pierre !

Les dysplasies, chez l'homme actuel, ce sont des anomalies de l'émail, en général des petits trous dans la couche d'émail. Il existe de nombreux types et de nombreuses causes, bien recensées. Ici, elles sont « systématisées », c'est-à-dire qu'elles touchent la couronne de toutes les dents en en faisant le tour et sont alignées en plusieurs bandes horizontales. Le vent de sable, qui projette avec force des milliers de grains de quartz sur toutes les surfaces, ne pourrait laisser des traces aussi régulières et organisées.

L'intérêt de ces anomalies ? Elles sont un traceur de problèmes de santé pendant l'enfance, quand les germes des dents, encore incluses dans l'os, sont en train de fabriquer l'émail. L'explication est simple : sous l'effet d'un problème de santé, une fièvre intense par exemple, la construction de l'émail s'arrête quelques jours, puis reprend une fois le problème passé. Cela crée une sorte de cicatrice, sous forme de petits creux dans l'émail, qui ne deviennent visibles qu'après l'éruption de la couronne dentaire dans la bouche. Pierre a déjà vu ce type d'anomalies chez quelques-uns de ses patients.

Si nous nous transportions 3,5 millions d'années en arrière, chez Abel, nous pourrions obtenir des renseignements sur sa santé, dans son enfance. Enfin, cela reste à vérifier de plus près. Ce que j'explique à l'honorable professeur.

— Il faudrait que je puisse faire un examen précis au labo.

— Pas de problème. Tu pourrais me faire des photos ?

— Je suis équipé. Tu auras de beaux clichés. En couleur.

Quelques jours plus tard, nous nous retrouvons un soir tous les trois au CHU, autour d'une loupe binoculaire à grossissement 30, pour que chacun puisse voir de plus près ces traces étranges. Ce sont bien des dysplasies.

Entre-temps, Pierre et Michel ont fait une petite séance de radiographies au cabinet dentaire. Des clichés identiques à ceux que Pierre fait tous les jours chez ses patients : des « rétroalvéolaires ». Ces précieuses radios ont révélé l'épaisseur de l'émail dentaire, également visible sur l'incisive fracturée. L'émail est plus épais que celui des grands singes, épais comme celui des préhumains et des hommes, ce qui classe bien Abel dans la lignée des australopithèques.

Autre apport des radiographies, elles montrent la pulpe dentaire, cette partie « vivante » de la dent dont le volume diminue avec le temps. Ce qui renseigne précisément sur l'âge du patient. Plus de trois millions d'années après sa mort, l'âge d'Abel est ainsi évalué à ce qui correspondrait, pour un humain actuel, à environ 30-35 ans. Ce qui est sans doute beaucoup pour son époque.

Je m'installe sur le banc photographique du service. La photographie numérique est alors balbutiante. Le top, c'est la pellicule Kodachrome 25 ASA. Des années de pratique m'ont convaincu de la qualité de ce film dès qu'il s'agit d'obtenir la plus fine définition et un bon piqué. Les spots « lumière du jour » du banc me donnent un éclairage correct pour la mise au point. Mais ils sont insuffisants pour la sensibilité de la pellicule : les dents presque noires absorbent toute la lumière. Finalement, je choisis un flash annulaire.

L'Olympus OM-2N fait merveille. Je l'ai équipé d'un objectif macro pour obtenir le maximum de détails.

Je procède à une série de clichés, comme j'ai coutume de le faire lors d'expertises d'identification sur mes cadavres. À deux détails près. L'objet qui est sous mon objectif est exceptionnel et je n'aurai sans doute plus jamais l'occasion d'en approcher un autre. Et cette mandibule n'a pas grand-chose à voir avec notre denture humaine actuelle. Même sans la macroscopie, la canine me semble monstrueuse et les prémolaires sont plus grosses que nos molaires « modernes ». J'exprime ma surprise devant ce croc.

Dans mon dos Pierre s'insurge : « Rien à voir avec un croc ! Ce n'est pas un singe, mais bien un hominidé. La canine ne dépasse pas le plan des dents voisines. Certes elle est plus volumineuse que celles de l'homme actuel mais c'est surtout sa racine qui est plus longue. »

Je mitraille consciencieusement la mandibule sous tous ses angles, puis chacune des dents sur toutes ses faces. La mise au point est difficile, les spots braqués sur le fossile dégagent une chaleur d'enfer, mais je dois rester concentré sur mon travail. C'est d'autant moins facile que derrière moi j'entends mes deux compères se raconter leurs expéditions dans le désert. Des aventures passionnantes où je comprends qu'ils sont partis avec râteaux, balais, seaux et pelles pour... balayer, ratisser et tamiser le désert à la recherche de dents de rongeurs ! Rien que cela.

Le résultat s'étale sous nos yeux quinze jours plus tard, lors d'une séance de projection privée sur un grand écran. Avec des images des dents parfaitement nettes et de près d'un mètre de hauteur, aucun détail ne peut plus nous échapper. La canine, très spectaculaire, nous révèle ainsi cinq bandes de dysplasie.

La suite ? Des heures d'observation, tantôt sur l'écran, tantôt au microscope stéréotaxique, pour reproduire ces anomalies en mode dessin, le tout sous l'œil attentif de Michel Brunet surveillant sa découverte comme la prunelle de ses yeux. Je peux comprendre. D'autant plus qu'Abel l'a propulsé sous les projecteurs des médias. Il enchaîne interviews sur interviews, maudissant parfois la presse et ses exigences.

Je découvre à cette occasion qu'en paléontologie les chercheurs ne communiquent pas les photos de leurs trouvailles. Seulement des dessins, sur lesquels il est toujours possible d'omettre telle ou telle précision. C'est que l'espionnage règne, et celui qui détient la pièce a une longueur d'avance pour des publications internationales. À part quelques privilégiés, parmi les plus grands, les plus renommés, les autres travaillent sur les dessins et des copies.

Michel Brunet aimerait bien avoir une hypothèse crédible sur l'origine de ces anomalies, qui correspondent ici à un arrêt de la croissance de l'émail, temporaire, dû à un stress au sens large du thème. Ce qui m'amène à une revue de la littérature scientifique considérable. C'est que les causes de dysplasies sont réellement multiples !

Abel aurait-il avalé des baies toxiques de type *Laureus* ? Ou été victime d'accès de paludisme ou d'une autre fièvre virale ? Ou enfin subi des carences alimentaires répétées ? Toujours est-il qu'Abel a eu une enfance difficile, mais qu'il y a survécu. Aujourd'hui, nous affirmons qu'Abel avait l'équivalent de 3 à 5 ans d'âge humain actuel lorsqu'il a été malade. C'était il y a trois millions d'années.

Les explorations se poursuivent, car Abel a encore des choses à raconter.

— Tu vois, Michel, la pluridisciplinarité, c'est ce qui fait la qualité d'une recherche. Tu es stomatologiste, légiste, Pierre est chirurgien-dentiste, il a une bonne approche de la paléontologie, je suis paléontologue… Tu sais quoi ? Ce soir, nous allons aussi chez un radiologue.

Et c'est parti pour un tour au Scanner-IRM du Poitou-Charentes. De nuit, après les derniers patients humains actuels, Abel se retrouve confortablement installé dans l'anneau de la machine. Aux commandes, Philippe Chartier et son collaborateur Francis Perrin font des prouesses pour tirer des images de ce morceau d'os totalement minéralisé. La fossilisation pose des problèmes : la pierre se laisse peu pénétrer par les rayons X, et il faut toute la puissance du générateur pour dévoiler la structure mystérieuse de la mandibule.

C'est ainsi que nous découvrons sur les premières images que chacune des prémolaires possède trois racines. Chez l'homme moderne, on n'en trouve habituellement qu'une seule. Ce caractère montre la distance qui nous sépare d'Abel sur l'échelle de l'évolution. Mais Pierre, que rien ne surprend, m'assure, photos à l'appui, qu'il a déjà vu ce caractère « primitif » chez quelques-uns de ses patients. Ce terme de primitif n'a ici aucun sens péjoratif : il signifie ancestral, très ancien – les scientifiques disent plésiomorphe...

Désormais, je suis adopté par la paléontologie poitevine, qui m'a prodigué une formation accélérée sur l'essentiel, histoire que je ne dise pas de bêtises en public. Moi aussi, je traîne mes guêtres dans le laboratoire de Michel Brunet, le soir tard en général, et toujours avec mon complice Pierre.

Pendant ce temps, Michel peaufine ses arguments pour ses publications scientifiques. Il ne se passe pas une semaine sans qu'il exerce ses arguments sur les uns ou les autres. Pour ma part, je suis comme un enfant à qui on raconterait l'origine de l'humanité.

Mais une petite frustration me travaille depuis un moment quand je vois ces centaines de pièces du laboratoire de Michel : que d'os, que d'os. Un soir, je veux en savoir plus, imaginer plus précisément.

— Michel, tu pourrais nous dire à quoi il ressemblait ?

J'ai droit à une description très précise qui me laisse pantois. Je poursuis :

— Tu sais qu'en médecine légale on fait des sortes de portraits-robots à partir du squelette, lorsqu'on n'a aucune piste pour identifier la victime ?

Un long silence s'ensuit, avant une réponse quasi définitive :

— Je n'ai que cette mandibule. Je n'ai pas le crâne entier.

— Et si tu avais le crâne entier ?

— Je ne l'ai pas.

— Oui, mais tu l'as très bien décrit.

— Ce n'est pas de la science. Ce n'est pas une démarche scientifique.

— D'accord, mais rassure-moi, ta description, tu en es sûr ?

— Oui. J'en suis sûr.

— Alors pourquoi ne pas lui donner un visage ? Qui ne rêverait pas de voir Abel de ses yeux ?

— Je te le répète, ce n'est pas une démarche scientifique.

— Tu admets avec moi qu'il existe des corrélations prouvées entre la forme, les dimensions du squelette et l'aspect du visage, non ? Quand tu dis qu'Abel ne pouvait pas avoir une face en museau, par exemple ? Quand Pierre ajoute que les mâchoires occupent proportionnellement un volume beaucoup plus important que chez l'actuel, le développement du cerveau étant ultérieur.

— Oui, bien sûr. Parce que je sais, par mon expérience de paléontologue, comment était son crâne.

— Et comment était-il ?

Michel a un sourire, se précipite vers sa collection et ressort tous les moulages d'australopithèques connus. Et nos ancêtres plus récents. L'homme de Neandertal, *Homo erectus*, *Homo habilis*… d'autres pièces encore. Il place Abel à l'extrémité la plus lointaine de la chaîne – enfin, son moulage, car désormais l'original se repose de ses explorations scientifiques dans le coffre-fort d'une grande banque de la région. Puis, il pose un crâne contemporain à l'autre extrémité.

— Donc…

Quelques semaines plus tard, malgré ses réticences – « Ce n'est pas de la science. Ce n'est pas une démarche scientifique » –, Michel a accepté l'idée d'une nouvelle aventure : redonner son visage à Abel.

Il manque la partie postérieure de la mandibule ? Qu'à cela ne tienne, le prothésiste de Pierre, suivant fidèlement les consignes de Michel, reconstruit la partie manquante. Le résultat est surprenant : sacrée mâchoire !

Il manque le maxillaire ? Une fois que l'on a la mandibule, il suffit de remettre en situation des dents supérieures qui viennent s'articuler avec les dents mandibulaires. C'est qu'à l'époque les maxillaires étaient suffisamment volumineux pour permettre un alignement normal des dents. Pas d'orthodontiste pour Abel !

Puis il est facile d'imaginer une boîte crânienne qui s'inspire au plus près du crâne d'autres hominidés anciens, sous la direction de Michel.

Nous voici avec… le squelette entier de la tête d'Abel.

J'appelle alors à la rescousse nos connaissances de la reconstruction faciale.

Historiquement, vers la fin du XIXe siècle, les premiers essais concernèrent des crânes de personnages célèbres, à la demande d'autorités désireuses de savoir si les restes des célébrités locales correspondaient bien à leurs identités présumées. À la même époque, des auteurs voulurent donner un visage aux hommes et femmes préhistoriques.

Dans la première moitié du XXe siècle, s'appuyant sur les travaux de ses prédécesseurs, Mikhaïl Guerassimov, anthropologue, archéologue, ethnologue et sculpteur, conduisit une série de travaux qui firent rapidement la réputation de l'école russe.

La préoccupation essentielle de Guerassimov était la reconstruction du visage de l'homme fossile. Mais à vouloir vérifier sa méthode sur ses contemporains, il fut très vite confronté à des demandes émanant de la justice, pour identifier des restes de victimes de crime. Dès 1939, cette application inattendue de ses travaux donna lieu à des résultats spectaculaires.

C'est ainsi que la reconstruction faciale est devenue une branche de la médecine légale. Elle est toujours utilisée pour redonner un visage à des victimes lorsque les autres méthodes d'identification sont mises en échec.

Petit à petit, le profil d'Abel sort du néant, s'habille de muscles dessinés un à un. Puis la peau recouvre l'ensemble, les yeux apparaissent, les lèvres se dessinent. Sous nos yeux, un profil très humain apparaît. Quelques heures de travail plus tard, c'est tout son visage qui sort de mon crayon.

Lorsque je propose ce dessin à Michel, il prend d'abord un air perplexe.

— J'ai fait une erreur ?

— Non, non. C'est à peu près ce que j'imaginais. Mais souviens-toi, ce n'est pas de la science. C'est autant la réalité que nos rêves…

Certes. Mais un dessin, c'est frustrant. Reste à entrer dans la troisième dimension.

Quelques mois plus tard, je fais partie de ces privilégiés qui découvrent le travail du sculpteur parisien Jean-Paul Réti, à qui nous avons confié nos dessins. Nous lui trouvons tous un air très… humain !

Nous l'avons fait sourire : il découvre ses dents gélasines (dents découvertes lors du rire) et lance un clin d'œil malin à nous tous, les humains actuels, ses descendants.

Abel ou l'ancêtre

Au terme de cette enquête très particulière, le premier australopithèque de l'Afrique de l'Ouest, *Australopithecus bahrelghazali*, dit « Abel », âgé de 30 à 35 ans, à l'enfance difficile, venait de reprendre vie plus de trois millions d'années après sa mort, dont les causes certaines et les circonstances ne seront sans doute jamais connues… malgré les efforts des légistes, des dentistes et des paléontologues !

L'ORL

Cela se passe mal, ce matin-là, dans une grande clinique située quelque part en France, très loin de Poitiers. Le malade qui vient de subir une ethmoïdectomie ne veut pas se réveiller.

« Ethmoïdectomie » est un terme compliqué pour parler d'une intervention sur une structure anatomique, située entre les yeux, en arrière du nez et sous le cerveau : l'ethmoïde. L'ethmoïde est un os aux parois fines composé d'une multitude de petites cellules et de canaux, un vrai labyrinthe qui communique avec les sinus et les fosses nasales. Au grand désarroi de nombreux malades atteints d'infections à répétition de toutes ces cavités, qui entraînent l'apparition de polypes sur les muqueuses. Le genre de pathologie capable de vous pourrir la vie au quotidien.

Lorsque le traitement médical est un échec, il reste la chirurgie, pour débarrasser les muqueuses de ces encombrants polypes, ouvrir largement les cavités et favoriser l'aération. Et, comme souvent en chirurgie, plusieurs techniques sont actuellement possibles.

La première, qui existe depuis l'invention du microscope opératoire, consiste à opérer sous le contrôle direct de la vue, en bénéficiant du grossissement du microscope. Le chirurgien passe les instruments par les fosses nasales, les dirige vers le haut et opère sous le contrôle du microscope. Le travail reste minutieux et délicat car la vision du champ opératoire offerte par ce système n'est pas toujours optimale. Exceptionnellement, le geste peut se compliquer, par exemple lorsque le chirurgien, pensant supprimer des polypes, s'attaque en fait aux nerfs optiques. Le malade se réveille, mais aveugle.

Une technique plus moderne rend l'intervention plus facile, plus précise et limite les risques. En lieu et place du contrôle par le microscope, une fibre optique est introduite avec les instruments dans les fosses nasales. Cela permet d'avoir une image directe du champ opératoire sur grand écran. Le chirurgien peut ainsi contrôler chacun de ses gestes et de ses instruments avec une précision exceptionnelle.

Mais cette méthode d'endoscopie n'est pas coutumière de tous les ORL, en particulier celui qui s'apprête à opérer ce jour-là. L'intervention, on ne peut plus classique, vise à débarrasser le malade d'une sinusite chronique qui le handicape depuis des années.

Il faut s'imaginer ce que signifie au quotidien une telle affection pour un homme dans la force de l'âge. Il subit des maux de tête dès le lever, avec des douleurs qui ne cèdent à aucun antalgique. Il a une sensation de nez bouché qui l'oblige en permanence à respirer par la bouche, avec tout l'inconfort que cela représente. Ce sont des écoulements purulents intarissables et peu ragoûtants, des mauvaises odeurs en permanence (d'autant plus que les nerfs de l'odorat débouchent précisément dans l'ethmoïde, en provenance directe du cerveau).

Le traitement antibiotique et anti-inflammatoire s'est révélé insuffisant, face à l'importante inflammation chronique des muqueuses et au développement de nombreux polypes. Autant de problèmes qui ont poussé le patient entre les mains du chirurgien, lequel lui a promis une solution radicale. C'est le terme.

C'est donc sous microscope que l'intervention a été réalisée. Il s'agit d'une simple formalité, lui a expliqué le médecin devant son épouse. L'entrée à la clinique se fait le matin même, l'intervention est réalisée sous anesthésie générale de courte durée et la sortie est prévue le soir même en pleine forme, débarrassé définitivement des polypes, et en avant pour une nouvelle vie !

Le début du programme s'est avéré conforme aux prévisions. En vingt minutes chrono, le chirurgien a fait un grand ménage dans l'ethmoïde de son patient, ressortant de nombreux polypes qui désormais flottent dans de petits flacons pleins de formol, en attendant leur analyse de principe. En sortant du bloc, l'ORL a pu rassurer l'épouse au téléphone : « Tout s'est bien passé. Il va enfin pouvoir respirer à pleines narines. Venez le chercher à partir de 20 heures. »

À ceci près que, ensuite, les choses ne se passent pas tout à fait comme prévu. Le patient, qui a été transféré en salle de réveil, fait la sourde oreille aux appels de l'infirmière. Il refuse avec obstination d'ouvrir les yeux. Face à cette mauvaise volonté manifeste, elle en réfère à l'anesthésiste, qui tente à son tour de ramener l'endormi à la réalité. Sans plus de succès. Il se demande alors s'il n'a pas eu la main un peu lourde dans ses dosages. Il vérifie. Non, *a priori*, tout est bon. Il ne s'inquiète pas encore. À ce moment, toutes les constantes – pouls, rythme cardiaque, respiration, saturation en oxygène – sont parfaitement normales. Il le laisse donc faire une grasse matinée postopératoire.

Mais lorsque l'anesthésiste revient au chevet du dormeur, un peu plus tard, il flaire quelque chose d'anormal. Le malade devrait être éveillé depuis longtemps, maintenant.

Il soulève ses paupières et scrute les pupilles : elles sont dilatées. Il dirige alors le faisceau de sa petite lampe torche droit dans les yeux du patient. Aucune réaction. Le test indique un manque certain de vitalité du cerveau. C'est très inquiétant. Il donne aussitôt l'alerte et téléphone au chirurgien :

— Je ne comprends pas, ton malade, il ne se réveille pas. T'es sûr que tu n'es pas allé trop loin, avec tes pinces, à gratter comme un fou ?

— Tu me prends pour un con ? J'connais mon travail, non ? C'est toi qui as déconné, pour qu'il reste endormi comme cela.

Le temps de cet aimable échange, le malade est transféré dans le service de réanimation, placé sous respirateur et soumis à une batterie d'analyses.

C'est le scanner cérébral réalisé en urgence qui révèle l'étendue du désastre. Le patient vient de troquer sa sinusite chronique contre une hémorragie cérébrale. Pas sûr qu'il ait gagné au change. Un énorme hématome apparaît au niveau de ce que l'on appelle la « lame criblée ». Mince, un accident vasculaire cérébral hémorragique pendant une intervention, sacrée coïncidence. Un des réanimateurs se prend déjà à rêver d'une belle communication scientifique.

Quoi qu'il en soit, la situation est gravissime. Voilà le chirurgien obligé de téléphoner à l'épouse que finalement son mari ne va pas sortir ce soir. Il faut le garder en surveillance, à cause de l'anesthésie dont il ne se réveille pas. Inquiète, elle accourt en réanimation. Là, le discours est autrement plus inquiétant : madame, votre mari a saigné dans son cerveau. C'est la panique, l'épouse se voit déjà veuve.

Entre-temps, le chirurgien est parti taper son compte rendu opératoire. Lorsque la future veuve demande à le rencontrer, il a déjà quitté la clinique. Le lendemain, le patient décède.

La famille, en plein désarroi, se heurte au chirurgien manifestement mal embouché qui tente de se défausser sur son confrère anesthésiste. Leurs rapports s'enveniment rapidement.

Devant ce qu'il pressent être une future procédure judiciaire, le réanimateur préfère prendre les devants. Soupçonnant un gag chirurgical, il établit un certificat de décès avec obstacle médico-légal. Ce type de certificat, c'est la hantise du directeur de la clinique et le bonheur du légiste. Car l'obstacle bloque toutes les opérations funéraires, met le corps à la disposition de la justice et laisse suspecter, ici, la mise en cause d'une responsabilité médicale, voire de la clinique.

La machine judiciaire se met en route. Les services du procureur de la République, avisés par la clinique, ordonnent une autopsie. Le corps est transféré à l'institut de médecine légale le plus proche et, deux jours après la « simple formalité », c'est à mon confrère légiste de prendre le relais de l'ORL. C'est ça, la médecine de groupe.

Et là, surprise. On aurait pu imaginer une rupture d'anévrisme, une de ces malformations artérielles qui sont souvent à l'origine de saignements, gravissimes lorsqu'elles siègent dans le cerveau. Mais non. Certes, il y a un hématome sous les lobes frontaux, juste au-dessus de l'ethmoïde. Mais surtout, une fois le cerveau ôté, le légiste découvre une chose incroyable. Il a du mal à y croire, se frotte les yeux, appelle son équipe, avant de se rendre à l'évidence : la lame criblée a été perforée.

Cette partie de l'ethmoïde est juste au-dessus des fosses nasales, sous le cerveau, et sépare les deux structures. L'examen retrouve un trou de forme ovale, 5 millimètres de large sur 19 millimètres de long, parfaitement régulier, qui fait communiquer largement cerveau et fosses nasales. Si elle avait pu se moucher, la victime aurait sorti son cerveau. Le légiste note également une atteinte de la zone du cerveau située dans l'axe de l'orifice. La matière cervicale semble avoir été « grignotée », tout comme l'os. Pour un spécialiste, cela évoque fortement l'action intempestive d'une pince à os.

Désormais, un fort parfum de bavure médicale flotte sur cette affaire. Ces investigations médico-légales laissent planer un doute sur le déroulement exact de l'intervention chirurgicale. Fort logiquement, le procureur ouvre une information judiciaire et confie le dossier à un juge d'instruction. Dans la foulée, l'épouse du patient, désormais veuve avec ses deux enfants et dépourvue de tout revenu, se constitue partie civile. L'ORL, que tout accable, est rapidement mis en examen pour homicide involontaire.

Devant le juge d'instruction, l'ORL ne veut rien entendre. Pour lui, l'intervention s'est déroulée dans les règles de l'art. Par contre, les anesthésistes…

Quant à cet orifice, là, retrouvé à l'autopsie, ça ne peut pas être lui. Par contre, le médecin légiste…

Les interrogatoires s'enchaînent, les expertises se succèdent. Comme toujours en matière de responsabilité médicale, le magistrat préfère s'appuyer sur des experts travaillant en dehors de la zone de compétence de la clinique incriminée. C'est ainsi qu'il jette son dévolu sur le CHU de Poitiers, désignant deux ORL, l'un formé à travailler au microscope, l'autre à l'origine du développement de la technique sous fibroscope en France, et moi-même afin de l'éclairer sur cette affaire.

C'est à distance et à partir du volumineux dossier médical que nous nous mettons au travail, avec mes confrères.

Première curiosité, le disque dur du praticien, qui a été saisi, comprend trois versions du compte rendu opératoire. Trois versions successives à trois dates différentes. C'est assez inhabituel, surtout que la première rédaction est pour le moins succincte : « Ethmoïdectomie bilatérale sous microscope selon la technique classique. » On ne peut pas être moins informatif. La deuxième version, rédigée après que les résultats de l'autopsie ont été connus du praticien (il y a eu des fuites !) donne beaucoup plus de détails. Il insiste en particulier sur les précautions prises pour éviter de pénétrer dans le crâne. Étrange, non ? Enfin, l'ultime compte rendu, le seul sur lequel figure la signature du médecin, comporte une description détaillée de la technique opératoire. Évidemment, pas un mot concernant un éventuel problème au cours de l'intervention. Pour le chirurgien, tout s'est passé normalement.

Pas pour le juge d'instruction, qui, au vu de ces trois documents, lui décerne une nouvelle mise en examen pour faux et usage de faux.

Le magistrat va rapidement se rendre compte qu'il est bien difficile de tirer les vers du nez d'un ORL. Le médecin ne cesse de varier dans ses réponses.

Lors de sa première convocation, il réitère les propos tenus devant la famille du défunt et suggère fortement de s'intéresser à l'anesthésiste. La fois suivante, alors que le juge lui demande de s'expliquer sur la présence du trou dans la lame criblée, il accuse le médecin légiste d'être responsable de cette perforation lors de son autopsie. Piètre défense pour ce praticien qui sait parfaitement que son argument ne vaut rien. Les images du scanner réalisées du vivant du patient, alors qu'il était en réanimation, prouvent en effet que l'orifice est présent avant le décès.

Évidemment, il aurait été intéressant de pouvoir comparer les images postopératoires avec celles réalisées avant l'intervention. Pas de chance, ces clichés ont disparu. Hasard qui permet au chirurgien d'avancer une troisième explication : le développement des polypes dans l'éthmoïde de son patient a pu entraîner une érosion de la lame criblée. Du fait de la faiblesse de la paroi osseuse, il était inévitable qu'il passe à travers.

À l'issue de ces confrontations pour le moins houleuses où le juge a la nette impression qu'on se fiche de lui, le magistrat prend sans attendre la fin des investigations une mesure conservatoire assez rare : il interdit l'ORL de bloc opératoire pour une durée de six mois. En revanche, il l'autorise à effectuer ses consultations normalement, considérant que cette activité est sans risque pour les malades.

La suite des expertises est accablante. L'examen des tissus prélevés lors de l'opération conforte les observations du légiste. Ce ne sont pas seulement des polypes qui ont été sectionnés par la micro-pince, mais aussi des morceaux de l'encéphale. Ce que le praticien, contre toute évidence, conteste. Il va jusqu'à expliquer au juge qu'il n'est pas écrit « cerveau » dans le compte rendu de l'expertise d'anatomo-pathologie. Mais « tissu glial ». Ce qui n'est rien d'autre que du tissu cérébral. Du cerveau. Il demande d'ailleurs une contre-expertise sur les prélèvements, laquelle confirme les résultats initiaux.

Pour mes confrères et moi-même, il n'y a aucun doute à la vue des éléments du dossier. Le chirurgien a bien transpercé la lame criblée et atteint le cerveau.

Nous concluons donc, à l'attention du juge, à une faute du médecin. Ce qui entraîne aussitôt une contre-offensive, sur le thème : « La lame criblée était fragilisée par la tumeur. On aurait pu le voir sur le scanner préopératoire, mais quel dommage il a disparu. »

Là encore, le praticien fait fausse route, car la vérification de ses dires est facile. Lors de l'autopsie, le médecin légiste a prélevé l'éthmoïde. La pièce anatomique est donc confiée à un spécialiste, lequel conclut que l'orifice perforant la lame criblée est dû à une action mécanique.

L'ORL

Ayant épuisé tous ses moyens mais pas la justice, le chirurgien se retrouve en audience correctionnelle. Il écope de trois ans de prison avec sursis et d'une interdiction d'exercer d'un an. Il fera appel et sera condamné à la même peine.

Le tyran de Montembœuf

Les grandes douleurs sont muettes. Celles d'Annie, 67 ans, en fait partie. La dame que j'examine, fin février 2015, ne répond à aucune de mes questions. Un « oui » murmuré de temps en temps, des dénégations de la tête le plus souvent. Elle refuse également tout contact physique, ce qui ne facilite pas l'examen clinique.

Ce n'est pas par curiosité sadique que je suis venu tourmenter Annie dans sa chambre, à l'Ehpad de La Rochefoucauld, en Charente. La demande émane d'un juge d'instruction qui m'a donné une mission très détaillée. À savoir, « examiner la victime, noter les blessures, infirmités, maladies. Préciser leurs conséquences possibles. Fixer une ITT[1] au sens pénal. Dire si elle souffre de mutilations. Rechercher des traces de violences, notamment de nature sexuelle. Le cas échéant, en définir l'origine, la façon dont elles ont été produites et à quelle époque. Dire si les déclarations des mis en examen et de la partie civile sont compatibles avec vos observations.

1. L'incapacité totale de travail (ITT) correspond à la gêne dans les actes de la vie courante qui découle d'une agression. Sa durée sert à qualifier l'infraction et à déterminer les peines encourues.

Indiquer les soins, traitements, interventions nécessaires à prévoir. Fixer la date de consolidation des blessures. Établir les différents préjudices selon la nomenclature. Faire toute observation utile à la manifestation de la vérité ».

La réception de la lettre de mission s'accompagnait d'une copie du dossier d'instruction, dont la teneur évoquait les romans misérabilistes du XIXe siècle. L'histoire d'une pauvre femme, Annie, tenue en quasi-esclavage par un mari féroce et un fils indigne. Une femme qui n'a pas eu le choix, mariée par des parents désireux de caser à tout prix leur fille simple d'esprit et défigurée de naissance par une vilaine fente « labio-palatine », plus connue sous l'appellation « bec-de-lièvre ». Pas de quoi attirer les prétendants : même si l'anomalie avait été opérée, il en restait de sérieuses séquelles.

Pour son malheur, une autre famille du voisinage cherchait à marier Alfred, leur vieux garçon dont aucune fiancée présentable n'aurait voulu. Un type rustre, ouvrier dans les pépinières charentaises, pour qui seul comptait le travail. Le marché fut vite conclu et les épousailles célébrées en 1971. Annie avait 23 ans, Alfred, 28. Un fils naît peu après, Éric, puis une fille mort-née. La vie maritale n'est pas un long fleuve tranquille pour Annie, assignée aux corvées ménagères dans une maison sans confort et à un quotidien de violence ordinaire.

Annie confiera plus tard dans la douleur le récit de ses dernières années de calvaire.

Le mari, qui la frappe à coups de bâton (une baguette de noisetier), la gifle, la traîne par les cheveux jusqu'au lit conjugal et la pénètre sans lui demander son avis, la sodomise.

Le fils, qui à 40 ans dort toujours dans la pièce principale qui sert de chambre à ses parents, suit l'exemple du papa. Il la gifle à son tour, la frappe, la jette contre les murs.

Pour Annie, vulnérable, sans repères, sans amis et sans contact avec le monde extérieur, cette vie est la seule possible. La seule qu'elle connaisse. Incapable d'imaginer autre chose, totalement dépendante de ces deux hommes, elle endure, sans broncher.

C'est une dénonciation anonyme qui a mis fin à ce terrible huis clos. Le procureur a été alerté, les gendarmes sont intervenus. Alfred et Éric ont été placés en garde à vue, mis en examen et incarcérés. Début 2014, Annie s'est retrouvée seule dans la maison.

Elle aurait dû se sentir enfin soulagée. La disparition de ses tourmenteurs a eu l'effet inverse : elle s'est sentie abandonnée au point de perdre l'instinct de survie.

Une fois encore, c'est un courageux anonyme qui a alerté les services sociaux. Le même que l'année précédente ? On ne sait pas. Ce que l'on sait, c'est que les pompiers ont récupéré une loque humaine.

Annie était sale, puante, dans un état d'incurie totale, sous-alimentée. Incapable de couper le bois nécessaire au chauffage, tâche naguère dévolue au mari, elle était en hypothermie dans sa maison glaciale, sans chauffage ni toilettes, au sol en terre battue.

Hospitalisée en urgence pour une altération extrême de son état général, à deux doigts de mourir, elle avait récupéré lentement. D'abord craintive et confuse, refusant obstinément de parler, en proie à une agitation permanente, elle avait doucement repris pied dans la réalité, s'était calmée, rassurée sans doute par le personnel hospitalier qui prenait soin d'elle.

Après une nette amélioration de son état, elle avait été admise à l'Ehpad de La Rochefoucauld le 26 janvier 2015.

C'est dans cet établissement que je retrouve donc Annie, afin de mener à bien mon expertise judiciaire. L'infirmière qui m'a accompagné jusqu'à la chambre m'a prévenu. « Annie est très inquiète. La psychologue a parlé avec elle, nous lui avons expliqué que vous étiez un docteur comme un autre. Mais cela ne va pas être facile. »

La chambre est propre, meublée sommairement, sans aucun objet personnel. Annie s'est mise sur son trente et un, coiffée et parfumée. Petite et toute menue, elle reste debout devant moi, le regard fuyant le contact. Un lambeau de chair doté de deux narines, au-dessus de la lèvre supérieure, lui tient lieu de nez. Le chirurgien qui a opéré Annie dans son enfance n'était pas un as de la reconstruction faciale.

J'explique du mieux que je peux le but de ma visite. J'évoque les conséquences de ce qu'elle a subi. Aussitôt, un voile de tristesse passe devant ses yeux et Annie se tasse sur elle-même. Sur son passé, de ce qu'elle a enduré, elle ne dira rien. Elle consent toutefois à répondre par oui ou par non à quelques questions. Elle confirme du bout des lèvres ses déclarations devant le juge.

Je lui demande ensuite si elle accepte que je l'examine. Au début, c'est non. Il me faut beaucoup de temps pour qu'elle consente d'un hochement de tête à ce que je voie au moins ses épaules, où frappait le bâton. Elle dénude légèrement le haut de son torse, dégageant ses épaules couvertes de lésions de grattage, signe classique d'une anxiété profonde. Pour le nez, je peux regarder, mais sans toucher, murmure-t-elle.

Elle refuse catégoriquement l'examen gynécologique que demande le juge. Il devra se contenter du compte rendu médical figurant au dossier. Je tente une dernière fois d'entrer dans les détails de son histoire. Inutile. Elle secoue la tête. Elle ne dira plus rien. Je prends congé.

Lors du procès d'assises de son mari, à Saintes, en janvier 2017, Annie est absente. Le fils lui aussi manque à l'appel : remis en liberté provisoire quelques mois auparavant, il s'est suicidé. Alfred est donc seul dans le box, accusé de violences et de viols sur personne vulnérable.

Je découvre un grand gaillard de 74 ans au regard dur, les cheveux gris plaqués en arrière, le buste légèrement penché en avant, comme prêt à en découdre.

— Pourquoi l'avez-vous épousée ?

— C'était une bonne femme, pour le ménage.

— Vous étiez amoureux ?

— Bien sûr, puisqu'on était mariés.

— L'avez-vous violée ?

— Non, c'est ma femme. On peut pas violer sa femme.

À aucun moment il ne se remet en question. Au psychologue il annonce même : « Je ne suis pas méchant, je ne lui en veux pas. » Encore heureux !

Interrogé, il jure qu'il n'a jamais frappé Annie, ni ne l'a forcée à une relation sexuelle. Le président insiste.

— Vous êtes sûr qu'elle était toujours d'accord ?

— Oui, oui… des fois. Enfin, je ne lui demandais pas.

Il préfère parler de son travail, quarante-trois années de dur labeur dans les pépinières, sans jamais un jour d'absence. Sa seule fierté.

Mon intervention est assez limitée. Je confirme les observations de mon rapport d'expertise, à savoir, une dégradation physique et mentale de la victime en lien avec les violences.

En fin de journée, celui que la presse locale a surnommé le « tyran domestique de Montembœuf » reconnaît vaguement les coups, les rapports forcés.

— Mais c'était ma femme, c'était pas un viol.

— Monsieur, on n'est plus en 1810[1]. Et cela fait plus de trente ans que forcer sa femme, c'est un viol.

— Oui, oui…

Verdict : onze ans de réclusion criminelle.

Aidée par l'équipe soignante, Annie a demandé le divorce et coule des jours paisibles, loin du bruit et de la fureur du monde, dans sa chambre de l'Ehpad de La Rochefoucauld.

1. En 1810, le « devoir conjugal » désignait l'obligation d'une vie sexuelle régulière au sein du mariage. Il en découlait une impossibilité juridique du viol entre époux. En 1980, la loi a transformé cette situation, et, depuis cette date, non seulement un acte de pénétration sexuelle imposé à un époux, partenaire pacsé ou concubin est un viol, mais de plus le fait que la victime du viol soit un époux, partenaire pacsé ou concubin est une circonstance aggravante avec une peine majorée à vingt ans de réclusion criminelle.

Sodome au cabanon

Le patient du jour est un sacré gaillard. La quarantaine sportive, il affiche un quintal de muscles pour 1,80 mètre. Du costaud. Son épouse l'a retrouvé au petit matin, mort dans le cabanon qu'il s'était construit au fond du jardin, affalé sur le lit. Adepte d'une vie bisexuelle effrénée, c'est là qu'il recevait ses partenaires masculins dragués sur Internet. Ce qui avait pour avantage de ne pas déranger madame, qui s'était résignée aux frasques de monsieur à condition que ce ne soit pas à la maison.

Devant la rigidité qui débutait, le Samu n'avait pu que confirmer le décès et n'avait pratiqué aucune réanimation. Du bon sens : il était inutile de faire semblant.

L'épouse avait craqué devant le médecin et raconté la vie sexuelle agitée de son mari, ses recrutements sur le Net. Compte tenu de ce contexte qui exposait à un risque de violences et s'agissant d'un homme jeune, le médecin avait coché la case « obstacle médico-légal » du certificat de décès. Ce qui avait déclenché l'enquête.

Les gendarmes étaient allés très vite en besogne. Pistant les partenaires sexuels sur Internet et les réseaux sociaux, ils avaient identifié le dernier visiteur du cabanon, l'avaient retrouvé et interrogé chez lui. Il n'était pas question de garde à vue à ce stade de l'enquête. « Nous avons juste quelques questions à vous poser, concernant M.... Il est décédé. Vous aurait-il parlé de problèmes de santé ? »

Sous le choc de la nouvelle, le visiteur de la nuit s'était montré très coopérant. Tout avait commencé dans un bar de luxe, leur point de rendez-vous, où les deux partenaires s'étaient alcoolisés copieusement avant de partir raides tous les deux (sexuellement parlant s'entend) pour le cabanon, où ils avaient complété leur dose (d'alcool). Les envies étant ce qu'elles sont, ils avaient commencé par une fellation réciproque, histoire de bien durcir l'organe. Puis mon client s'était allongé sur le ventre, la croupe offerte.

Les souvenirs embrumés de son partenaire avaient retenu quelques mots : « T'as déjà fait l'amour à un mort ? Baise-moi, baise-moi, j'fais le mort. » Car c'était son truc : s'offrir sans bouger, faire le mort. Il disait souvent, comme l'avait confirmé son épouse : « Jouir, c'est une petite mort. J'aimerais mourir en jouissant. Ce serait le pied, non ? Mourir comme les artistes, sur la scène... »

Un peu glauque, mais vœu exaucé. Sauf à imaginer un autre scénario : est-il réellement mort de plaisir ? Car entre soumission, sadomasochisme et violences sévères, il n'y a qu'un pas qui parfois tourne mal.

C'est là que j'interviens : mon rôle est de vérifier si la mort est vraiment naturelle ou s'il y a eu des violences. Et si la mort est naturelle, quelle en est la cause ? Mais j'imagine déjà une autre question : à quel moment est-il mort ? Avant, pendant ou après ? Car sérieusement imbibé, le pénétrant a pu ne pas se rendre compte du malaise de son camarade de jeu. Après des prémices avec un bon vivant, il avait peut-être fini par besogner consciencieusement… un mort.

En tout cas, il était persuadé que le propriétaire des lieux s'était endormi en pleine action. Son affaire faite, il s'était éclipsé.

Pour les enquêteurs, le récit tient la route. Mais la méfiance étant la nature première des gendarmes comme celle des légistes, le pénétré s'est retrouvé sur mon inox, sous le feu des projecteurs, pour réaliser ce qui aurait pu être un ultime fantasme : se faire mettre les mains dedans ! Car une autopsie, finalement, c'est un peu ça.

Lorsqu'elle arrive sur ma table à découper, la dépouille est déjà passée par l'étape désormais systématique du scanner. J'accède aux images en quelques clics dans le PACS (Picture Archiving and Communication System), système informatique qui nous donne un accès direct aux images de la radiologie à partir de n'importe quel ordinateur du service.

J'étudie son corps de la tête aux pieds, à la recherche de fractures, d'hémorragies profondes, de projectiles ou de tout autre objet indûment inséré dans l'organisme. Les clichés du cabanonier ne révèlent rien d'anormal, en dehors de poumons quelque peu encombrés.

Je passe ensuite à l'examen externe.

À peine la housse ouverte, des vapeurs d'alcool m'inondent les narines. C'est le Vapshot[1] du légiste ! Je sens que cette autopsie va rapidement me monter à la tête.

---

1. Le Vapshot, c'est une machine capable de transformer de l'alcool liquide en vapeur pour l'inhaler à la paille dans une bouteille pressurisée au lieu de le boire. Une nouvelle mode aux États-Unis…

Compte tenu de son activité au moment du trépas, l'homme est entièrement nu. Cela m'évite le déshabillage, qui peut vite être fastidieux à cause du nombre de couches (en particulier l'hiver chez les SDF). Avec le temps, j'ai peaufiné la technique : à la place des classiques ciseaux qu'utilise le Samu dans ses interventions urgentes, je me sers d'une grande lame rasoir de 20 centimètres à usage unique traditionnellement utilisée par mes confrères anatomopathologistes (ceux qui regardent les organes au microscope). Avec cet engin redoutable, je peux en un seul geste couper plusieurs couches d'un coup, y compris les épaisses vestes matelassées. Rien ne lui résiste, même pas les ceintures de cuir. C'est la seule façon d'ôter veste, pantalon, pull, sous-vêtements sans manipuler le corps dans tous les sens au risque de perdre des indices. Lesdits habits sont par ailleurs soigneusement examinés, à la recherche d'orifices de projectile, d'entailles laissées par des lames, ou de déchirures. Puis ils sont placés sous scellés.

Mais aujourd'hui, pas de vêtements. L'examen externe de la victime peut commencer. Il s'agit de répertorier tous les renseignements possibles, dans ce qui peut devenir un long inventaire à la Prévert : des érosions cutanées, des ecchymoses, des hématomes, des plaies franches ou contuses, les signes d'une pathologie médicale, l'état général, les tatouages, les piercings, mais également l'absence d'anomalies, car elle aussi est un renseignement.

Personnellement, je ne dicte rien et ne prends aucune note. J'utilise ma mémoire et le moyen de la revisiter à tout moment et à l'infini : mon APN (appareil photo numérique).

En effet, l'arrivée du numérique a profondément changé nos pratiques : avant, à l'époque de l'argentique, les clichés ne concernaient que les lésions et les anomalies. Nous étions économes pour des raisons de prix. Une bobine de 36 poses suffisait pour une autopsie criminelle simple, avec parfois une seconde pour les affaires complexes. Puis il fallait prévenir celui qui ferait le développement et les tirages, pour lui éviter un traumatisme psychologique. Et nous avions toujours la crainte d'une erreur de distribution de la pochette depuis le jour où nous avions récupéré les photos de vacances d'une petite famille au lieu de ceux d'un massacre à coups de casserole !

Quand le numérique est arrivé, au début, je fus déçu, car la définition n'était pas au rendez-vous. Par exemple, sur une tête en cours de décomposition, je ne pouvais pas, en grossissant l'image, différencier les dents des asticots (dans les deux cas le grossissement montrait des pixels blancs...). Mais avec le temps la qualité a beaucoup progressé, et maintenant nous n'hésitons plus à multiplier les clichés, sans limites.

En ce qui concerne notre gaillard fortement pénétré de l'importance de son partenaire, aucune trace suspecte, même pas sur la marge anale. En quelques clichés, je fais le tour de ma victime : corps en entier de dos, de face, tronc de trois quarts à droite et à gauche. J'ajoute le visage (face et trois quarts) et une photo de cul. Pardon, de l'anus. S'il y avait des anomalies, je ferais en plus des gros plans avec une mire millimétrée. Mais aujourd'hui, pas d'ecchymose, pas d'hématome, aucune griffure ni plaie. Rien.

Enfin, si ! Les ongles et les oreilles sont cyanosés, d'une couleur ardoise liée à l'augmentation du taux de gaz carbonique dans le sang, le visage est congestif, et un liquide clair est ressorti par la bouche et les narines lorsque j'ai placé le corps sur le ventre.

À ce stade de mon examen, je me garde de tout commentaire sur ces éléments. Une prudence qui évite de trop s'engager sur le mécanisme de décès, au risque de devoir démentir lors de l'autopsie.

Je jette un coup d'œil à l'horloge murale. Garder la notion de l'heure est un automatisme que j'ai acquis lorsque j'étais chirurgien : à qualité de geste identique, plus on est rapide, moins il y a de complications. J'ai toujours appliqué le même principe à mes clients décédés : être rapide permet de garder une fraîcheur d'esprit et une lucidité qui favorisent la qualité du travail. Ça laisse du temps pour rédiger le rapport et cela diminue la fatigue.

Aujourd'hui, le cas est assez simple, j'en profite pour réaliser une autopsie pédagogique : je montre à Charlotte, jeune psychiatre et interne dans le service depuis quelques mois, comment personnellement j'aborde mon sujet.

Elle a déjà un peu d'expérience, a assisté à des autopsies et a commencé les dissections sous le contrôle de certaines de mes collègues particulièrement exigeantes. Leur logique ? En schématisant, je dirais qu'il faut pouvoir tout maîtriser dès le début de l'affaire, quels qu'en soient les développements. Maîtriser l'avenir, en quelque sorte…

Tout est dans le contrôle, le principe est d'accumuler les informations quand bien même elles n'auraient pas d'utilité, car on ne sait jamais. Avec ce principe, les rapports d'autopsie sont émaillés de l'expression « on ne peut pas exclure que… ». Une vision que je ne partage pas.

Certes, cela permet de ne jamais rien oublier : depuis que l'équipe est constituée, elle n'a jamais été prise en défaut sur le recueil des renseignements. En revanche, la méthode a son revers : la rigidité, la complexité, l'abondance des informations inutiles, la durée de l'examen, ne serait-ce qu'à cause du temps passé en photographies. Ne rien oublier, c'est la moindre des choses. Essayer de tout contrôler, c'est utopique.

Mais aujourd'hui je veux qu'elle voie autre chose. Mon objectif ? Qu'elle acquière une autonomie de pensée afin de pouvoir, si besoin, par un choix raisonné, s'écarter des protocoles habituels.

— Charlotte ? Je vous la fais à la Jean-Claude Van Damme ? *Be aware !*

— *Be aware* ?

— Oui, ouvrez vos sens… À quoi vous attendez-vous ?

— Ben, à une belle autopsie de chef !

— Non, je vous parle du corps. À quoi vous attendez-vous ?

Un long silence s'ensuit. Je lève les yeux. Derrière son masque de protection, Charlotte a l'air perplexe.

— C'est la première question à vous poser. Quand les enquêteurs vous apportent une histoire, à vous d'imaginer ce que vous allez trouver, avant même d'ouvrir le corps. Un pendu ? Je m'attends à un sillon qui ait une orientation identique à la boucle de la corde, sinon peut-être a-t-il été étranglé et pendu ensuite. Un noyé ? Je m'attends à des sinus pleins de liquide au scanner, des poumons lourds, de l'eau dans la trachée, les bronches, l'estomac, sinon peut-être a-t-il été jeté mort dans l'eau.

— Et ça marche à tous les coups ?

— Non, mais ça aide. Même sur les scènes de crime. Donc, Charlotte, à quoi vous attendez-vous ?

— Chez un homme bien alcoolisé qui a un rapport sexuel consenti ?

Charlotte réfléchit deux minutes. En attendant, j'incise la peau du pubis au menton. Sans répondre à ma question, dans une phrase précipitée, elle manifeste son étonnement :

— Vous ne commencez pas par les crevés du dos ? C'est toujours ce qu'on fait quand c'est criminel ou que cela pourrait l'être.

Les crevés sont de longues incisions de la peau, profondes, réalisées sur le tronc et les membres, destinées à découvrir les hématomes profonds. Ce nom vient d'une analogie avec les petites ou les grandes taillades (fentes ou crevés) pratiquées dans l'étoffe d'un vêtement pour laisser apparaître la chemise ou une doublure de couleur, au XVIe siècle.

— Vous avez raison, les crevés sont indispensables au bilan des lésions de violence. Mais avez-vous vu des traces inquiétantes ?

— Non, mais on ne les voit pas toujours en surface.

— C'est exact. Elles peuvent être bien présentes mais invisibles. Mais que vous dit le contexte ?

— Les gendarmes n'ont pas l'air inquiet, ça pourrait être une mort toxique avec tout ce qui se prend pour augmenter le plaisir, ou même carrément une overdose, ou alors l'alcool, pourquoi pas ? Mais on ne peut pas exclure des violences, non ?

— Il est trop tôt pour exclure, mais il faut prendre position pour s'organiser. Si je prends en compte cette odeur d'alcool, la cyanose, le liquide qui est sorti de la bouche et du nez… Moi, je pense à un possible accident d'ivresse aiguë. Alors, pour l'instant, n'étant pas inquiet, je garde les crevés comme une option à la fin de l'autopsie et non au début.

— Cela ne va pas être facile une fois le corps ouvert.

— C'est vrai, ce sera plus difficile, mais si je n'en ai pas besoin, je gagne un temps considérable. Et je respecte mieux le corps...

Il faut parfois faire preuve d'imagination, mais le principe reste finalement toujours le même : être capable en fin d'autopsie de répondre à toutes les questions ultérieures sur la cause de la mort et ses circonstances avec un minimum de logique et de bon sens.

Je quitte le bistouri chirurgical pour la grande lame rasoir d'anatomopathologiste et, partant de mon incision précédente, je file directement sous les muscles du thorax et la graisse abdominale. En quelques gestes amples, j'ai exposé les côtes et les muscles de l'abdomen. Je suis prêt à ouvrir les cavités.

— Qu'est-ce que ça va vite !

Effectivement avec une lame de 20 centimètres, c'est plus rapide si l'on adapte le geste. Je jette un coup d'œil à l'horloge : je suis dans mes temps habituels.

— Mais vous ne disséquez pas plan par plan ?

— Non, pas aujourd'hui. Je pourrai toujours revenir en arrière plus tard. Mais pour l'instant, en surface il n'y a rien et en profondeur je n'ai ni hématome, ni fracture de côte.

Charlotte devient silencieuse et observe attentivement. Je poursuis dans un long monologue et lui décris mes gestes. Je reprends ma lame courte et dissèque le cou plan par plan, évitant de couper les petits vaisseaux très congestifs qui parcourent la région. J'expose ainsi la thyroïde, le larynx et la partie supérieure de la trachée.

— C'est bizarre cette façon que vous avez de couper avec le plat de la lame et pas son tranchant.

— Oui, c'est très utile, en fait cela ne coupe pas, sauf à la pointe du bistouri, cela dissocie les plans anatomiques. Vous pouvez le faire entre la peau et les muscles ou entre deux groupes musculaires. Ici, cela m'a permis de séparer le peaucier du cou et la peau sans abîmer ni l'un ni l'autre. Je vous apprendrai.

Je contemple quelques instants le résultat de ma dissection du cou : aucune structure n'est abîmée. On voit les deux veines jugulaires internes, les carotides, les ganglions du cou, la thyroïde. Il n'y a aucune goutte de sang, le champ opératoire est parfaitement propre.

Avec la même lame, je coupe les cartilages des côtes de bas en haut, puis insinue la lame entre le sternum et la clavicule, à gauche puis à droite. J'introduis un des deux crochets d'un écarteur d'Ollier entre deux cartilages, puis je soulève le plastron en le rabattant vers le bas. Je coupe le diaphragme dans la continuité du geste et dépose le plastron entre les jambes. Les deux poumons, très congestifs, sont désormais visibles, bien à leur place dans la cavité thoracique, tout comme le cœur dans son péricarde.

— Charlotte, sauf exception, je ne coupe plus les côtes au costotome [sorte de sécateur chirurgical]. Maintenant, je coupe les cartilages au ras des côtes osseuses, cela permet de conserver le galbe du thorax, pour la restauration. Et en plus on ne se plante pas la main dans les esquilles osseuses. L'ouverture est plus petite mais suffisante dans des cas comme ça.

Je finis ma phrase en chantonnant : « De m'occuper des cas comme ça. »

J'ai demandé à la lune...
Si tu voulais encore de moi
Elle m'a dit : « J'ai pas l'habitude
De m'occuper des cas comme ça... »

— Vous aimez Indochine ?
— J'aime la vie.

Retour au corps. L'ouverture de l'abdomen est une formalité : j'introduis le crochet d'un couteau d'éviscération en haut de l'abdomen, sur la ligne médiane, et en un mouvement j'ouvre l'aponévrose et le péritoine qui se situent entre les muscles grands-droits. Puis j'écarte la paroi de chaque côté, exposant les anses intestinales.

— Qu'est-ce que c'est que cet engin ? Je ne l'avais jamais vu...

— C'est un outil perso, que je ne sors que pour les grandes occasions, comme aujourd'hui.

— Mais il n'y en a pas dans la boîte d'instruments, c'est de la triche !

— Pas du tout, c'est de l'adaptation. Je m'adapte. Vous avez le droit de vous adapter.

— C'est fantastique, avec ça, on ne peut pas perforer les intestins, ni se blesser. Et ça va vite.

— C'est fait pour.

— Mais où l'avez-vous trouvé ?

— C'est un secret.

— Ne me dites pas qu'il vous sert à la chasse ?

— Je ne l'ai pas dit. Mais ce n'est pas l'essentiel. *Be aware !* Qu'avez-vous vu ?

— Rien, je n'ai pas eu le temps.

— Je vous résume : il n'y a pas d'épanchement ni dans le thorax ni dans l'abdomen. Les poumons sont très congestifs, ce sont des poumons de fumeur vu les taches noires de surface. Son foie est trop jaune et il est un peu mou, mon doigt y laisse son empreinte, ce qui me fait penser à une surcharge graisseuse, un foie gras, autrement dit. Je pense que la rate est un peu grosse. Les intestins sont intacts sans aucune adhérence. Il n'a pas été étranglé et il empeste l'alcool. Tout va bien, je ne suis pas surpris.

— Comment pouvez-vous dire qu'il n'a pas été étranglé, je n'ai pas vu l'os hyoïde ni les cornes du cartilage thyroïde ?

— Pourtant, ils sont bien visibles, aux limites de la dissection du cou, sans la moindre infiltration sanguine. *Be aware !* Je vais faire quelques photos de rien.

— Des photos de rien ?

— Oui, pour pouvoir affirmer preuve à l'appui qu'il n'y avait rien. Sauf ce que j'ai énoncé. Il n'y a pas de lésion traumatique, si vous préférez.

L'agent d'amphithéâtre passe derrière moi, mais renonce à nettoyer la table faute de taches.

— Que vais-je faire ensuite ?

— L'abdomen ?

— Pourquoi pas. Gardons le meilleur pour la fin, ou presque…

Je change d'instruments et me dirige vers le cæcum, cette partie du gros côlon, à droite, où s'abouche l'intestin grêle, là où se trouve l'appendice. Je clampe l'intestin grêle au ras du côlon par deux pinces et je le coupe entre les deux. Puis, exerçant sur lui une traction douce vers le haut, je déroule l'intestin en sectionnant ses attaches (le méso) au fur et à mesure, tout en examinant sa paroi externe. Après quelques minutes, j'arrive au dernier segment du duodénum, juste avant l'estomac, que je clampe aussi avant de le sectionner. J'extrais ainsi le bloc intestinal de l'abdomen. Je vérifie rapidement le contenu du grêle, mais ne trouve aucune anomalie.

Puis c'est le tour du côlon, avec la même méthode, du cæcum au rectum, avec le même résultat. Il n'y a rien dans le rectum, pas de godemichet, pas de corps étranger. Ni de lésion traumatique, d'ailleurs. La sodomie s'est passée en douceur.

J'essuie le peu de sang qui a coulé pour inspecter la paroi abdominale. La vessie est saillante, manifestement pleine à craquer. Une petite incision sur le dôme, un prélèvement pour la toxicologie, et je la vide ensuite avec l'aspiration. Sa paroi ne présente pas d'anomalie.

Retour vers ce qu'on appelle les organes sus-mésocoliques, les organes de l'abdomen situés sous le diaphragme. Je vérifie qu'il n'y a pas de collection dans l'arrière-cavité des épiploons, une poche entre paroi postérieure de l'abdomen en arrière et estomac en avant où parfois on découvre des abcès profonds. Puis je sors rapidement le foie, qui comme je l'avais suspecté est plutôt mou, puis la rate, le pancréas, le duodénum et l'estomac, après avoir mis deux clamps sur la partie basse de l'œsophage. Tous les organes sont pesés. L'estomac est ouvert : il est plein d'un liquide très coloré.

J'ai droit à un nouveau Vapshot, pire que le premier. On se croirait dans une distillerie. C'est une odeur d'alcool fort, un whisky avec quelques notes tourbées. J'ai peut-être le même à la maison. Il n'y a aucune trace d'aliment. J'ai beau humer le nez au-dessus du plateau, je ne détecte pas d'autre odeur.

— Charlotte, vous voulez sentir ?

— Ah non, sans façon, merci, c'est dégueulasse, je déteste l'odeur du vomi.

— Ça ne sent pas le vomi, Charlotte… Faites-moi confiance.

Charlotte se lance, ferme les yeux, penche son masque vers le plateau.

— Ça alors, j'aurais pourtant parié !

— Et vous auriez perdu !

Je passe ensuite à la cage thoracique : les poumons anormalement lourds se révèlent être pleins de liquide gastrique, jusqu'au fond des plus petites bronches, avec la même odeur.

À ce stade, le diagnostic est établi. La victime a succombé des suites de la régurgitation et de l'inhalation d'une partie du contenu de son estomac. Elle s'est noyée dans son alcool. Une forme extrême de Vapshot, en quelque sorte. Le cœur est sain.

L'ouverture de la boîte crânienne termine l'examen. Le cuir chevelu est découpé depuis l'arrière et rabattu vers l'avant, sur le visage. Ce qui permettra ensuite de le remettre en place sans qu'aucune marque d'incision soit visible au-dessus du front. L'os est scié au moyen d'une scie vibrante, la même que celle utilisée pour déplâtrer un membre après une fracture. Un petit coup de levier et hop, la calotte se détache avec un bruissement sec, libérant l'accès au cerveau qui, une fois extrait, est examiné et pesé.

C'est le moment du bilan, une sorte de vérification de la checklist que je défile dans ma tête : j'ai réalisé tous les prélèvements de toxicologie (y compris l'humeur aqueuse de l'œil), ceux d'anatomopathologie, quelques prélèvements génétiques de la marge anale et du rectum, et j'ai tout mis sous scellés. J'ai fait les photographies indispensables. En un coup d'œil rapide, je réexamine la dépouille désormais largement ouverte : je n'ai rien oublié !

Un dernier coup d'œil à l'horloge : depuis l'ouverture de la housse, il s'est passé une heure et quart.

Charlotte est restée silencieuse depuis son excursion dans les vapeurs d'alcool. J'ai l'impression qu'elle s'est égarée en route.

— Charlotte ?

— Oui ?

— Ça va ?

— Comment vous faites ?

— Pour ?

— Pour aller aussi vite et ne rien louper ?

— Je n'ai pas de mérite. J'ai juste l'expérience. Tous mes gestes, toutes mes décisions sont adaptés au cas qui se présente. Ma technique est adaptée au problème rencontré. Par exemple, si je suspecte une embolie pulmonaire, je vais extraire tout le bloc thoracique avec le cou, en continuité, le retourner et disséquer les vaisseaux par leur face postérieure. Si le patient vient de neurochirurgie après deux mois de réanimation, une balle dans la tête, et si je ne suspecte pas de problème de responsabilité médicale, c'est le cerveau qui sera important et j'enlèverai les organes du thorax un par un, et non pas en bloc comme pour une embolie pulmonaire. *Et cætera.* Mais je ne suis pas toujours aussi rapide. Aujourd'hui, c'est facile, je n'ai pas réellement de mérite. Il m'est arrivé d'y passer la journée complète et d'y revenir le lendemain, rassurez-vous, comme dans une histoire de soixante-seize coups de couteau, avec en prime un corps incendié…

— …

— Mon passé de chirurgien m'a aussi appris à être précis et économe de mes gestes : je ne lâche jamais un instrument tant que je peux l'utiliser dans la région que j'étudie. Et puis, j'ai mes petits trucs. Mais je reste toujours… *aware* !

Les dernières opérations sont confiées aux agents d'amphithéâtre, et ce ne sont pas les moindres, puisqu'il s'agit de réhabiliter la dépouille et de lui rendre son humanité. Les organes sont remis en place, la calotte crânienne recollée, la peau soigneusement recousue.

Lavé avec soin et rhabillé de propre avec les vêtements confiés par la famille, le mort peut retrouver les siens pour un ultime adieu. Et moi, les enquêteurs, pour leur faire mon rapport.

Le lendemain, la toxicologie revient : 4,25 grammes par litre. À cette dose, mon cabanonier était proche du coma, ou dans le coma. Mais ce qui l'a achevé, c'est sa noyade dans le whisky. Informés, les enquêteurs ont refait un interrogatoire soft du compagnon de beuverie, en insistant sur les effets de l'alcool. Un peu de pédagogie ne peut que faire du bien.

Et en s'abstenant de lui livrer nos doutes : il avait peut-être réalisé le fantasme de son partenaire, mourir d'une petite mort en pleine action. Un peu de psychologie ne peut pas faire de mal.

Gothique flamboyant (hibou, caillou, chou, genou…)

Buxerolles n'a rien d'un village. C'est même la troisième ville du département de la Vienne, collée à la bordure nord de Poitiers. Elle appartient à la communauté d'agglomération. Elle n'en a pas moins gardé de petits airs campagnards, avec ses friches agricoles qui résistent encore ici et là à l'urbanisation, à deux pas du centre-ville. C'est dans l'un de ces terrains voués aux herbes folles, où quelques choux témoignent d'une culture ancienne, que je m'apprête à œuvrer, accompagné de mon interne, que j'ai spécialement appelée pour cette levée de corps d'un beau samedi après-midi.

Le but de notre exploration est tout ce qu'il y a de classique : un corps gît à quelques mètres de la route. Il est sans doute là depuis un moment. Mais il est masqué par la haie qui borde le champ et par la végétation. Les riverains ne se seraient rendu compte de rien sans les effluves désagréables apparus ces derniers jours. Avec la chaleur, tout le monde vit les fenêtres ouvertes. Alors forcément, quand ça pue, on le sent.

À notre arrivée, il a fallu faire évacuer l'afflux des curieux qui piétinaient consciencieusement le terrain. Il y avait les pompiers, appelés on ne sait pas pourquoi, leur capacité à ranimer les morts étant habituellement nulle. Il y avait les policiers, ça, c'est normal. Mais aussi les voisins, ce qui l'est moins, sans compter les badauds attirés par toute cette agitation. Les distractions champêtres sont rares dans le coin, alors, pour une fois qu'un vrai macchabée venait se poser par ici, pas question de le rater. Résultat, un beau bazar et des dizaines d'empreintes de pas un peu partout.

Jouant les rabat-joie, nous procédons à l'expulsion de tous ces squatters de la scène de crime avec l'aide des gardiens de la paix. Puis, les lieux dûment balisés, nous nous approchons du corps. Personne n'y a touché. C'est ce que nous assure l'un des policiers présents. Pas fous, les curieux. Ils voulaient bien se rincer l'œil, mais pas se salir les mains. Parce que notre client est salement putréfié.

Le cadavre est allongé sur le dos, recouvert par une bâche noire dont une extrémité a été rabattue par les découvreurs. La tête qui dépasse du plastique est le lieu d'une intense bataille entre asticots. C'est la lutte pour avoir les meilleurs morceaux. J'imagine aisément l'état du corps, ça doit grouiller là-dedans, de vers, de mouches et de poux. Non, pas de poux, ceux-là ils quittent le corps après la mort.

À l'arrière du magma noirâtre et grouillant qu'est devenu le visage, on distingue encore deux formes ressemblant à des oreilles ; l'une porte un piercing, l'autre une grande croix noire. Ton sur ton, quelle classe. Je reconnais une masse de cheveux longs et noirs. Mais je suis bien incapable de dire s'il s'agit d'un mâle ou d'une femelle.

Lorsque je finis de soulever la bâche, un nuage de mouches s'échappe en bourdonnant de colère. Ces dames n'aiment pas être dérangées en pleine action. Je note que le cadavre porte d'épais vêtements noirs, ce qui détonne avec la chaleur moite qui règne depuis un mois. Il a aux pieds de gros souliers de cuir noir à talons hauts et épais.

Je m'agenouille, non pour ajouter un rite funéraire, mais pour mieux voir les détails. Au passage, je m'abîme un genou sur les cailloux. Ses mains, liées devant le corps par une ficelle épaisse en polypropylène noir, portent des mitaines. Les ongles sont passés au vernis noir. Vraiment très étrange. Enfin, un lien de la même nature que celui qui enserre les poignets entoure ses jambes et son bassin.

— On dirait un gothique.

Dans mon dos, la voix est timide. Je me retourne : c'est mon interne. Brutalement, je m'aperçois qu'aujourd'hui elle a les yeux un peu charbonnés, de grosses bagues à chaton noir aux doigts, dont les ongles sont vernis... en noir. Ce n'est pas sa tenue habituelle, dans le service c'est plutôt blouse blanche, pas de bijou ni vernis sur les ongles. Mais je me rends compte que le thème récurrent de ses tenues habituelles est le noir. Il ne manque que les piercings...

— Bon, puisque vous m'apparaissez être la spécialiste de la question dans l'équipe, je compte sur vous pour me faire un topo sur les gothiques. Histoire de me mettre au parfum.

— Merci chef ! Hibou !

— Hibou ?

— Oui, chef ! Hibou ! On ne dit pas « Chouette », ça porte malheur !

Je sens qu'elle va pouvoir se faire plaisir : vous pensez, un exposé sur les gothiques, illustrations à l'appui, devant tout le service de médecine légale. Cela peut être un bon début pour une carrière universitaire !

Le lieu étant fort peu propice à un examen détaillé, vu la hauteur des herbes, je fais enlever le corps par les pompes funèbres, emballé en l'état dans une solide housse bleue, celle réservée pour les macchabées dégoulinants ; il prend la direction de l'institut médico-légal.

Puis les enquêteurs procèdent à une fouille minutieuse du terrain, tâche dont ils s'acquittent fort consciencieusement. Cela leur prend le reste de la journée, ils ratissent la friche, soumettant même toute la surface herbue au détecteur de métaux. Une vraie galère.

Comme chaque fois, j'ai demandé à ce que le corps soit passé au scanner durant la nuit. J'ai bien entendu avisé les manipulateurs du service de radiologie de ce qui les attendait. Car, même si le corps reste enfermé dans sa housse pour cet examen, l'odeur, elle, a tendance à s'en échapper.

Une fois le scanner fini, il leur reste le plus dur : faire disparaître la puanteur avant que les premiers patients bien vivants n'arrivent. Et là, ce n'est pas gagné. En plus, tous les déodorants ne se valent pas. Il y a ceux qui en rajoutent une couche, avec de subtils résultats du type parfum pêche-époisses ou lavande-maroilles. Mais il y a aussi les vrais destructeurs d'odeurs, ceux que nous avons adoptés depuis longtemps en salle d'autopsie. Que tout le monde se rassure, nous sommes prêteurs et les malades de radiologie ne souffriront pas des odeurs du gothique périmé.

L'examen du scanner nous apprend d'abord qu'il s'agit d'un mâle, dont on distingue fort bien les organes reproducteurs. De petites masses métalliques sont visibles en regard du sexe, une autre au nombril, deux autres encore, en forme d'anneaux, sur le thorax, au niveau des seins.

— Ce sont des piercings, s'exclame ma spécialiste. Sur le sexe, c'est plutôt rare.

— Ah bon ?

— Oui, ce n'est pas pratique. Ça irrite. Il y a même des fois où ça s'accroche.

— Ah bon ? À quoi ?

— Euh, rien, je n'ai rien dit.

— Ah oui, genre *penis captivus* ? Hi hi, c'est ça, quand « ça s'accroche » ?

— Oui. Entre deux piercings.

J'imagine assez bien. Ouille ouille ouille, ça doit faire mal.

Je reviens à mes images. Le mort a quelques dents soignées. Utile, pour une identification. L'évolution de ses dents de sagesse montre qu'il est jeune : entre 20 et 25 ans. Mais ni projectile, ni fracture, indices importants dans la recherche des causes de la mort.

Le scanner confirme ce que nous savons déjà : le cadavre est dans un état très avancé. Les gaz forment d'énormes poches bien visibles, en grisé sur les images, partout dans le corps, y compris au niveau du cerveau. Voilà qui augure d'une autopsie ardue, aussi bien sur le plan olfactif que technique. Difficile, voire impossible, de repérer dans des chairs aussi pourries les hématomes ou ecchymoses résultant d'une éventuelle agression.

Selon une tradition bien établie, nous commençons par l'examen externe. Le plus important, ce sont les liens et les nœuds. Car un corps, en plein champ sous une bâche, pieds et mains liés, forcément cela limite les hypothèses. Même en l'absence de fracture et de projectile, la piste criminelle est la plus probable. Mais il pourrait s'agir également d'une pratique gothique qui aurait mal tourné.

Les nœuds, ça se respecte toujours, au propre comme au figuré. Ceux-là sont plutôt sales, ce qui n'empêche pas, avant toute autre manipulation, de les frotter avec des écouvillons stériles, comme les liens, d'ailleurs. On ne sait jamais, si de l'ADN était encore exploitable, il pourrait donner une piste.

En effet, lorsqu'une personne fait un nœud, elle laisse souvent des cellules épithéliales (des cellules de la peau) sur les liens, avec son ADN.

Une fois cette précaution prise, il nous faut défaire les liens. Mais, là encore, il n'est pas question de défaire les nœuds. Ce serait une information perdue. Chaque nœud apporte son lot de renseignements sur la personne qui l'a réalisé : nœud plat, nœud de chaise, demi-clé…

Aussi, je coupe les liens à distance. Puis, direction la table de dissection, où, avec une loupe éclairante sur pied, je fais le relevé du nœud. J'inscris les boucles sur un schéma. Pour constater que le nœud apparemment très complexe qui enserre les mains est en fait un nœud coulissant. En revanche, celui des pieds est un nœud bloquant.

Une petite alarme fait bip dans mon cerveau. C'est que, des histoires de nœuds, j'en ai déjà eu. Homicide, c'est bien sûr la première piste. Mais attention aux surprises, comme ce suicide déguisé en homicide d'un brave homme qui voulait mourir mais désirait que son épouse touche quand même la prime d'assurance décès.

Le déshabillage est vite fait grâce à ma grande lame-rasoir à usage unique. Sur la peau noire et suintante, malgré mes efforts, je ne trouve aucune effraction.

La suite est conforme à mes prévisions. La dissection de notre inconnu est particulièrement pénible. D'autant plus que j'ai ajouté à la protection habituelle (une paire de gants anticoupures et une paire de gants chirurgicaux) des gants ménagers bien épais. La finesse du geste s'en ressent, mais au moins j'ai les mains protégées.

L'intérieur apparaît dans toute sa splendeur : consternant et odorant, avec des liquides de putréfaction partout. Et surtout, tout est noir. Même à l'intérieur. Notre gothique est au sommet de son art.

L'aspiration basse de la table d'autopsie fonctionne à plein débit, elle rejette les miasmes à l'extérieur, après un filtrage sur charbon actif. Donc rien ne peut incommoder les malades qui, du fait de la chaleur, ont tous ouvert leur fenêtre, aux étages supérieurs. Quel progrès par rapport à mes débuts ! En plus, il règne une douce fraîcheur dans la salle, règlementairement rafraîchie à moins de 18 degrés par les effets de la climatisation. J'en oublierais presque l'état de notre cadavre.

Malheureusement le (son) cerveau me rappelle à l'ordre. Il pue encore plus que le reste. Style le fromage fort du Lyonnais.

Une mixture que l'on m'avait servie dans un bouchon lyonnais. Une fois de plus, j'avais voulu déguster une spécialité locale – je n'avais pas été déçu. Le garçon avait parié que je ne finirais pas le petit ramequin qu'il me préparait, m'offrant le dessert de mon choix dans le cas contraire. Je ne sais plus quel était le dessert somptueux que j'avais choisi. Quand le serveur est entré dans la salle, j'ai senti le mets délicat de cette subtile préparation à plus de trois mètres.

C'est dire. Dans mon ramequin, une pâte de couleur incertaine était surmontée d'un surnageant jaunâtre.

Suite à mes interrogations, le serveur me livra le secret de la préparation : un pot de grès dans lequel on jette dans du marc les restes de fromages, croûtes comprises. « Le mieux, ce sont des fromages goûteux... Ici, on a ce qu'il faut... » Il est préférable de garder au chaud, à température constante. Lorsque le mélange devient lisse, c'est prêt – mais cela peut prendre du temps...

« Classiquement, on étale à la petite cuillère sur une tranche de pain grillée. Je vous ai mis trois tranches... », ajouta-t-il. Il quitta notre table mais s'installa dans un coin de la pièce d'où il pouvait me voir. J'aurais dû me méfier.

Le nez sur le ramequin, je n'étais plus sûr de mon odorat. J'ai voulu goûter à la cuillère, c'était « possible, un choix personnel, mais plus délicat » : une fois la pâte dans la bouche, j'ai eu l'impression bizarre de me transformer en Jivaro, le format « tête réduite ».

Le palais descendait, ma langue montait, mes joues rentraient dans ma bouche en allant l'une vers l'autre. C'est alors que j'ai avalé. Grâce à cela, je peux décrire tous les temps de la déglutition, mais surtout j'ai compris que la réduction continuait. Cette fois c'était le tour des fosses nasales, envahies par une sensation que je n'ai eue qu'une fois depuis, et encore en plus faible : lorsque j'ai avalé par erreur (et surtout méconnaissance) une cuillère à soupe complète de wasabi que j'avais confondu avec une crème de cresson – à ma décharge, la crème était épaisse, j'étais distrait et je ne connaissais pas le wasabi. C'est le moment où j'ai commencé à pleurer. À grosses larmes. Et à transpirer. À grosses gouttes.

Inévitablement, j'ai senti la pâte passer mon oropharynx qui s'est également racorni. Je pense que les deux amygdales ont dû se toucher, même si anatomiquement c'est difficile à imaginer. Puis le bol alimentaire (c'est son nom à ce stade, même si je n'avais pas eu le temps de mastiquer) est descendu dans l'œsophage. Je confirme, cet organe est en arrière du sternum, comme me l'indiquait le feu qui désormais accompagnait la chute de l'échantillon.

En arrivant dans mon estomac déjà bien garni, je pouvais espérer que les choses en restent là. Mais pas du tout. L'estomac est beaucoup plus haut que l'on croit habituellement. À moins que le diaphragme ne soit remonté à cette occasion. Bref, la brûlure s'est installée là.

Entre-temps, j'étais devenu cramoisi, ce qui faisait beaucoup rire autour de moi. J'ai compris que j'étais le seul de la table et même de la salle à avoir pris cette subtilité en fromage. Alors que tous s'esclaffaient, y compris le serveur dans son coin, je pensais à mon dessert. Pas question de céder.

Sans voix, je pris une tartine, étalai une copieuse couche, ayant calculé qu'en deux tartines je devais pouvoir en finir avec la bombe incendiaire. Finalement, il a fallu les trois – le garçon avait vu juste mais perdu son pari. Et moi, j'avais perdu le goût et l'odorat pour l'heure qui suivit : dommage pour mon dessert merveilleux...

Je garde un souvenir émouvant de la nuit d'après, entre brûlures gastriques et renvois : j'ai eu l'impression d'en manger toute la nuit.

Mais revenons à mon autopsie. Deux heures plus tard, au terme d'une dissection qui a fait ce qu'elle a pu, les échantillons des bouillies d'organes ont été prélevés, les restes déliquescents du cœur fixés dans le formol, et je termine par des prélèvements en vue de l'identification : les maxillaires pour mes amis dentistes et un fémur pour l'ADN. Le tout est mis sous scellés.

Ma conclusion provisoire est laconique, à l'image de cette autopsie silencieuse :

« Le corps présenté, en décomposition avancée, non identifiable en l'absence d'éléments de comparaison, est celui d'un jeune homme de 20 à 25 ans, portant de multiples piercings.

« Il n'existe pas de signe d'agression à l'arme blanche ou par arme à feu ; la cause de la mort est inconnue.

« L'intervention d'un tiers dans les causes de la mort est suggérée par la présence de liens aux pieds et aux mains, mais ces dernières ont un nœud coulissant qui pourrait avoir été réalisé par la victime elle-même.

« Des explorations toxicologiques doivent être réalisées sur les échantillons prélevés. »

Quelques jours plus tard, les policiers chargés de l'enquête débarquent avec un curieux butin, récupéré sur les lieux. Une collection de médicaments psychotropes dont les blisters sont tous à moitié pleins (je n'ose pas dire à moitié vides, dans la vie il faut rester optimiste), une boîte de raticide, un pistolet semi-automatique de marque Glock. Une arme efficace dont la présence à courte distance du corps apparaît illogique : il n'y a aucun projectile dans le corps de la victime, ni trace d'une traversée par une balle.

Tous les tireurs sportifs sont passionnés par les armes, et je n'échappe pas à la règle. En plus, outre ma curiosité, il faut comprendre cette mort qui prend une tournure bizarre. Allons-y pour un nettoyage en règle.

En fait, la déception est au rendez-vous. L'arme est une reproduction parfaitement imitée destinée à la pratique du paintball. Ce jeu voit s'affronter deux équipes, dotées chacune d'armes tirant de petites balles de peinture inoffensives. Chaque impact sur la combinaison des joueurs se marque ainsi de la couleur de l'adversaire.

Le moins que l'on puisse dire est que nous restons tous sur notre faim, sans plus de réponses à nos questions : un meurtre ? une pratique gothique qui a mal tourné ? un suicide ?

Quelques jours plus tard, mon interne nous fait un splendide exposé sur le gothisme et les pratiques dérivées. Abondamment illustré grâce à Internet. Nous ressortons perplexes de cette séance.

Les jours passent, puis les premiers résultats arrivent du laboratoire de toxicologie. Les analyses ont révélé la présence d'un cocktail de médicaments à base de psychotropes et de neuroleptiques. Une performance, compte tenu du matériel que j'ai donné au toxicologue. On est loin, en toxicologie médico-légale, des pratiques classiques de laboratoire, qui travaillent exclusivement sur des échantillons de sang ou d'urines en bon état. En revanche, au vu de la nature des prélèvements, mon confrère est dans l'impossibilité de me dire s'il s'agissait de doses mortelles.

Munis de ces quelques éléments, les policiers commencent le tour des psychiatres de la région et des services d'hospitalisation. Quelqu'un aurait-il remarqué la disparition d'un patient ?

— Qu'est-ce que vous appelez la disparition ?

— Ben, un patient qui s'échappe !

— En service libre, ils sont… libres. Ils ne s'échappent pas, ils s'en vont. Ils reviendront. Peut-être. Ou peut-être pas. On ne peut pas les enfermer…

— Et en service fermé ?

— Vous voulez dire en hospitalisation d'office ?

— Hum…

— Eh bien, ce n'est pas non plus une prison. Sauf les dangereux, mais là, c'est spécial. Ceux-là, ils ne s'échappent pas.

— Donc les fous, ils font ce qu'ils veulent ?

— Ce ne sont pas des fous, ce sont des malades.

— Bon, alors, ils s'échappent ou pas ?

— Parfois, ils ont du mal à rester. Vous auriez un nom ? On pourrait vous dire.

— Ben non, si je suis là, c'est parce que précisément je n'ai pas de nom.

— Alors forcément ça va être difficile. Et dites, c'est un truc de fou, votre histoire ! Vous ne devez pas vous ennuyer dans la police.

C'est que la psychiatrie a beaucoup changé.

Mais alors que ce travail fastidieux est à peine entamé, une jeune mutante gothique, de type flamboyant, le crâne à demi tondu surmonté d'une splendide crête vert fluo, fait une petite visite au commissariat. Son copain n'a plus donné signe de vie depuis deux mois et elle ne trouve pas ça normal. Ah, cette éternelle intuition féminine !

Enfin une piste. Munis de l'identité du petit ami évaporé, les enquêteurs repartent dans les services de psychiatrie. Et obtiennent immédiatement la réponse. Le nom correspond effectivement à un patient dont on est sans nouvelles, suivi pour une pathologie délirante. La fiche médicale comporte une adresse. Les policiers s'y rendent.

Dans le petit studio, le sol est jonché de Post-it : « La vie est souffrance », « La mort est belle », « La mort est gothique », « Noir, c'est noir », « Marre, marre de tout »... et, surtout, ultimes sursauts provocateurs inscrits sur deux murs se faisant face, en lettres couleur de sang : « Énigme : qu'est-ce qui m'a tué ? », « Ô marre m'a tué ».

Il ne faut pas défier des enquêteurs, même post mortem. Piqué au vif par cette provocation, tout le monde se remet au travail. Les policiers établissent que le disparu pratiquait effectivement le paintball. Les médicaments retrouvés dans l'herbe correspondent à son traitement. Si le pistolet et les remèdes sont à lui, *quid* du raticide trouvé sur place ? Le toxicologue reprend ses échantillons et retrouve les traces de « mort aux rats ».

Notre gothique avait cru égarer les enquêteurs en avalant médicaments et poison, en laissant traîner son arme de paintball, en se ligotant lui-même avant de se glisser sous une bâche. Il a réussi son suicide. Mais il a raté son énigme.

Il ne faut pas faire joujou avec les Experts.

Bas les masques

Le train-train du légiste passe souvent par le chemin de fer. Le suicide ferroviaire est en effet une activité qui ne connaît pas la crise. Et ce ne sont pas les grèves légendaires de la SNCF qui y changent quelque chose. Chaque année, plus de cinq cents personnes se jettent sur des rails en France, avec un taux de survie quasi nul. Il faut reconnaître que résister à un TGV de 400 tonnes lancé à 300 km/h ou aux 600 tonnes d'un Corail qui circule à 140 km/h n'est pas donné à tout le monde. Après une telle rencontre, il n'y a généralement rien d'autre à faire que de ramasser les morceaux. Voilà pourquoi on dérange plus souvent le médecin légiste que le Samu.

Je ne m'étonne donc pas lorsque la gendarmerie m'avise de la découverte d'un corps sans vie sur les voies de la SNCF en gare de Lusignan, à une vingtaine de kilomètres au sud-ouest de Poitiers. Il fait nuit lorsque j'arrive sur les lieux. Les guichets ont été fermés il y a longtemps, remplacés par des distributeurs automatiques de billets pour les voyageurs de cette ligne qui va vers Niort et La Rochelle. Sur le parking, habituellement désert à cette heure, plusieurs véhicules de la gendarmerie et de la SNCF traduisent une activité anormale. L'arrivée du vice-procureur de la République, sur mes talons, confirme cette première impression. Je salue fort civilement le magistrat, tandis qu'un gendarme s'approche. Il s'agit de notre guide.

— Ça se passe à 600 mètres, il faut longer la voie. Ce n'est pas très commode, faites bien attention où vous mettez les pieds.

Je me réjouis d'avance d'avoir mis mes grosses chaussures de marche, alors que le procureur imprévoyant et contrarié s'apprête à sacrifier ses souliers vernis sur le ballast. Nous emboîtons le pas du militaire et nous voilà partis vers notre objectif : une scène éclairée par de violents projecteurs, visible devant nous, dans laquelle s'agitent de minuscules silhouettes.

— Faites attentions aux trains, c'est très dangereux, annonce notre guide. Au coup de Klaxon, mettez-vous sur le côté, le plus loin possible des rails.

Pas question en effet d'interrompre la circulation des trains.

Mais la SNCF, qui ne badine pas avec la sécurité, a des procédures. Elle a dépêché sur place deux guetteurs et un responsable de zone. Les hommes ont pris position sur la voie, en amont et en aval, prêts à signaler l'arrivée des convois à l'aide d'un sonore coup de trompe. Une autre équipe de cheminots est également à l'ouvrage. Elle a installé un puissant projecteur qui éclaire la scène comme en plein jour, ce que je peux constater en arrivant, à l'issue de notre courte randonnée. Sacrée organisation, bravo les cheminots.

À peine arrivés, nous voilà en pleins travaux pratiques : une petite lumière scintille loin sur les voies puis se rapproche à toute allure. Coup de corne.

Brutalement, la motrice est là, suivie de ses nombreux wagons, sans que nous l'ayons réellement entendue arriver. Elle passe dans un bruit d'enfer avec un souffle terrible qui pourrait vous projeter sur le ballast pour peu que vous soyez trop près de la voie. Mais cela ne dure que quelques secondes et le train de marchandises est déjà loin. Surprenante expérience, je comprends mieux les recommandations du gendarme. Et j'aurai désormais un autre regard respectueux sur ces hommes en gilet orange qui s'agitent au bord des voies.

Il y a beaucoup de monde sur place. La zone couvre quelques dizaines de mètres de talus, en contrebas des voies, entre deux petites constructions abritant des équipements techniques, des « postes », dans le langage cheminot. Les gendarmes en uniforme et les agents de la SNCF s'activent autour d'une zone balisée par le classique ruban jaune et noir. À l'intérieur de la zone « réservée », les techniciens de scène de crime, en tenue blanche, cagoule sur la tête, masque sur le visage, surbottes aux pieds et mains gantées, cherchent et récoltent les indices.

Je n'ai guère le temps d'en apercevoir plus que l'alerte sonore retentit de nouveau. Fasciné, je vois au loin deux petites lumières jaunes qui grandissent progressivement sans le moindre bruit. Le responsable régional de la SNCF, qui s'est déplacé en personne, m'explique.

— Le danger des interventions le long des voies, c'est ça : on n'entend pas le train arriver. Et lorsque le bruit est perceptible, il est trop tard.

En effet, de nouveau, le convoi approche dans un silence absolu. Puis en quelques secondes, le vacarme et la machine sont sur nous, pour aussitôt disparaître à toute vitesse dans la nuit, laissant l'image des voyageurs dans la rame, qui eux n'auront pas eu le temps de nous voir. L'alerte levée, chacun reprend ses activités, tandis que je m'informe de la situation auprès du directeur d'enquête qui vient vers moi. C'est une vieille connaissance de la brigade de recherches de Poitiers.

— Bonsoir docteur. Je vous résume la situation. En fin de journée, on a reçu l'appel d'un passager du Poitiers-La Rochelle de 17 h 21. Par portable. Il nous a signalé la présence d'un corps le long de la voie. Nous avons dépêché une patrouille, qui a reconnu les lieux et confirmé l'information. *A priori*, il ne s'agit pas d'un accident ferroviaire. Équipez-vous, je vous montre.

L'équipe technique de la gendarmerie me fournit aimablement tout le nécessaire, car je suis parti de chez moi sans repasser par le CHU, pour gagner du temps, mais sans pouvoir récupérer mon propre matériel. Pendant que je m'habille, un homme en tenue civile s'approche de moi. Timide.

— Euh, bonsoir, vous êtes bien le médecin légiste ?

— Oui, je peux vous aider ?

— Je suis le médecin de garde, j'ai été appelé pour constater le décès. Cela ne vous ennuie pas si je reste un peu pour regarder comment vous travaillez ?

— Pas de problème, mon cher confrère, je vais tout vous expliquer. Mais cela risque d'être long, et vous n'êtes pas vraiment équipé. Vous allez avoir froid.

En fait, le pauvre grelotte déjà dans son manteau de ville. Il disparaîtra bien avant la fin des opérations, vaincu par la température qui ne cesse de baisser.

Là-dessus, nouvelle alerte au train, tout le monde se replie contre les clôtures. C'est un train de voyageurs qui surgit de l'obscurité. Machinalement, un agent de la SNCF à côté de moi regarde sa montre.

— C'est le 20 h 47 de La Rochelle. Il est à l'heure, me souffle mon voisin.

Enfin prêt, masqué, ganté, cagoulé et botté, je peux accompagner le directeur d'enquête lui aussi en grande tenue sur la scène de crime. Nous passons sous le balisage pour la visite guidée. Les petits chevalets de plastique jaune, avec les gros numéros noirs, ont été disposés sur le sol pour signaler les indices.

— Ici, docteur, au chevalet numéro un, il y a une mare de sang. Enfin, ce qu'il en reste. Parce que tout est parti dans le ballast. Mais quand on écarte un peu les cailloux, on voit bien que ça a dû couler beaucoup. Tout est imprégné en profondeur.

Juste à côté, je remarque le chevalet numéro deux qui marque un emplacement vide.

— Il y avait un couteau de type papillon, me précise le gendarme. On l'a placé sous scellé.

Un couteau papillon, c'est un couteau un peu spécial, en général bien aiguisé, qui change de l'habituel Opinel. Une arme qui véhicule toute une fantasmagorie, au point que des sites internet sont consacrés exclusivement à cet objet et à sa manipulation.

— Le numéro trois, c'était une bouteille de white-spirit entamée, poursuit mon guide. Au quatre, c'était un sac à dos. Vide. On a tout ôté pour libérer la place.

— …

— Là, docteur, au cinq, je ne vous dis rien. Nous aimerions votre avis. Attention à ne rien brouiller.

Certes, ce serait dommage, car je ne vois rien ! Je regarde mon interlocuteur attentivement, pensant à un gag organisé en marge de cette affaire sérieuse par mes correspondants habituels.

— Non, je sais à quoi vous pensez. Mais ce n'est pas une blague. Regardez mieux.

Derrière mon masque, j'ai un sourire. Après des années de pratique, nous nous connaissons bien. Donc, je cherche. Et je trouve. À cet endroit, assez loin des rails, le ballast est constitué de pierres de plus petite taille, presque du gravillon. Et dans ce sol caillouteux, je vois l'image un peu brouillée de quatre traces profondes. Un pied. Dans le langage de la chasse, c'est l'empreinte du pied d'un animal. Je m'exclame :

— Chapeau ! Je ne sais pas comment vous avez pu le voir !

— Alors ?

— Un sanglier. C'est le pied d'un sanglier. Et un gros, à mon avis, il fait au moins 100 kilos. Impossible de se tromper, même si je ne suis pas un expert en traces animales.

— On s'en doutait un peu, docteur.

— Que je n'étais pas expert ?

— Non, que c'était un de vos préférés, à la chasse.

— Vous en avez vu d'autres ?

— Non. Mais le terrain marque peu. Venez voir la suite.

Pour l'instant, je suis resté à distance du corps. Ne pas se focaliser sur la victime, c'est une obsession que j'enseigne à mes élèves. Cela distrait l'attention et risque de faire passer à côté d'un indice important.

Il fait froid. Dans l'assemblée, il y a les prévoyants qui, bien équipés, résistent et les inconscients qui capitulent les uns après les autres.

Un légiste, cela doit s'inquiéter de la météo au quotidien. Comme un paysan. Pleuvra ? Pleuvra pas ? Gèlera ? Gèlera pas ? Et de son terrain : boueux, sec, rocailleux ? Bottes ou brodequins ? Ce qui fait qu'on se moque souvent gentiment de moi, au CHU, quand j'arrive le matin : « Tiens, t'as pas peur d'avoir trop chaud ? T'as vu le soleil ? Et t'as vu tes godasses ? » Mais je laisse dire, en pensant à ces petits matins frigorifiants où je savoure le plaisir d'être bien équipé.

Nous sommes à quatre ou cinq mètres du corps, qui gît dans le fossé, juste avant la clôture. Entre la tache de sang du chevalet numéro un et le corps, il y a de multiples petites traces rouges qui maculent le ballast et l'herbe du talus.

Je m'approche maintenant de la victime, allongée sur son côté gauche. Sa tête, tournée vers les champs, repose sur son bras tendu. Sa main gauche est incrustée dans la terre du talus qui paraît profondément griffée. L'homme est chaudement vêtu et porte un sac à dos. Deux sacs à dos ? Oui, deux. Le premier vide, mais celui-ci ? Je ne sais pas. Les gendarmes non plus, car ils m'ont attendu avant de toucher le corps.

Je m'approche encore pour détailler le visage, sur lequel je braque le faisceau de ma torche. Et là, c'est le choc : deux yeux écarquillés, dépourvus de paupières, me fixent. Mais il y a pire : la bouche montre toutes ses dents, jusqu'aux plus profondes. Il n'a plus de lèvres ni de joues. On voit jusqu'à l'os. Il n'y a plus d'oreilles.

Bref, une horreur. Du milieu du crâne jusqu'à la base du cou, toute la peau a disparu. Les muscles aussi. Plus bas, au ras du sternum, la trachée est béante et il n'y a plus de larynx. Toutes les vertèbres cervicales sont visibles.

Un vrai scalp du visage et du cou, jusqu'au ras du thorax. Saisissant. Même les Indiens n'en font pas autant pour impressionner leurs adversaires, dans les films de cow-boys. Et à propos de scalp et d'Indiens, les limites des plaies sont comme taillées au couteau… Ce qui nous ramène au papillon.

Le directeur d'enquête me donne son point de vue en retournant au chevalet numéro un, à l'origine des événements.

— Ici, docteur, sur le sol, c'est une mare de sang. Mais sur le poste, juste à côté, il n'y a aucune projection de sang, ni ailleurs dans l'environnement, comme ce qu'on observe dans les plaies des artères. Pour moi, cela a été un saignement prolongé, sans saignement artériel. Ou alors quelque chose a fait obstacle à la projection.

— L'agresseur, peut-être ?

— Hum… Manifestement, il s'est passé quelque chose au niveau de cette tache, poursuit le directeur d'enquête.

— En tout cas, je suis sûr d'une chose : son visage a été ôté alors qu'il était mort. Les os ne sont pas souillés de sang.

Le directeur a un léger sourire.

— On continue ?

— On continue.

Je reviens au corps mutilé. Ôter le visage, c'est un bon moyen de ralentir l'identification de la victime et l'enquête, et ôter le cou c'est aussi un moyen de faire disparaître des indices : strangulation ? Mais il n'y a plus de larynx. Égorgement ? Mais il n'y a plus de cou.

J'examine attentivement les mains, les doigts, les poignets. Les mains sont sales, tachées de sang, les ongles sont souillés de terre ; à proximité le talus présente des traces de grattage.

Inutile d'aller plus loin, le site est fort peu propice à un examen plus détaillé de la victime. Les cailloux du ballast roulent sous les pieds, on doit sans cesse s'interrompre pour laisser passer les trains, et il fait froid. Il faut préserver les indices. J'emballe les mains et la tête dans de grandes poches en papier kraft pour de ne rien perdre lors du transfert.

Enfin, je prends la température du corps : j'incise la peau de l'abdomen sur un centimètre et perfore la paroi avec la sonde en direction du foie : 4,2 degrés. Curieux. La température ambiante est de 7 degrés. J'ai rarement vu des cadavres plus froids que leur environnement. À moins qu'il ne soit en train de décongeler ?

Le corps est évacué vers l'institut médico-légal pour la suite des opérations.

Le lendemain, après une courte nuit bien au chaud, lové contre ma chérie, c'est l'habituel réveille-galère des enfants. Scénario habituel, les parents se reconnaîtront. Comme d'habitude les jours d'école, impossible de les réveiller avant la dernière extrémité, tandis que le week-end ce sont les mêmes qui nous font des réveils en fanfare à 7 heures du matin.

En arrivant au CHU, je suis surpris de trouver tout le monde déjà au grand complet autour du café. C'est que l'information a fait le tour de mon équipe : pensez, le chef dérangé lors de son astreinte qui passe des heures sur les voies SNCF, cela justifie un effort. En plus, si le chef y a passé des heures, c'est que cela vaut un réveil matinal, c'est forcément une affaire exceptionnelle. Du coup, le café est déjà prêt.

Marie veut absolument tout savoir. Mais elle n'est pas la seule. J'aime ménager le suspense : je distille les informations en me faisant prier. Et je réserve longtemps quelques éléments, dont le meilleur : l'absence du visage, délicatement arraché avec tout le cou. Mais là, je suis victime de mes plaisanteries habituelles. Personne ne me croit.

Quant aux gendarmes arrivés entre-temps, ils gardent le silence et refusent de confirmer ou d'infirmer l'information du visage disparu. J'essaie le truc des paris, mais cela ne marche pas mieux.

— OK. Vous ne me croyez pas ? Alors je vais faire mon autopsie tout seul. Personne n'y assiste.

— Oh non, chef, vous ne pouvez pas faire ça !

— Chef, j'ai une idée, on fait l'inverse, nous faisons l'autopsie et vous, vous restez dans votre bureau. Vous avez bien du retard dans vos rapports, non ?

Il faut avouer que, à force de courir depuis un an après des solutions pour résoudre les difficultés posées par la réforme de la médecine légale et les problèmes d'organisation du service, mon retard chronique ne s'est pas arrangé.

— Allez, chef, dites « oui » !

— Oui, chef, dites « oui » !

— Allez, chef !

— Bon. Oui. C'est OK.

Je cède. Un chef, ça doit savoir déléguer sans regret, responsabiliser son équipe. C'est une bonne occasion.

Les gendarmes ont mis à profit les quelques heures écoulées pour continuer leurs investigations. Ils ont fini par découvrir l'identité du mort grâce à des ordonnances retrouvées dans le sac placé sur son dos. Ils ont ainsi pu retracer son histoire tragique.

Ce malheureux a perdu son père alors qu'il était encore enfant. Puis, c'est sa sœur qui est décédée. Enfin, sa mère a été atteinte de la maladie d'Alzheimer. Il s'en est occupé comme il a pu, avant d'atterrir, après tant d'épreuves, en psychiatrie.

Tout cela pour finir mort sur un ballast de la SNCF.

Trois heures plus tard, l'équipe est de retour dans mon bureau.

— On a trouvé, chef. Il est mort défiguré !

— C'est un scoop, vu le contexte !

— Vous vous êtes bien fichu de nous, non ?

— Moi ? Pas du tout ! Vous avez retrouvé le visage ?

— Non. Là, vous nous aviez dit la vérité. Mais pas pour le reste !

— Le reste ? Quel reste ? Il a bien été congelé, non ?

— Alors là, on n'a rien compris, chef. Pourtant, on peut croire les gendarmes, pour les températures. Le corps à 4 degrés et l'environnement à 7 degrés, en dehors de la congélation, on ne voit pas !

— Pfff. Qu'est-ce que je vous ai appris ? La première chose à faire le matin ?

— Regarder « Télématin ».

— Oui, mais pourquoi ?

— La revue de presse ?

— Non.

— Les quatre vérités ?

— Non.

— La météo ! s'exclame Alexia.

— Oui, mais cette nuit, ce n'est pas descendu en dessous de 7 degrés, précise Marie. Alors ?

— Alors ? Et la nuit d'avant ?

— Ah, oui, il a gelé. – 3 degrés. Vous voulez dire qu'il a passé une journée entière sans que personne le voie ?

— Sans doute.

— Bon, d'accord, mais le reste, c'était un sacré mensonge, on s'est fait avoir !

— Pas du tout, je n'ai pas menti.

— Si, par omission ! Et en plus, les gendarmes ont été complices !

— Ah bon ? J'ai oublié de vous dire quelque chose ?

— Oui. Les poignets. Vous ne nous avez pas parlé des poignets.

J'avoue. La veille au soir, sur le terrain, les circonstances de la mort nous étaient clairement apparues. Au poignet droit, deux incisions, une superficielle, une autre plus profonde, avec section franche d'une artère. À gauche, une incision unique, extrêmement profonde, avec section des deux artères. L'hypothèse d'un suicide se faisait jour, bien qu'il fasse nuit.

L'autopsie du matin a apporté les éléments qui nous manquaient.

Tout d'abord, elle a permis de constater que les tendons du poignet droit n'ont pas été complètement sectionnés. On peut imaginer que la victime, couteau dans la main gauche, a fait un premier essai (la trace superficielle) et, dans un second geste plus profond, a coupé une artère. N'ayant pas sectionné complètement les tendons, elle aurait changé de main et se serait coupé le poignet gauche, d'emblée très profondément, sectionnant les deux artères du premier coup.

Elle révèle également que la victime a avalé du white-spirit : les parois de l'œsophage, de l'estomac et des intestins sont brûlées par le solvant. Nous n'avons pas perçu l'odeur la veille, à cause du froid. Quant à la bouteille, elle ne présentait pas de traces de sang. Il avait avalé le produit avant de couper ses poignets.

Concernant la perte du visage, l'examen détaillé de la partie basse du cou a révélé un petit festonnage le long de la ligne d'arrachage des chairs, qui signe le forfait. Il ne s'agit pas d'une trace de lame, mais de traces de dents. L'agresseur serait un animal. Il aurait d'abord mordu la peau du cou, puis tiré jusqu'à arracher les chairs. Le trophée a sans doute été dévoré un peu plus loin.

Les riverains interrogés ont indiqué aux gendarmes des aboiements, la nuit précédant la découverte du corps. Et il y a aussi cette trace de sanglier.

Entre chiens et sanglier, impossible de nous prononcer sans une longue étude complémentaire qui ne présente pas un intérêt majeur pour le procureur.

Par acquis de conscience, Marie procède à un relevé dentaire et inventorie quatre dents soignées. La fiche dentaire retrouvée un peu plus tard chez le dentiste du jeune homme confirme l'existence de ces amalgames, permettant d'attester formellement son identité.

Après une courte vie jalonnée d'épreuves qui l'ont conduit au désespoir, Hubert, le mort sans visage de Lusignan, s'est suicidé par une nuit glaciale sur le bord des voies ferrées.

Il est arrivé sur son scooter, s'est garé sur le parking, puis a cherché un coin à l'abri des regards. Il s'est arrêté entre deux transformateurs SNCF, s'est assis, a sorti sa bouteille de white-spirit et en a avalé une grande goulée.

Alors que le liquide lui brûlait atrocement les tripes, il a sorti son couteau de sa poche et s'est entaillé le poignet droit. Malhabile, encore inexpérimenté, il a d'abord fait une coupure de rien du tout. Dans l'obscurité, il a bien senti que cela ne saignait presque pas. Alors, il a respiré un grand coup et a récidivé. La lame s'est enfoncée dans la chair, sectionnant net une artère et libérant un flot de sang. Puis, reprenant sa lame de l'autre main, il a coupé franchement son poignet gauche. La douleur a été brève, comme une brûlure, suivie aussitôt d'un écoulement chaud et épais.

Alors que ses dernières forces le quittaient, il a fait quelques pas en direction de la clôture et du talus, qu'il n'a pas eu le temps de gravir.

Puis il s'est effondré, mort.

Sans imaginer qu'il pourrait servir de repas aux chiens du coin ou à un sanglier de passage.

MasterChef

Je suis fan des émissions culinaires à la télévision. De « MasterChef » en particulier, qui voit s'affronter de vrais amateurs talentueux sous l'œil de quelques chefs étoilés. Je pratique d'ailleurs la discipline, avec quelques spécialités au répertoire, dont mon célèbre – au moins dans mon entourage – faisan farci au foie gras, quinoa et oseille.

C'est donc avec beaucoup d'impatience que je m'installe devant le poste, ce soir du 30 août 2012, afin de suivre le deuxième épisode de la troisième saison. Générique, présentation. Ah, le chef Frédéric Anton est toujours dans le jury. Tant mieux. Je l'aime bien. Outre le fait qu'il soit Meilleur ouvrier de France et Trois étoiles au Michelin, je le trouve avenant, sympathique et toujours de bon conseil lorsqu'il s'adresse aux candidats.

Place au sujet, la tarte amandine. Voilà qui m'intéresse particulièrement. J'aimerais bien progresser dans les desserts. Je bricole un moelleux au chocolat au cœur coulant à souhait, une tarte Tatin adorée de ma belle-mère, mais en dehors de cela… Carnet et crayon en main, je suis prêt à noter en détail chaque étape de la préparation, lorsque le téléphone sonne.

Pas besoin d'être Jérémie pour deviner le sort qui m'est promis. Je suis d'astreinte. Donc, pour la tarte, c'est cuit. Ce que me confirme la voix chantante du commandant de police, à l'autre bout du sans-fil.

— Bonsoir docteur, on a besoin de vous à Saint-Benoît.

— Ça tombe bien, j'y suis.

— Ah bon ? Je ne vous vois pas.

— Non, je veux dire, j'habite à Saint-Benoît.

— Hum, d'accord. Vous ne pouvez pas vous tromper, c'est derrière le Grand Large, derrière l'Ehpad. On a quelqu'un qui a pris une pierre derrière la tête et qui a brûlé.

— L'Ehpad ? Lequel ?

— Pourquoi, il y en a plusieurs ?

— Ben oui, derrière le Grand Large, il y en a deux, et si on va un peu à l'est, il y en a un troisième. C'est à la limite de Poitiers et de Saint-Benoît. À Saint-Benoît, on chouchoute nos anciens… Vous avez le choix : Agapanthe, la Rose d'Aliénor ou les Jardins de Camille ?

— Je ne sais pas, c'est lequel le meilleur ? Parce que j'ai ma mère à caser… On m'a dit les Jardins de Camille, je crois.

— Pour votre mère ou pour votre cadavre ?

— Euh, pour mon cadavre. Ma mère, ça peut encore attendre. Donc je vous retrouve derrière l'Ehpad. Vous trouverez facilement, il y a les gyrophares. Des bleus, des rouges et des jaunes.

— OK. J'arrive.

Après avoir un peu tourné en rond dans ce nouveau quartier (je n'ai pas actualisé mon GPS), j'arrive aux Jardins de Camille, ouverts à tous vents. Je traverse le bâtiment, me dirigeant vers la foule massée côté jardin.

Je ne suis pas le seul à rater « MasterChef » : tous les pensionnaires de l'Ehpad sont sur le parvis du bâtiment. Enfin, pour ceux qui peuvent encore se mouvoir. Les fauteuils roulants et les regards sont tournés vers le vallon, en contrebas, attirés par la lumière blanche du projecteur des pompiers. Effectivement, il y a les gyrophares. Mais impossible d'y accéder en voiture depuis le parking de l'établissement. L'infirmière qui veille sur la petite troupe des curieux m'explique comment rejoindre la scène. Je reprends ma voiture, me perds dans un labyrinthe de rues aux noms évocateurs de grandes aventures maritimes, avant de trouver celle du Grand-Foc. Les vents étaient contraires, mais j'ai fini ma traversée.

J'y suis. Après les présentations d'usage, je vais à l'essentiel. Car j'aimerais bien voir la fin de mon émission.

Pour ce qui est de l'ambiance, on reste dans le culinaire, genre accident de cuisson avec oubli dans le four. Le corps est carbonisé de la tête aux pieds, un faitout en métal posé à l'envers sur la poitrine, ainsi qu'une grande fourchette et quelques autres ustensiles. Question dressage, le cuistot ne s'est pas foulé. Ça sent l'improvisation. Ainsi que l'alcool à brûler, utilisé sans doute pour le flambage. Flamber, c'est bien, mais pas trop.

Je note une grande tache de sang sous la tête et des signes pouvant laisser penser à une fracture du nez. Les vêtements ont été totalement consumés. Les membres se sont rétractés sous l'effet de la chaleur. Quelques rares fragments de peau roussie ont échappé aux flammes. En revanche, une paire de jumelles racornies mais bien présentes atteste de l'appartenance du sujet au genre masculin.

J'imagine déjà les difficultés de l'autopsie du lendemain, lorsqu'un officier de police judiciaire me glisse dans l'oreille : « Et en plus, docteur, il a été empalé. » Du geste, il désigne une tige métallique qui apparaît entre les cuisses calcinées. Le coup de la brochette ? Il aurait été embroché avant d'être rôti ?

— Bon, on s'emballe, s'emballer, ce n'est pas bon. Par contre maintenant il faut emballer. Et on verra tout ça demain à table. Pardon, sur la table.

Je converse un moment avec le procureur, resté en retrait le temps de mes constatations. Il est évidemment trop tôt, bien qu'il soit déjà très tard, pour que je puisse lui donner un avis sur les causes de la mort. En revanche, l'hypothèse téléphonée de l'OPJ me semble assez peu convaincante.

Le policier pense que la victime a été frappée à la tête à l'aide d'une grosse pierre, trouvée à côté d'un banc, à quelques mètres de là. « Elle est pleine de sang », m'a fait remarquer l'enquêteur. Oui, il y a du sang. Mais des taches rondes, évocatrices de gouttes tombant d'une certaine hauteur. Il y a aussi du sang sur un coin du banc, largement maculé. J'imagine plutôt une chute, la tête qui heurte le banc, le sang qui coule et qui goutte au sol. Un scénario incertain et largement insuffisant, quoi qu'il en soit, pour expliquer le résultat final.

Le lendemain matin, l'ouverture de la housse bleue ne m'incite guère à l'optimisme. Le corps est très endommagé par la carbonisation. Le scanner réalisé dans la nuit n'a rien révélé de particulier, si ce n'est l'absence d'empalement. La tige métallique qui apparaissait entre les cuisses de la victime était simplement coincée sous le cadavre.

L'homme était maigre. Le produit inflammable déversé sur lui a brûlé rapidement, carbonisant la surface des tissus. Puis, faute de combustible, le processus s'est arrêté. Cela me laisse une chance de trouver des indices.

Je commence par un grattage méticuleux des parties brûlées. Et bingo ! Sur une partie moins exposée au feu apparaît un tatouage de facture plutôt simple, un cœur et un prénom, Christophe. Puis j'en dégage un second, plus abouti celui-là, représentant des symboles tribaux. Voilà de précieux éléments d'identification pour les enquêteurs, qui pour l'instant n'ont aucune piste.

Après un soigneux nettoyage, quelques plaies par coups de couteau, jusque-là invisibles sous l'épaisse couche de suie, apparaissent sur les bras et au visage. En revanche, pas de fracture du nez.

Le thorax et l'abdomen sont trop abîmés par le feu pour que l'on puisse y distinguer quoi que ce soit en surface. Mais après ouverture, c'est une autre histoire. La face interne du plastron thoracique est perforée entre la deuxième et la troisième côte, juste en regard du cœur. Je compte 37 coups de lames sur moins de 10 centimètres carrés. Le muscle pectoral est devenu un vrai steak haché.

Je poursuis l'inventaire et, après huit heures de travail minutieux, je peux donner aux enquêteurs le bilan précis des blessures : un total de 76 traces d'arme blanche au cou, au visage, au thorax et à l'abdomen, réparties en 60 coups piquants et 16 coups tranchants. C'est un record personnel, que mon équipe aura du mal à battre.

L'agresseur a utilisé une lame courte, plutôt du genre canif que couteau de chasse, ce qui explique le caractère superficiel de la plupart des plaies, à l'exception de deux d'entre elles qui ont atteint l'aorte. L'hémorragie massive provoquée par ces blessures a entraîné à coup sûr une perte de connaissance immédiate et une mort rapide.

Tandis que je termine mon examen par les prélèvements d'ADN aux fins d'identification, l'OPJ présent me donne les dernières nouvelles de l'enquête, qui progresse à pas de géant : un SDF connu des services de police pour des violences répétées au couteau a été arrêté à la gare cette nuit même alors qu'il allait quitter Poitiers. Il présente des brûlures aux avant-bras. L'homme nie farouchement son implication dans l'affaire.

Le lendemain matin, à l'heure d'attaquer la rédaction de mon rapport d'autopsie, je suis pris d'un doute. Ai-je bien fait le décompte des plaies ? Après huit heures d'un travail exténuant, une faute d'inattention est toujours possible. Je décide donc de procéder à un recomptage à tête reposée, opération qui me prend quand même deux bonnes heures. Finalement, le compte est bon. Je n'ai plus qu'à rédiger le compte rendu.

Mes mains sont suspendues au-dessus du clavier de l'ordinateur, prêtes à entrer en action. Et puis non. J'ai faim. Il est midi, l'heure d'aller manger en compagnie de ma petite équipe. Direction l'internat, son réfectoire aux murs peints de délicates allégories très suggestives et ses menus réputés. Question inspiration, on est plus du côté du « Tord-boyau » chanté par Pierre Perret que de « MasterChef ». Mais l'ambiance est bon enfant et le service, inexistant, permet de gagner du temps.

À table, la conversation porte sur une consultation du matin. Tandis que je pointais consciencieusement les plaies de mon cadavre de la veille, l'une des internes du service recevait une patiente victime d'une agression la nuit précédente.

Elle a été attaquée en pleine rue vers 22 heures, alors qu'elle rentrait chez elle. Un individu s'est jeté sur elle pour obtenir de l'argent. Elle l'a repoussé, mais son agresseur est revenu à la charge et lui a porté un coup sur le côté droit avant de s'enfuir. Très choquée par cette agression, elle n'a pensé qu'à rejoindre le plus vite son appartement. C'est alors qu'elle a vu le sang sur ses vêtements. Elle s'est déshabillée et a vu la plaie bien nette sur son flanc droit. Elle a pris une douche et, constatant que la plaie saignait, s'est fait un pansement compressif avec une serviette avant d'avaler un Dafalgan contre la douleur.

Le lendemain, elle ne saignait plus, mais s'est alors dit qu'il serait plus prudent de consulter un médecin. Elle s'est finalement rendue aux urgences à l'hôpital, où on lui a diagnostiqué une fracture de la huitième côte, une plaie au foie de 3 cm de long et un épanchement de sang dans l'abdomen. Une blessure sérieuse qui nécessite une mise en observation et des soins.

Entre mon grand brûlé lardé de coups de couteau et la dame assaillie un peu plus tard, la même nuit, dans un quartier voisin, le rapprochement est vite fait, même s'il existe une nette disproportion entre le nombre de coups : 76 contre 1. Y aurait-il là comme une rage qui se serait dissipée ? L'information est portée à la connaissance des enquêteurs, qui l'englobent dans leurs investigations.

Mon carbonisé est rapidement identifié grâce à ses tatouages. C'est l'avantage d'être connu de la police. Il s'agit d'un certain Christophe D. Le nom de famille me dit quelque chose. Je me plonge dans mes archives, et voilà, j'y suis. Mars 1998, autopsie de Mickaël D., tué d'un coup de couteau en plein cœur alors qu'il tentait de s'interposer dans une rixe. C'était un frère de Christophe. Je continue mes recherches et j'exhume un autre D., mort carbonisé dans l'accident de son véhicule, autopsié pour son identification. Un autre frère. Mauvais karma pour cette famille…

Les enquêteurs s'intéressent aussitôt à l'entourage de la victime. Leur attention se porte sur un jeune de 17 ans, en fugue, et sur un couple de jeunes gens qui aurait assisté à la scène. Rapidement, le mineur est localisé grâce à son téléphone portable et interpellé. Considéré comme le suspect principal, car directement mis en cause par le couple, lui aussi interpellé, il reconnaît facilement les faits. Il est écroué à Nantes, sa sécurité n'étant pas assurée dans les geôles de Poitiers : la victime y avait fait de courts séjours pour de menus larcins et y était très populaire. Son meurtrier risquait fort d'avoir maille à partir avec les autres détenus.

Finalement, notre SDF brûlé aux avant-bras est innocenté, mais part directement en prison : il était recherché pour des faits antérieurs.

Le scénario criminel semble finalement assez simple. Quatre personnes passent une soirée ensemble autour d'un petit feu de bois, dans un parc. Une banale dispute dégénère entre deux protagonistes, la jeune femme du couple s'enfuit, son compagnon, qui assiste au début de l'agression, ne tarde pas à en faire autant. L'assaillant une fois seul s'acharne sur sa victime avant de s'enfuir puis de se jeter sur une femme qui croise sa route.

Mais c'est la reconstitution criminelle qui va donner toute la mesure du crime.

Deux policiers en civil jouent les rôles de l'agresseur et de la victime. À la demande du juge d'instruction, le garçon présent ce soir-là avec son amie raconte : la bagarre, la jeune femme qui prend la poudre d'escampette, les premiers coups de lame, la victime qui s'effondre sur le banc, saigne, puis se relève pour tenter de s'échapper. Le témoin prend peur et file rejoindre son amie. Fin du premier acte.

Le suspect s'est contenté de regarder d'un air distrait, à peine concerné. Il attend le moment d'entrer en scène.

C'est à lui.

Cette fois, pas de figurants, c'est un mannequin de la police qui a le mauvais rôle. Il est au sol, couché sur le dos. L'assaillant est à califourchon sur le corps et s'acharne. Je vois monter la puissance des coups. Il frappe, frappe encore, et plus il frappe, plus son regard s'illumine. Enfin, il s'arrête, affichant un immense sourire de satisfaction qui fait froid dans le dos.

Le juge :

— Docteur, d'autres précisions ?

— Oui. Il semble qu'il manque quelque chose.

Le sourire du garçon, toujours à cheval sur le mannequin, s'efface. Il me regarde d'un air dur, réfléchit quelques secondes puis acquiesce. « Oui, vous avez raison. » Et il porte sept coups tranchants à la gorge de la victime, avant de faire mine de l'arroser d'alcool à brûler et d'y mettre le feu…

Lors du procès en novembre 2015, à huis clos, il a été condamné à quinze ans de réclusion criminelle par la cour d'assises des mineurs. Le témoin a écopé de quatre mois avec sursis pour non-dénonciation de crime.

Quant à la seconde victime, poignardée au hasard d'une rue, elle a beaucoup pleuré durant le procès, seule, dans son coin de la salle. Puis elle est repartie, traînant une détresse psychologique qui a ravagé sa vie personnelle et professionnelle.

Le cas K

Le dossier avait été enterré en même temps que Marguerite. Une vieille dame de 88 ans, infirmière retraitée, encore bon pied bon œil, admise à l'hôpital parce que depuis deux mois elle était essoufflée et toussait de plus en plus. Grâce au traitement, la situation s'était transitoirement améliorée. Jusqu'à un grand malaise, suivi du décès, quelques jours après son admission.

Tout cela était allé un peu trop vite au goût de sa fille, qui a alors demandé quelques explications à l'hôpital. Les suites probables d'une embolie pulmonaire, lui avait-on répondu. Sans la convaincre : elle a saisi la justice.

Voilà comment, six semaines après ce décès, la mission d'autopsie médico-légale arrive sur mon bureau, et le corps sur la table d'autopsie.

Notons tout de suite que le contraire aurait été surprenant. Et surtout problématique : je n'aime pas que l'on s'étale sur mes dossiers.

L'exhumation de Marguerite s'est passée sans encombre. Malgré le temps écoulé, le corps est en excellent état. Il n'a pourtant subi aucun soin de conservation. Explication : le cimetière est implanté sur un terrain sec et sain, évitant ainsi le pourrissement rapide des chairs. La fleur est restée fraîche.

À l'autopsie, j'ouvre d'abord le thorax. Et cela commence bien, je ne retrouve aucune trace d'embolie pulmonaire ! Ce diagnostic est le plus souvent évident devant la présence de caillots anciens, qui bouchent les vaisseaux conduisant le sang du cœur aux poumons.

Un mauvais point pour l'hôpital, mais c'est un grand classique de la médecine générale : « embolie pulmonaire », c'est un diagnostic souvent utilisé quand on manque d'arguments.

Il n'y a pas non plus d'infarctus.

En revanche, j'ai un signe intéressant : Marguerite présente un œdème pulmonaire massif.

C'est la cause du décès : Marguerite est morte noyée dans son lit d'hôpital. Façon de parler, bien sûr, puisque c'est l'œdème qui l'a noyée.

Mais les causes d'œdème pulmonaire, il y en a des pages, dont les causes cardiaques. Or le cœur est loin d'être en bon état : il existe un rétrécissement des valves aortiques, qui sont calcifiées. Ce ne sont donc pas les hypothèses qui manquent : troubles du rythme cardiaque, défaillance cardiaque globale…

Je poursuis mon exploration intime des entrailles pour ajouter quelques éléments à ce qui devient encore un catalogue à la Prévert : une prothèse de hanche, un prolapsus génital opéré, une vésicule absente, des signes d'athérosclérose vasculaire…

Et je termine par le cerveau, qui lui aussi peut être en cause – mais non. Marguerite n'a pas fait d'hémorragie ni d'infarctus cérébral, pathologies dont les conséquences gravissimes peuvent être la mort cérébrale et… une défaillance cardiaque avec un œdème pulmonaire. Je me mets à penser : « Et pourquoi pas une insuffisance rénale ? Et pourquoi pas… »

Je n'ose pas imaginer : « Et pourquoi pas… un empoisonnement ? » Car, quand même, dans un hôpital…

Mais dans la littérature médico-légale, on a déjà vu des affaires tellement spéciales, comme ce patient qui traînait avec des hauts et des bas en service de médecine interne d'un CHU. Les bas, c'était à la suite des visites régulières de sa femme le week-end, et les hauts, c'était quand elle ne venait pas les jours de semaine. Au point que le soupçon était né, jusqu'au flagrant délit : madame mettait de la digitaline dans le verre de monsieur, lors de ses visites…

Bref, ce n'est pas l'autopsie qui va contribuer à éclaircir les événements. Il me faut le dossier médical.

Je n'ai même pas le temps de solliciter le juge d'instruction que celui-ci, anticipant ma demande, a déjà fait saisir le dossier par la police.

La saisie du dossier médical, dans un hôpital, c'est toujours une aventure. D'abord, il faut plusieurs acteurs incontournables. Un OPJ, bien sûr, mais aussi le chef de service, un représentant de l'Administration et un autre du Conseil de l'ordre des médecins. Histoire d'être sûr que le secret professionnel est bien respecté. Et surtout, comme un patient transite souvent par plusieurs services, il y a un dossier dans chaque service. Dès lors, c'est une chasse au trésor qui s'organise pour tout récupérer. Mais après cette course d'obstacles, le gros paquet se retrouve enfin entre mes mains.

Le dossier a été placé sous scellé ouvert : toutes les pièces ont été perforées comme les feuilles d'un classeur, réunies par une ficelle qui termine son trajet dans un sceau de cire appliqué sur un carton. L'avantage de ce montage, c'est de permettre la consultation du dossier sans briser le scellé. L'inconvénient, c'est que les pièces sont parfois difficiles à manœuvrer. Et aujourd'hui, le dossier est conséquent.

Je reprends l'ordre des événements, en m'intéressant particulièrement à l'entrée à l'hôpital. C'est ce qui marque le début de l'affaire : le passage aux urgences est l'occasion de faire un bilan d'entrée. À partir de là, c'est toute l'histoire de l'hospitalisation que je peux retracer.

À l'admission, la situation n'est pas dramatique : pas de fièvre, une tension artérielle à faire pâlir d'envie tous les hypertendus ; on note un petit souffle cardiaque à l'auscultation – logique, vu les calcifications des valves aortiques.

Mais l'essentiel du problème, c'est cet essoufflement dès que Marguerite s'agite, associé à l'auscultation des poumons, qui n'est pas très bonne : des crépitants des deux bases pulmonaires. Dès qu'on pose le stéthoscope, on a l'impression d'écouter Radio-Londres, en 1940, quand les parasites brouillaient l'écoute. La radiographie pulmonaire le confirme : les poumons sont « blancs ». Quant à la biologie, à part une diminution du sodium sanguin probablement liée aux diurétiques, une légère hyperglycémie, elle est dans les limites de la normale.

Et l'électrocardiogramme ? me direz-vous. Petit appel à un confrère cardiologue, avec la bénédiction du juge d'instruction : il ne trouve aucun trouble du rythme (zut alors, encore une hypothèse qui fout le camp), mais des signes de surcharge cardiaque (ça, c'est l'effet « rétrécissement des valves aortiques ». Un point pour l'insuffisance cardiaque !).

Bref, Marguerite a été admise à l'hôpital avec un œdème pulmonaire d'origine cardiaque.

Œdème pulmonaire à l'entrée, œdème pulmonaire à la sortie (définitive, celle-là). La conclusion est évidente, genre, circulez, y a rien à voir, c'est... un œdème pulmonaire ! Pas drôle, mon histoire ! De là à déduire que sa fille s'est énervée un peu vite en accusant l'hôpital...

Bon, aussi bien, je pourrais en rester là. Mais d'où vient cette sensation désagréable que j'oublie quelque chose ? Pourtant, tout semble clair.

Je parcours à nouveau le dossier du début à la fin. Cette fois-ci, j'explore ligne par ligne tout le dossier infirmier. Je l'ai toujours dit : le dossier infirmier, c'est un vrai feuilleton, souvent la pièce la plus précieuse de tout un dossier. Car tout est consciencieusement noté, heure par heure, sous la plume appliquée des infirmières.

À J4, Marguerite fait une poussée d'insuffisance cardiaque : la dyspnée réapparaît avec une toux sèche, des œdèmes des membres inférieurs apparaissent alors que jusque-là elle n'en avait pas, des épanchements pleuraux et pulmonaires à la radio. Donc la situation cardiaque s'aggrave, le cœur faiblit. Ce n'est pas bon. Mais les médecins sont là et réagissent : son traitement est modifié, son état s'améliore.

À J8, rebelote. Marguerite, jusque-là lucide, perd la mémoire et devient incohérente, désorientée, s'effeuille dans sa chambre (je t'aime un peu, beaucoup, énormément...) avant de se balader (presque) toute nue dans les couloirs.

Vite, un bilan biologique. Vite, un scanner cérébral, au cas où, qui ne montre rien – ça tombe bien, je n'ai rien trouvé non plus de spécial dans le cerveau... Non, c'est l'équilibre ionique qui déconne (un subtil mélange des ions présents dans le sang). Une nouvelle prescription adaptée, un peu de glucose, et l'équilibre revient... à l'équilibre. Marguerite retrouve ses esprits et ses vêtements. Pfff, pas facile, la médecine. Surtout à 88 ans.

J10 : le week-end approche. Marguerite en a marre et refuse ses médicaments. Elle reste alitée trois jours de suite. Il faut dire que sa fille est partie en week-end. Mauvais pour le moral. Enfants, n'abandonnez pas vos vieux parents à l'hôpital, ils dépriment, et les médecins aussi.

J13, c'est la visite du lundi matin. Ce n'est pas un vendredi, et pourtant...

Marguerite n'est pas bien : dans la nuit, elle a fait un malaise, avec essoufflement et douleur thoracique, mais pas d'infarctus à l'électrocardiogramme. Le bilan biologique revient, mauvais. Le dossier infirmier mentionne : « Manque de K. » Pas « manque de bol », et pourtant...

Là, pour le néophyte, ça se complique. « Manque de K », c'est une évidence qui ne dit pas son nom. C'est « manque de potassium », comme ne l'indique pas le symbole chimique de cet élément. Le gag, on le doit à sir Humphry Davy, chimiste britannique, qui a découvert cet élément chimique en 1807. Pour le baptiser, il a retenu l'initiale du nom « potasse » qui en allemand se dit « kalium », comme en latin. D'où le « K ». Vous suivez ?

Bref, Marguerite devient le K-cas du jour. Le taux de potassium dans le sang de la patiente est anormalement bas. Vraiment dans les chaussettes, ce qui est dangereux, risque d'entraîner un trouble du rythme cardiaque et un arrêt. Alors, en attendant de subir d'autres examens plus poussés, on lui prescrit une dose de chlorure de potassium. Normal, le potassium pur on ne peut pas l'administrer, il faut le délivrer sous la forme d'un sel assimilable par l'organisme.

Reprenons notre dossier infirmier : pendant que le médecin qui a ausculté Marguerite parle à toute vitesse, l'infirmière note la prescription en deux lignes :

« 10 h 30. ECG. VV SG5 x 500

« + 1 g NaCl + 2 g KCl »

C'est clair, non ? Ouille. Vous n'avez pas compris. Normal, il faut décrypter.

Pour la première ligne, cela signifie, en toutes lettres et sans ambiguïté pour un professionnel : « Prescription de 10 h 30. Faire un électrocardiogramme. Poser une voie veineuse (VV) avec une poche de sérum glucosé à 5 % (SG5) de 500 ml (500) », ce qui correspond à une voie veineuse d'attente : une perfusion, qui coule goutte à goutte. Histoire d'avoir un accès direct à une veine pour les prescriptions supplémentaires, mais aussi en cas de catastrophe.

La ligne en dessous complète la précédente et se traduit ainsi : « Ajouter (à la perfusion) 1 g de sodium (+ 1 g NaCl) et 2 g de potassium (+ 2 g KCl) ».

Bon, jusque-là, rien à dire. Le langage est un peu hermétique pour le non-initié, mais classique. D'ailleurs, s'il fallait à chaque prescription faire des phrases complètes avec majuscule en début de phrase, sujet, verbe, complément d'objet direct, complément circonstanciel de temps et/ou de lieu, et point à la fin, les dossiers médicaux deviendraient des romans fleuves et on ne s'en sortirait pas. En plus, la lecture serait indigeste. Maintenant, vous comprenez mieux pourquoi votre médecin préféré écrit comme un cochon. D'ailleurs, habituellement, il n'écrit pas, il dicte à l'infirmière surbookée – mais elle, elle écrit bien, fait de belles boucles au point que parfois elle devient aussi illisible...

Vous devez être surpris, à votre dernière hospitalisation plus personne n'écrivait : c'est normal. Le progrès est passé par là, et maintenant les dossiers sont informatiques, même le dossier infirmier. Celui de Marguerite est un peu ancien.

La suite ? Le dossier infirmier est très succinct, comme dans les situations de crise.

« 11 h 00 pose VV SG5 x 500

« 11 h 10 1 g NaCl 2 g KCl

« 11 h 15 douleur bras gauche. A du mal à respirer. Malaise. SOS Dr X. »

Lequel docteur X est en train de finir sa visite quelques chambres plus loin. Coup de chance. Mais entre-temps, Marguerite a perdu connaissance. Quand le bon docteur arrive dans sa chambre, les yeux de Marguerite sont au zénith et son âme au paradis – quoique cette affirmation soit contestable, le jugement dernier n'ayant pas encore eu lieu. Cependant, le médecin, lui, n'en sait rien. Pour lui, c'est une « mort apparente » et il engage sa réanimation, comme dans les séries télé. Mais, hélas, en quinze minutes chrono, l'apparence se transforme en une certitude inaccessible aux thérapeutiques terrestres. Encore en sueur (je le sais parce qu'une goutte s'est écrasée sur son commentaire) le médecin ajoute personnellement de sa sublime écriture illisible :

« 11 h 17 mort apparente réa MCE VA adré ICD 1 amp *2

« 11 h 32 mydriase bilat arrêt réa. DCD EP massive probable.

« Certif. décès. Prévenir famille. »

C'est reparti pour la traduction : état de mort apparente. Réanimation avec un massage cardiaque externe (MCE), une ventilation assistée (VA), *a priori* au masque, et l'injection d'adrénaline (deux ampoules) en intracardiaque direct (directement dans le cœur : ICD). Pour tenter de faire repartir le cœur récalcitrant. Finalement, devant la dilatation des pupilles (mydriase bilatérale) qui signe la mort du cerveau, il décide d'arrêter la réanimation et prononce le décès (DCD), retenant l'hypothèse d'une embolie pulmonaire (EP) massive et rédige le certificat de décès. Sage décision : dans le meilleur des cas, si le cœur était reparti, la souffrance cérébrale (à cet âge, un cerveau, c'est fragile) aurait transformé Marguerite en plante verte. Un comble !

La brutalité de l'événement, la douleur thoracique dans la nuit, la difficulté à respirer, l'ECG normal, le matin même, tout fait penser à une embolie pulmonaire massive.

Sauf que... Voilà bien mon problème : d'embolie pulmonaire, aucune trace. En revanche, un décès quelques minutes après une administration de potassium, cela ne vous dit rien ? Moi, si.

J'en suis là de mon analyse quand je pense à une guillotine. Pourquoi une guillotine ? Dans l'instant, je ne sais pas. Le cerveau a parfois des raccourcis surprenants. Surtout, ne pas interrompre cette digression. Je laisse mes neurones aller à leur guise dans des associations d'idées les plus inattendues. Le temps d'assimiler cette interférence (merci l'inconscient), je me revois en cours à l'Institut de sciences criminelles, à la faculté de droit de Poitiers, exposant une synthèse rapide des différentes formes médico-légales de décès. J'aborde la pendaison.

Bon, Marguerite ne s'est pas pendue, ça se saurait et je l'aurais vu. Laisser divaguer les neurones. Où vont-ils me conduire ?

« Ainsi, la pendaison est habituellement un suicide. Mais elle peut correspondre à un accident (comme dans les accidents d'autoérotisme). Rarement, elle sert à camoufler un crime déjà accompli, encore plus exceptionnellement, à tuer une victime. J'ai failli oublier, c'est aussi un mode d'exécution. »

Exécution. Le mot est lâché. Voilà l'image de ma guillotine qui est de retour, avec cette phrase sublime du bon docteur Guillotin, en pleins débats à l'Assemblée nationale :

« Le supplice que j'ai inventé est si doux… qu'on croirait n'avoir senti sur le cou qu'une légère fraîcheur. » C'est que l'époque est plutôt barbare. En dehors des nobles qui, sauf circonstance particulière, ont droit à une décapitation à la hache ou à l'épée dans la dignité, le peuple souffre des mille et un supplices qui accompagnent l'exécution : écartèlement, plomb fondu versé dans la bouche, passage sur la roue…

Mes neurones poursuivent leur exploration de l'inconscient. Je laisse faire.

Douceur du supplice…

Brutalement, cela fait « tilt » : un article dans le *Lancet*, cette revue médicale prestigieuse, consacré à l'humanisation des exécutions.

En France, la question ne se pose plus, on a mis la guillotine au rebut. Certains le regrettent, et il est vrai que quand je vois ce que les exemplaires les plus malfaisants de la nature humaine sont capables d'infliger à autrui, je ne suis pas loin de penser qu'en effet, dans certains cas extrêmes... Mais ailleurs, la peine de mort existe toujours et ce sont les modalités de son application qui font débat. Comme quoi, les préoccupations du bon docteur Guillotin sont toujours d'actualité.

Aux États-Unis en particulier, où, pour remplacer les chambres à gaz où l'on étouffe et la chaise électrique où parfois l'on crame vivant – ce qui, selon les abolitionnistes, violerait le Huitième amendement de la Constitution qui prohibe de tels châtiments –, l'injection létale a pris le relais. Avec sa dose massive de... potassium.

J'ai le lien. Non, ce n'est pas (*a priori*) une exécution, mais le potassium a-t-il pu tuer Marguerite ?

Retour à l'époque du collège. Car là, je suis dans des problèmes de robinet et de règle de trois.

« Prenez vos crayons et notez. Soit Marguerite, taille 1,44 mètre pour 40 kilos toute nue, dont la masse sanguine est de 70 ml/kg et l'hématocrite à 35 %, le dosage de potassium dans le sang à 2,8 mmol/l. Calculez le dosage de potassium sanguin après l'injection de 2 g de chlorure de potassium dans une perfusion de 500 ml de SG 5 % passée en trois heures trente. Puis faites le même calcul après injection de la même quantité de potassium en moins de cinq minutes. Pour ce problème, on fera abstraction de l'influence de l'insuffisance rénale. »

Bon, pour un collégien j'avoue que c'est un peu difficile. Pour un réanimateur, par contre, c'est du quotidien. Au moins pour la première version, celle passée en trois heures trente.

« Posez vos crayons et montrez-moi vos ardoises. »

C'est tout vu, dans le premier cas, Marguerite va bien, dans le second, elle est morte. Car son cœur déjà fatigué a vu arriver un « bolus » de potassium, c'est-à-dire une brutale irruption d'un sang hyperconcentré en potassium. Les cellules qui dirigent l'activité cardiaque n'aiment pas cela du tout, le rythme cardiaque s'affole, l'anarchie s'installe, le cœur s'arrête, et c'est irrécupérable car le potassium est toujours là. *Exit* Marguerite.

Je soumets l'hypothèse d'une erreur dans les modalités d'administration au juge d'instruction. L'interrogatoire est rapide, la preuve vite établie : au lieu de mettre sa dose de potassium dans la perfusion, où il se serait dilué et aurait été délivré petit à petit, l'élève infirmier s'est lamentablement planté : il a confondu perfusion et injection. Il a directement injecté toute la dose en quelques minutes dans la veine, par l'intermédiaire de la tubulure de la perfusion.

Mais la vérité est cruelle. Mise au courant de l'erreur, l'équipe a essayé dans un premier temps de cacher l'histoire. Du coup, les choses se sont compliquées, au tribunal, quatre ans plus tard. Surtout lorsque l'avocat de la famille a stigmatisé l'attitude des deux prévenus, l'infirmière et son élève.

« Tous deux étaient effondrés, après que le décès de la patiente a été constaté, monsieur le président. Cependant, leur abattement n'était pas dû à la mort de la victime, mais à leur peur pour la suite de leurs carrières. »

« Elle a menti sur trois lignes pour se protéger », minimise l'avocat de l'infirmière, qui estime que « sa cliente est justiciable d'une commission de discipline mais pas d'un tribunal correctionnel » (trop tard, elle y est !).

Après un court délibéré, l'infirmière est relaxée, l'élève est condamné à six mois de prison avec sursis. C'est que le droit pénal est d'interprétation stricte : lui seul avait poussé la seringue et lui seul peut être condamné.

Rien ne sert de cacher la vérité ! Elle finit toujours par être exhumée…

Nuit de pleine lune

Une croyance populaire fermement ancrée dans les esprits attribue aux nuits de pleine lune d'étranges propriétés. Et cela ne date pas d'hier. Au Moyen Âge, la population redoutait ce moment, propice disait-on alors aux apparitions de loups-garous à la recherche de proies et aux envols de sorcières à cheval sur leurs balais. De nos jours, la pleine lune favoriserait les accouchements et les crises de folie. Sans compter celles et ceux qui se plaignent de ne pouvoir fermer l'œil. Des auteurs très sérieux, des psychiatres en particulier, se sont penchés sur les relations entre le cycle lunaire et les comportements humains. Certains concluent à une influence significative de la lune, notamment à cause du pic de fréquence des homicides observé un peu avant la pleine lune[1]. Mais pour d'autres, il n'existe pas de corrélation[2].

Alors, que penser du lundi 9 juin 2014 ? Cette nuit-là, la lune est gibbeuse et croissante. Gibbeuse, cela veut dire qu'elle se situe entre le premier quartier et la pleine lune.

1. A. Lieber, J. Agel, *Les Pouvoirs de la lune*, Robert Laffont, coll. « Les énigmes de l'univers », 1979.

2. A. D. Pokorny, J. Jachimczyk, « The questionable relationship between homicides and the lunar cycle », *The American Journal of Psychiatry*, 1974, vol. 131, n° 7, p. 827-829.

Quatre-vingt-trois pour cent de sa surface est visible. Encore trois jours et elle sera pleine. Est-ce cette montée de luminosité qui a inspiré les deux assassins de la Pentecôte 2014 ?

Tout a commencé en début de soirée, par un appel rare. Celui du procureur de la République en personne. Ce qui n'arrive quasiment jamais. Au bout du fil, le magistrat, que je connais bien, m'expose une situation pour le moins particulière. « Docteur, nous avons deux scènes de crime. À Aslonnes, un homicide par arme à feu et un auteur en fuite. À Avanton, un homicide par arme blanche dans une situation manifestement plus compliquée. On commence par où ? »

Pour ne rien arranger, les deux sites sont diamétralement opposés, le premier au sud de Poitiers, le second au nord.

Quel que soit le degré de luminosité de la lune, je sais déjà que la nuit sera blanche. Je réfléchis rapidement avant de proposer une solution. « Autant attaquer par le plus difficile. Vous demandez aux gendarmes de geler la scène à Aslonnes et nous nous retrouvons à Avanton. »

À mon arrivée, le magistrat me donne les premiers éléments sur ce qui nous attend. L'alerte a été donnée par des voisins qui ont vu une petite fille couverte de sang, seule, marchant dans la rue. La gamine d'environ 3 ans ne cessait de répéter : « Maman toute rouge, maman toute rouge. » Les gendarmes arrivés sur les lieux lui ont décrit une scène terrifiante. Ce que je confirme dès que je mets les pieds dans la maison, une fois ma tenue blanche enfilée.

Dans la pièce principale, qui tient lieu à la fois de cuisine et de salle à manger, tout est maculé de sang. Un vrai carnage. Meubles renversés et objets brisés attestent d'une lutte désespérée. Au sol, une jeune femme baigne dans l'hémoglobine. Dans le salon, le mari prostré reste sous la surveillance de deux gendarmes.

Les techniciens de la police scientifique sont déjà passés pour les relevés d'indices. Je procède donc à un examen rapide, les causes de la mort étant évidentes et les blessures par arme blanche trop nombreuses pour être recensées correctement dans ces conditions. Je prends la température du corps, encore tiède et souple, et celle de la pièce. Avec ces éléments nous aurons des précisions sur l'heure du décès. Je protège comme toujours les mains et la tête de la victime dans des sacs en papier kraft avant de placer le corps dans une housse mortuaire scellée par mes soins. Les employés des pompes funèbres, qui attendent leur tour à l'extérieur, peuvent prendre la suite et transférer le corps à l'IML.

Nous, nous repartons, direction Aslonnes.

Le trajet nous prend plus de temps que prévu, car la voiture des gendarmes qui me précède se perd sur les petites routes du département, noyées ce soir-là dans une bruine tenace : il fait sec au nord, il pleut au sud du département. Il est presque 22 heures lorsque nous arrivons enfin sur la place du village, face à l'ancienne mairie. Le bâtiment a été transformé en appartements, et c'est dans celui du rez-de-chaussée qu'a eu lieu le drame. Mais pas question pour le moment d'y entrer. « On attend toujours les techniciens d'investigation criminelle, explique l'un des gendarmes, qui fait le pied de grue devant la porte. Ils sont en retard. Il paraît qu'ils ont du boulot, ce soir. » Merci, on est au courant.

Il ne nous reste plus qu'à patienter. La bruine qui s'est transformée en pluie franche m'oblige à sortir mon parapluie de golf. Je ne pratique pas ce sport. Envoyer une balle au fond d'un trou, ce n'est pas mon truc, je préfère envoyer les balles et faire le trou en même temps, comme les jours de chasse. Cela marche à tous les coups, à condition de bien viser ! Mais ce parapluie, bien que plus petit que mon parapluie de chasse, est vraiment très pratique lorsqu'il faut opérer en plein air par temps de chien. J'invite le procureur à me rejoindre. Le pauvre : avec son petit pébroc de citadin, noir et pliable, il a bien du mal à rester au sec. Nous voilà donc bras dessus, bras dessous, enfin presque, espérant la venue rapide des hommes en blanc. Ceux-ci finissent par arriver, et les trois spécialistes en combinaison immaculée se mettent aussitôt au travail.

Pour tuer le temps, ce qui n'est pas puni par la loi, je raconte au magistrat comment est né le terme « pompes funèbres ». Une version assez imaginative et pour le moins scabreuse.

Cela se passe au fin fond du Far West, dans une petite ville où les règlements de comptes sont quotidiens. Le fossoyeur, submergé de travail depuis des mois, n'en peut plus. Il décide de prendre quelques jours pour pêcher, à un jour de cheval de la ville. Confiant dans les capacités de sa fille à régler les funérailles, il lui rappelle la règle de base de son activité : s'assurer que la personne que l'on va inhumer est bien morte. Pour cela, il faut saisir un gros orteil et croquer ferme dedans – d'où, au passage, le terme de « croque-morts », mais ce n'est pas notre sujet.

Si le mort réagit, c'est qu'il ne l'est pas. Tout ça pour éviter d'enterrer un cow-boy cuvant sa cuite.

Le temps passe et sa fille s'acquitte consciencieusement de sa tâche. Après quelques jours, le fossoyeur revient en ville, en pleine forme. Sa fille se jette dans ses bras, en larmes.

— Papa, papa, je ne ferai jamais ce métier.

Son père s'inquiète et comprend que le dernier jour a été terrible :

— Tu as eu trop de travail ?

— Non, mais c'est Willy. Il est mort hier. Il a fallu l'enterrer.

— Oui, c'est naturel, c'est notre travail. Mais… attends : Willy, Willy… je ne vois pas…

— Mais si, tu sais, le cul-de-jatte…

À peine ai-je achevé mon histoire que les techniciens nous font signe, sans laisser au procureur le temps de comprendre les finesses de la chute.

La voie est libre.

— Mais faites attention en entrant, précise l'homme, le passage est encombré.

En effet.

La victime gît sur le dos, juste derrière la porte grande ouverte, tombée entre deux gros fauteuils. Sous elle, une flaque de sang s'étale doucement sur le carrelage. Je demande à l'un des techniciens encore présents de m'aider à la retourner. Une fois découpée, la veste noire imbibée de sang révèle un orifice béant d'environ 28 millimètres de diamètre, aux berges crénelées. Je peux annoncer sans me tromper la cause de la mort. « Un tir aux plombs de chasse à faible distance. Les plombs commençaient juste à s'écarter. » Pour la suite, il faudra attendre l'autopsie.

Il est 4 heures du matin lorsque je quitte les lieux. La pluie a cessé. Je respire un moment l'air frais de la nuit avant de reprendre le volant. Dans le ciel, la lune gibbeuse me fait de l'œil...

Le lendemain, c'est l'embouteillage en salle d'autopsie. Pour gagner du temps, tandis que je tente de récupérer de la fatigue de la nuit à coups de mugs de café, mon équipe se charge de la victime d'Avanton.

Maurine M., 26 ans, mère de deux petites filles, est dans un sale état. Le décompte des blessures est particulièrement difficile tant l'agresseur s'est acharné sur la victime. Il a d'abord cogné à mains nues ou avec divers objets contondants, comme l'attestent les hématomes et les ecchymoses qui constellent la dépouille. Manifestement insatisfait du résultat, il a ensuite joué du couteau, frappant à plus de trente reprises, partout : visage, nuque, thorax, abdomen, épaules, bras, cuisses.

Mais le plus terrible de cette autopsie n'est pas dans le décompte morbide des blessures, il est dans sa conclusion : aucune des plaies n'a atteint un organe vital ou un gros vaisseau, ce qui aurait provoqué une hémorragie massive, une perte de connaissance quasi immédiate et une mort en quelques minutes. La victime n'a pas eu cette chance. Elle s'est vidée doucement de son sang par des blessures qui, chacune séparément, auraient été bégnines, mais qui, par accumulation, l'ont tuée après une longue, très longue agonie. Une affaire à suivre...

Pour l'heure, je dois m'atteler à l'affaire d'Aslonnes. Les gendarmes venus assister à l'autopsie me donnent les premiers éléments d'enquête. La victime s'appelle Sylvie F.,

54 ans. Selon les témoignages des voisins, son conjoint était violent avec elle et jaloux. Ledit conjoint, principal suspect, est en fuite, mais les gendarmes ont retrouvé l'arme du crime, un fusil de chasse calibre 12 et des cartouches de grenaille numéro 7, le tout dissimulé près de la maison.

L'examen interne de la dame est délicat, en raison de sa nette tendance à l'obésité, 84 kilos pour 1,61 mètre. Les couches graisseuses ont la particularité de graisser les instruments chirurgicaux, qui deviennent vite insaisissables. Quant aux causes de la mort, elles étaient assez évidentes depuis le début, mais le deviennent encore plus sous mon scalpel. La charge de plombs tirée dans le dos a complètement éclaté trois vertèbres thoraciques, sectionné la moelle épinière et haché menu l'aorte thoracique. Ce type de blessures entraîne une chute immédiate, une perte de connaissance dans les secondes qui suivent et une mort rapide. Efficace et indolore. Dans leurs malheurs respectifs, Sylvie aura eu plus de « chance » que Maurine.

Dans les jours qui suivent, les gendarmes appréhendent le compagnon suspecté, Jean-Luc, 43 ans, qui avoue sa jalousie maladive, une dispute et l'acte fatal.

L'année suivante, le juge d'instruction veut vérifier la version de Jean-Luc en organisant une reconstitution, mais en plein jour. La lune ne sera donc pas de la partie ; de toute façon, au jour dit, elle n'en est qu'à son premier croissant.

Sa première version est celle d'une crise de sa compagne qui aurait pris le fusil caché sous le lit, qu'il tente de désarmer avant que le coup ne parte. Manifestement, il n'a pas compris que le tir était de dos et non de face. Après une mauvaise note et quelques explications sur la localisation de la plaie, le juge lui laisse une seconde chance.

Jean-Luc s'installe dans la chambre, allongé sur le lit. Sylvie rentre des courses. Pour l'occasion, c'est une gendarme en combinaison blanche qui joue le rôle de la victime. En rage contre ses infidélités suspectées et sans vraiment réfléchir, Jean-Luc saisit le fusil placé sous le lit, se lève et tire sur le dos de sa compagne alors qu'elle se trouve près de la porte.

— Stop.

La scène se fige.

Le balisticien, spécialiste des trajectoires de projectiles, entre en piste avec son mètre ruban. Il mesure la distance entre la bouche du canon et la cible, pour l'occasion. « 2,70 mètres. Impossible. » L'expert a fait des tirs de comparaison avec l'arme du crime. La dispersion des plombs en une gerbe de plus en plus large est fonction de la distance du tir. Plus il est lointain, plus la gerbe est écartée. Or l'impact dans le dos de la victime indique un tir à beaucoup plus faible distance, estimée par l'expert entre 50 centimètres et 1,50 mètre. On est loin des 2,70 mètres.

Je partage cet avis, tout comme le troisième expert sur place, morpho-analyste des taches de sang. Sa spécialité : déterminer la position de la victime et celle de l'auteur à partir de la forme et de la répartition des projections de sang sur la scène de crime. Pour lui, cette seconde version est totalement irréaliste. Encore une mauvaise note.

Après un court échange sur les distances de tir, l'auteur change de version : « J'étais assis sur le fauteuil, près de l'entrée. »

Impossible. Là, c'est moi qui interviens. Sur les images du scanner, la trajectoire du projectile est parfaitement horizontale. Or, si la victime était debout et le tireur assis, le canon serait dirigé vers le haut avec un angle d'environ 30 degrés. La trajectoire de la charge de plombs dans le corps serait ascendante et l'orifice d'entrée, au lieu d'être parfaitement rond, présenterait une ovalisation dans le sens vertical. Donc le tireur était debout. Jean-Luc récolte une troisième mauvaise note. Décidément, sa moyenne ne va pas s'améliorer.

Pas contrariant, mais pas très décidé, l'auteur acquiesce. « Ah oui, en fait, j'étais debout. » Tout le monde se remet en place. Pour moi, c'est bon. Pas pour l'homme du sang, ni pour la balistique. « La distance de tir est trop faible. »

Jean-Luc nous mène en bateau.

On repart de zéro. Le juge fait preuve d'une grande pédagogie.

— Votre dernière version est incompatible avec les observations. Vous en avez une autre ?

— Non, j'étais bien là. À côté du siège.

Le magistrat se tourne alors vers les experts.

— Quelle serait la position compatible avec la balistique et les traces sanguines, messieurs ?

C'est ce qu'on appelle la version de l'expert. Le morpho-analyste prend la parole :

— Pour expliquer la répartition des éclaboussures de sang, la victime doit se tenir debout, tournant légèrement le dos à la porte entrouverte, avec un tir dans l'embrasure de la porte et venant de l'extérieur.

Pour le balisticien, ça colle. Pour moi aussi. C'est une première !

Le juge :

— Donc, vous étiez dehors ?

Le mis en examen a compris le danger :

— Non, j'étais dedans, à côté du siège ou ailleurs, je ne sais plus. Mais j'étais dedans, c'est sûr !

Fin de la séance. Le jaloux était entré par effraction dans la maison en cassant un carreau de la chambre. Il avait pris le fusil caché sous le lit, était ressorti et avait attendu le retour de sa compagne, dissimulé dans une haie. La victime avait ouvert la porte, posé son sac de courses, laissant au tireur le temps de s'approcher et de faire feu. Un vrai guet-apens, avec toute la maîtrise que cela suppose, très différent d'un homicide sous l'effet de la colère !

Le temps passe. Le 22 mars 2016, c'est le procès. Mais là, surprise ! Nous ne sommes pas aux assises, je ne suis même pas convoqué. C'est l'effet d'une nouvelle procédure qui a créé en 2008 une sorte de lot de consolation pour les familles des victimes.

Avant, lorsque l'accusé était reconnu irresponsable par les psychiatres, le juge d'instruction était obligé de rendre une ordonnance de non-lieu. Non-lieu, cela voulait dire qu'il n'y avait pas lieu de poursuivre le meurtrier, il n'y aurait pas de procès. L'auteur du crime, même horrible, était confié à la psychiatrie, le crime n'était même pas mentionné sur son casier judiciaire. Pour les familles des victimes, c'était incompréhensible et à l'origine d'une souffrance morale immense. C'était nier le crime. Cependant, comment juger une personne dont l'état mental rendait impossible toute comparution ?

En février 2008, la loi a modifié cette situation et créé la possibilité d'une audience devant la chambre d'instruction. Certains diraient un procès au rabais puisque de toute façon l'auteur ne pourra pas être condamné. Mais c'est une amorce de progrès : l'audience est publique, le président procède à l'interrogatoire de la personne mise en examen, les experts peuvent être sollicités, des témoins cités par les parties ou par le ministère public peuvent être entendus.

Trois des quatre psychiatres ayant reconnu qu'au moment des faits Jean-Luc avait un discernement totalement aboli, le juge d'instruction a suivi cet avis majoritaire. L'audience s'est ouverte en présence de la famille de Sylvie. Au moins a-t-elle le mérite d'apporter des éléments de compréhension sur notre affaire.

Sylvie et Jean-Luc, c'était un couple improbable. Sylvie était sous l'emprise permanente de son compagnon. Elle ne pouvait plus sortir seule, elle n'avait plus le droit d'aller chez le coiffeur : Jean-Luc faisait lui-même ses couleurs. Il ne la quittait pas, la harcelait jusque sur son lieu de travail. Il était persuadé que Sylvie le trompait, que le voisin le manipulait par des pratiques magiques.

Le jour fatidique, c'était jour de courses. Le couple était parti faire ses emplettes à Poitiers Sud, mais une dispute avait éclaté et Sylvie s'était arrêtée en chemin, devant la gare, pour faire descendre Jean-Luc. Pour le jaloux pathologique, méfiant et suspicieux, c'en était trop, cela sonnait comme une rupture. Il avait frappé Sylvie, fracassé son téléphone portable et fui. Cris et hurlements avaient alerté des témoins, qui avaient appelé la police. Elle avait raconté les menaces qui duraient depuis quatre ans. Ils lui avaient conseillé de porter plainte à la gendarmerie, près de chez elle, et étaient partis à la recherche du quadragénaire violent, sans succès. Mais, à 19 h 15, c'est lui qui avait téléphoné aux policiers : il venait de trouver sa compagne allongée au sol, morte. Avant de disparaître encore.

À l'audience, après quelques regrets extorqués par le président, il revient sur sa souffrance à lui, sur les pratiques magiques de son voisin : « Cette histoire avec le voisin, ça m'a retourné le cerveau. » Pour le mystique qu'il est, cela explique beaucoup de choses. Pour les psychiatres, il est en proie à un « délire interprétatif marqué par des thématiques persécutoires et mystiques ».

L'avocat général, qui représente la société, va être privé de l'essentiel de son réquisitoire puisqu'il ne peut pas demander de peine. Mais il est perplexe :

— Il y a préméditation, il y a assassinat.

Il s'étonne que quelqu'un dont le discernement était totalement aboli soit aussi organisé dans la préparation de son acte et son exécution. Un avis qui était également le mien le jour de la reconstitution. Curieux, quand même, qu'un moment d'égarement psychique permette de mener à bien une exécution en règle, parfaitement pensée et préparée. Mais nous ne sommes pas psychiatres…

À défaut de requérir une peine, l'avocat général demande des mesures de sûreté.

Jean-Luc est reconnu coupable d'assassinat et dans le même temps reconnu irresponsable. Il rejoint un établissement spécialisé qui va le soigner sous la contrainte.

Quant à la lune…

Médecine légale 2.0

Nestor, notre robot-majordome, glisse silencieusement dans les couloirs du CHU vers l'URBE (Unité des risques biologiques émergents). Tout indique que le blessé par balles arrivé d'Afrique il y a dix jours est décédé du virus de Lujo. Pour autant, le procureur a besoin d'éclaircissements car dans la fusillade les tirs de la police et ceux des braqueurs ont été nourris. La communauté africaine de Poitiers est en effervescence, une bavure policière est suspectée, et la nouvelle a déjà envahi les réseaux sociaux.

Une fois les portes de l'URBE franchies, Nestor se dirige vers la chambre hermétique de la victime, en passant ses deux sas de décontamination. Sous l'œil des soignants, tous protégés par leurs équipements individuels, Nestor vérifie l'identité du défunt par une lecture instantanée de la puce implantée dans le bras gauche, puis le transfère dans son container étanche.

Il prend ensuite la direction du scanner. Il n'y a aucun risque de contamination pendant le transport, ni à la radiologie ; le container est même prévu pour résister à une chute de 5 mètres. Il est transparent aux rayons X, ce qui permet l'acquisition des images. En moins d'une minute, le scanner corps entier est réalisé.

Puis, c'est l'admission dans la zone sécurisée où nous réalisons les autopsies. La zone est dotée d'un confinement de niveau P4, le plus haut qui existe. Ce choix, qui paraissait extrême lorsque le service de médecine légale a été rénové, se révèle finalement pertinent. Il permet de faire face à des situations exceptionnelles, comme celle d'aujourd'hui, avec des virus extrêmement dangereux contre lesquels aucun traitement n'est efficace. Qui peut le plus peut le moins, et le surcoût en investissement est maintenant amorti.

Le corps est pris en charge par Curiosity, notre robot-autopsieur multibras. Grâce aux acquisitions scanner, elle (Curiosity est une fille) n'a aucun mal à récupérer les trois projectiles, sous l'œil bienveillant du légiste resté à distance dans sa salle de contrôle. Ces projectiles sont indispensables à l'expertise balistique, qui seule pourra dire leur origine : armes des forces de l'ordre ou des braqueurs.

Ce n'est pas le rôle habituel de Curiosity. Généralement, c'est nous, les légistes humains, qui réalisons les autopsies criminelles. En effet, il n'est pas question qu'un message « Game over » (notre équipe Recherche et Développement a de l'humour et est fan de Kid Paddle) interrompe une autopsie criminelle du fait d'un plantage du système. Mais aujourd'hui, devant le risque infectieux majeur du virus de Lujo (75 % de décès), il n'était pas possible d'exposer le personnel.

Curiosity, elle, réalise les autopsies de routine : la vérification des morts *a priori* naturelles, avec des procédures très simplifiées grâce aux progrès de l'imagerie médicale, au prix d'incisions minimes. Heureusement qu'elle est là ! En effet, depuis le développement de l'hospitalisation à domicile (HAD), quelques dérives euthanasiques pratiquées par des familles lassées des soins prolongés de leur proche malade ont fait la une des médias. Désormais, le procureur considère toute mort en HAD comme suspecte, ce qui a fait exploser le nombre d'autopsies. Une évolution que nous avions heureusement anticipée par la répartition des tâches au sein de l'équipe, dont Nestor et Curiosity font maintenant partie.

Nestor reste indifférent aux troubles musculo-squelettiques et aux conséquences psychologiques de l'accumulation des morts, pour le plus grand bonheur des agents de la chambre mortuaire, enfin soulagés des tâches répétitives les plus dures. Outre les transferts des corps entre les services, les casiers réfrigérés, les tables d'autopsie ou les salons de présentation (son œil électronique lui permet de ne jamais se tromper de patient…), il est également chargé de préparer la destruction des scellés. Une mission délicate pour laquelle il lui faut chercher les scellés à détruire parmi les milliers d'échantillons rangés dans les Kardex de l'unité centralisée, puis les regrouper dans les fûts d'incinération. Heureusement, la traçabilité par puces RFID (radio-identification) lui facilite le travail.

Dans la salle d'autopsie voisine, Cassiopée est à l'œuvre et explore le corps exsangue d'une jeune femme victime des coups de son compagnon. Une de plus au sinistre comptage des violences conjugales. Pourtant, depuis que les travaux de recherche d'Alexia ont sensibilisé les autorités sur la nécessité non seulement d'éloigner les victimes des auteurs de violences, mais également de prendre ceux-ci en charge et de les soigner, les statistiques se sont nettement améliorées.

Sans sortir les mains du thorax, de la pointe de ses ciseaux Cassiopée montre aux OPJ la perforation de la paroi : un beau coup de couteau qui s'est achevé en plein cœur, mettant un terme à une série de coups de poing et de pied.

J'ai eu du mal à persuader le procureur de n'ouvrir que le thorax, mais il a fini par accepter cette idée, au nom de la souffrance de la famille qui imaginait leur fille découpée en tranches par le légiste. Car grâce au scanner injecté et à l'IRM systématiques, nous pouvions avant même d'ouvrir le corps répondre à toutes les questions du procès d'assises à venir.

« *Shiva, photo.* » Le cliché s'affiche instantanément sur la visière du casque de réalité augmentée. Cela fait déjà deux ans que nous n'utilisons plus nos tablettes de saisie directe lors des autopsies, ce qui avait pourtant été un progrès technique majeur en 2021, inspirées de celles du Samu et des pompiers.

Son autopsie est terminée et Cassiopée dépose son précieux casque sur son support. Le rapport définitif est déjà imprimé (la justice désire toujours un original papier…) et tout le dossier archivé, y compris la toxicologie réalisée pendant sa dissection.

Shiva (un acronyme pour Système hospitalier intelligent vivant et agissant), c'est le cœur de notre système d'information et de communication. Pour les autopsies, nous communiquons avec lui *via* le casque de réalité augmentée. Il a été paramétré pour être à notre service, en s'inspirant des trois grands principes de la guerre : liberté d'action, concentration des efforts et économie des moyens. C'est un outil fantastique qui a grandement favorisé l'ouverture du service à nos partenaires régionaux. Il est né de la rencontre entre la puissance informatique, le *big data* et l'intelligence artificielle. J'avais élaboré ce projet après de longues conversations avec un nouveau venu dans le service, un jeune retraité médecin-chef du SDIS 86[1] qui avait fait une analyse SWOT[2] du service de médecine légale et de la chambre mortuaire, une sorte d'audit externe – à l'époque, je ne connaissais que le SWAT des séries télé. Je m'en étais servi pour peaufiner le projet de service « médecine légale 2030-2050 ».

Quelques salles plus loin, anesthésistes et chirurgiens tentent de sauver un patient victime d'une bactérie nécrosante multirésistante. Mettre une salle à leur disposition dans l'espace de confinement P4 de la médecine légale était un pari osé, mais les cadres des services de chirurgie avaient tout de suite compris l'intérêt de cette organisation innovante : une programmation possible sans perturber le planning des blocs opératoires conventionnels. Les prélèvements multi-organes à cœur battant bénéficient d'ailleurs des mêmes possibilités.

Cassiopée rejoint maintenant le vestiaire, quitte ses équipements de protection individuels et badge son passage au contrôle des accès pour sortir de la zone d'exclusion. Un badge, cela peut paraître rétrograde, mais nous l'avons couplé à la reconnaissance faciale depuis qu'un journaliste trop curieux avait réussi à pénétrer dans la zone avec un masque à mon image sur son visage. Simple, voire simpliste, mais

1. Service départemental d'incendie et de secours de la Vienne.
2. Analyse qui vise à préciser les objectifs d'une entreprise, d'un service ou d'un projet, et à identifier les facteurs internes et externes favorables et défavorables à la réalisation de ces objectifs.

efficace puisque Shiva n'avait pas réagi. Il souhaitait prendre des clichés de l'autopsie d'un rappeur bien connu victime d'une rixe avec son ennemi intime et concurrent sur les réseaux sociaux, mais avait été « démasqué » par le SSP, le système de suivi des personnels, qui s'assure en temps réel que personne ne fait de malaise dans la zone.

Cassiopée se dirige ensuite vers l'espace détente du personnel pour une coupure apaisante dans un fauteuil club rétro mais très confortable et une atmosphère feutrée. Ici, rien ne rappelle que nous sommes dans un hôpital. C'est ce que l'architecte hospitalier, très à l'écoute de nos demandes, nous avait promis. Une petite raideur du dos lui rappelle qu'elle peut aussi se faire masser.

Puis, après avoir partagé un café avec deux agents de la chambre mortuaire, alors qu'un documentaire animalier défile sur l'écran géant, elle traverse l'unité médico-judiciaire.

L'UMJ est un espace consacré à l'accueil des victimes vivantes. Depuis sa création en 2011, bien des choses ont changé. L'espace Hilios est toujours là pour les auditions vidéo enregistrées de victimes mineures, avec ses deux salles d'enregistrement séparées par une glace sans tain, mais bénéficie de locaux plus grands avec un accueil et une salle d'attente spécifiques.

La grande nouveauté de 2019 a été la création d'un circuit de prise en charge des psychotraumatismes installé dans l'UMJ qui représente sa porte d'entrée. Dans les suites des agressions, les victimes y trouvent un espace d'écoute avec psychologues et psychiatres.

L'accueil de l'UMJ a été profondément remanié pour faciliter le circuit des victimes dans les locaux labyrinthiques. Deux robots de téléprésence sont là pour accompagner le public en situation de handicap et guider les égarés. L'expérimentation avait été mise en place en 2018 par l'université de Poitiers et nous avions pu nous inscrire dans ce projet maintenant concrétisé. Ces deux robots ont été très vite acceptés par l'équipe.

Ce n'est pas le cas de Sympathy, un androïde empathique que j'avais eu beaucoup de mal à faire admettre. Pourtant, adossé à l'intelligence artificielle de Shiva, il avait un énorme avantage : il pouvait écouter sans fin, sans perdre patience, les histoires dramatiques de nos victimes. Sympathy savait détecter les émotions et passait la main aux praticiens lorsque la charge émotionnelle s'avérait trop importante, ou lorsqu'il ne comprenait plus le sens des mots de la victime. Je dois reconnaître que nous avions eu un effet secondaire inattendu : l'un de nos patients, monsieur B., multiagressé par son voisinage, revenait très régulièrement dans le service depuis que nous avions expertisé ses séquelles. Il venait chaque fois avec tout son dossier (plus de huit cents pages) actualisé à chaque nouvelle agression, désireux d'une écoute. Plus aucun des psychiatres du service ne voulait le voir, les secrétaires craquaient littéralement, nous l'abandonnions chaque fois aux mains des nouveaux internes, mais cela ne lui convenait pas. Il avait finalement trouvé dans Sympathy une écoute attentive, sans limites, et occupait l'androïde plus que de raison.

Cassiopée a fini sa journée de travail. Son programme de thanatologie est terminé, et je ne veux pas que les praticiens mélangent morts et vivants. Elle a l'ordre de quitter le service.

Demain, elle ne sera pas là, je lui ai confié une mission. Ce que j'appelle les activités partagées : mettre ses talents au service de l'art-thérapie en psychiatrie, ce qu'elle fait deux jours par semaine. Car elle a aussi une vie d'artiste.

La sonnerie stridente de mon téléphone me sort de mes réflexions futuristes. C'est Alexia.

— Chef, c'est bien demain que vous exposez le projet de service à la commission d'établissement ?

— Oui, je viens juste de terminer mon texte. Je crois que tout est bon, je vais leur raconter une belle histoire. Pour le titre, j'hésite encore : « Médecine légale, une journée en 2029 » ou « Médecine légale 2.0 ». Qu'en pensez-vous ?

— Vous savez, l'idée du robot empathique… On en a rediscuté entre nous et…

— Je sens que cela ne vous plaît pas. Vous n'aimez pas son petit nom ? Vous préféreriez Terminator ?

— Non, c'est l'idée qui est complètement folle. Où est l'humain, là-dedans ?

— …

— Chef ?

— Je réfléchissais. Mais je suis d'accord avec vous, l'humain est irremplaçable, même chez les légistes et les psychiatres. Seulement, parfois, l'humain se lasse, il s'épuise… Le robot empathique pourrait prendre le relais pour vous soulager et non pour vous remplacer. Imaginez, s'il avait été là pour monsieur B…

Table

MIXTE
Papier issu de
sources responsables
FSC® C003309

L'Éditeur de cet ouvrage s'engage
pour la préservation de l'environnement
et utilise du papier issu de forêts gérées
de manière responsable.

Achevé d'imprimer en France par CPI
en décembre 2019
N° d'impression : 3036888